高等学校历史学通识系列教材

本成果受到中国人民大学2020年度“中央高校建设世界一流大学(学科)和特色发展引导专项资金”支持

中国考古通识

韩建业　李梅田　主编

参编：陈晓露　仪明洁

高等教育出版社·北京

内容提要

本书是一部考古学通识教材。中国考古学诞生已有百年,考古发现不计其数,揭示了数不尽的历史谜团和许多重大理论问题。本书选取其中最重要的十个方面进行介绍和分析,包括人类起源、最早中国、文明起源、三代文明、城市考古、墓葬考古、美术考古、佛教考古等,以期使读者在较短时间内能对中国考古学的基本内容有所了解。

图书在版编目(CIP)数据

中国考古通识 / 韩建业,李梅田主编 . -- 北京 : 高等教育出版社,2020.12
ISBN 978-7-04-055363-5

Ⅰ. ①中… Ⅱ. ①韩… ②李… Ⅲ. ①考古学-中国-教材 Ⅳ. ①K87

中国版本图书馆CIP数据核字(2020)第260873号

策划编辑 张 林　　责任编辑 张 林　　封面设计 张 楠　　版式设计 于 婕
插图绘制 于 博　　责任校对 王 雨　　责任印制 赵义民

出版发行 高等教育出版社
社　　址 北京市西城区德外大街4号
邮政编码 100120
印　　刷 北京盛通印刷股份有限公司
开　　本 787 mm×1092 mm　1/16
印　　张 19.75
字　　数 280千字
购书热线 010-58581118
咨询电话 400-810-0598
网　　址 http://www.hep.edu.cn
　　　　 http://www.hep.com.cn
网上订购 http://www.hepmall.com.cn
　　　　 http://www.hepmall.com
　　　　 http://www.hepmall.cn
版　　次 2020年12月第1版
印　　次 2020年12月第1次印刷
定　　价 64.00元

物 料 号 55363-00
审 图 号 GS(2020)3780

作 者 简 介

韩建业，甘肃通渭人，1967年出生。1982年初中毕业后考入甘肃省陇西师范学校，1985年到通渭县苟川学校任教，1987年考入北京大学考古学系，1994年获得硕士学位后进入北京联合大学应用文理学院任教职，1996年至2000年于北京大学考古文博学院在职攻读并获得历史学博士学位。现为中国人民大学历史学院教授、博士研究生导师，教育部"长江学者奖励计划"特聘教授，北京市级教学名师。已发表学术论文150余篇，出版专著和论文集《早期中国——中国文化圈的形成和发展》《中国北方地区新石器时代文化研究》《中国西北地区先秦时期的自然环境与文化发展》《新疆的青铜时代和早期铁器时代文化》《北京先秦考古》《五帝时代——以华夏为核心的古史体系的考古学观察》《走近五帝时代》《先秦考古研究：文化谱系与文化交流》《先秦考古研究：聚落形态、人地关系与早期中国》《原史中国——韩建业自选集》等，出版考古发掘报告《岱海考古（一）——老虎山文化遗址发掘报告集》《岱海考古（三）——仰韶文化遗址发掘报告集》《驻马店杨庄——中全新世淮河上游的文化遗存与环境信息》等。

李梅田，湖南华容人，1969年出生。1987年考入北京大学考古学系，1994年获得硕士学位后至湖北宜昌博物馆工作，从事三峡考古发掘。1999年至2003年在北京大学考古文博学院攻读博士学位，获得博士学位后至北京师范大学历史学院任教，其间受邀在韩国东亚文化财研究院、釜山大学讲学，受ACLS/Luce Foundation资助在美国加州大学洛杉矶分校、斯坦福大学访学。2013年调至中国人民大学历史学院，任教授、博士生导师。主要研究方向为汉唐考古、美术考古等，撰有《魏晋北朝墓葬的考古学研究》《中国古代物质文化史　魏晋南北朝》等专著和《六朝文明》等译著。

陈晓露，辽宁盘锦人，1983年出生。2001年考入北京大学考古文博学院，

2005年获得学士学位并继续攻读研究生,2011年获得历史学博士学位;同年进入中国人民大学历史学院考古学博士后科研流动站,2013年出站并留校工作。现为中国人民大学历史学院副教授,已出版专著一部,发表学术论文十余篇。

仪明洁,山东高密人,1985年出生。2004年考入吉林大学考古学系,2008年至2013年就读于中国科学院古脊椎动物与古人类研究所,获理学博士学位。2013年进入中国人民大学历史学院考古学博士后科研流动站,2015年出站并留校工作。现任中国人民大学历史学院副教授。已出版专著一部,发表学术论文二十余篇。

前　言

中文"考古"一词最早出现于北宋金石学家的著作中，但现在人们常说的"考古学"一词却译自西文，近现代意义上的考古学也是在大约19世纪中叶才诞生于欧洲。中国古代的金石学和欧洲的古器物学类似，都是以脱离了埋藏背景的文物(古器物)为主要研究对象，而考古学则以发掘出土的实物遗存为研究对象。《中国大百科全书·考古学》对考古学下了这样的定义："考古学属于人文科学领域，是历史科学的重要组成部分。其任务在于根据古代人类通过各种活动遗留下来的实物，以研究人类古代社会的历史。"由于作为考古学基础的田野考古学，基本上是运用自然科学方法和相关技术来获取可信的考古资料，而且这些田野获取的资料还需在实验室进行各种科学分析，因此，考古学具有很强的自然科学属性，但最终还需回到人文，回答人文历史方面的问题，以达到鉴古知今、启迪未来的目的。

1921年，中国政府聘请的瑞典地质学家安特生主持发掘了河南偃师仰韶村遗址，这是在中国进行的第一次正式考古发掘，标志着中国考古学的开端。1926年李济主持发掘山西夏县西阴村遗址，是第一次由中国人自己主持的田野考古工作。此外，20世纪二三十年代，还有对河南安阳殷墟、北京房山周口店、山东历城城子崖等重要遗址的发掘。这些发掘证明中国是古人类起源地之一，将中国远古文化的源头追溯到新石器时代，使商代晚期历史成为信史。中华人民共和国成立以后，随着大规模基本建设的开展，考古发掘在全国范围遍地开花，尤其以黄河、长江流域发现最多，中国考古学文化谱系和年代框架初步建立起来，并开始了聚落考古、城市考古和对古代社会的研究。"文化大革命"期间考古工作基本停滞。从20世纪70年代后期开始至今，中国考古学进入快速发展的"黄金时期"，重大发现络绎不绝，科学技术在考古学的应用日益广泛，多学科合作已成趋势，国际合作方兴未艾，研究成果也有突飞猛进的增长。

中国考古学研究的重大进展，揭示了数不尽的历史谜团和重大理论问题，已经在很大程度上补充和改变了传统历史学的认识，也正在对中国乃至世界的知识体系产生越来越大的影响。本书选取其中最重要的十个方面进行分析和介绍，以期使初学者在较短时间内能对中国考古学的基本内容有一定了解。

目　录

第一章 人类的起源和发展

本章通过对旧石器时代全球人类、文化遗存的梳理，结合 DNA 等现代科技成果，讲解人类及其文化起源发展迁徙的过程，重点是中国这块土地上发生的人类起源和早期发展的故事。

第一节 人类起源和旧石器时代早期

一、最早人类的起源与扩散

谁是最早的人类?他们从哪里起源?人类起源的原因何在?作为一个独特的物种，人类总是对自身的由来充满好奇。这些问题并没有明确且固定的答案，随着古人类化石材料的积累，关于人类祖先的研究不断更新。

根据现有的考古材料，人类的祖先来自 700 万至 500 万年前的非洲大陆，其成员包括撒海尔人乍得种(托麦人)、原初人图根种(千僖人)、地猿，均具备直立行走的能力，不过他们能否归为人属仍存在一定争议。从 420 万年到大约 120 万年前，非洲大陆上先后生存的几种南方古猿是目前可以确定为人属成员的最早期的类型。这些南方古猿可以划分为纤巧型和粗壮型两大类型，前者包括阿法种、非洲种、惊奇种和源泉种，后者包括埃塞俄比亚种、包氏种和粗壮种。南方古猿有较大的面庞，牙齿尺寸较大，能够直立行走，有的南方古猿可能已经具备了制造和使用工具的能力。大约在距今 300 万至 250 万年间，发生了从南方古猿到能人的飞跃，到距今约 180 万年前能人消失。能人的骨骼结构显示，他们已经实现精确的抓握，会利用合适的原料加工、制造工具。能人消失的前后阶段，非洲出现了更进步的人类——直立人，他们很快扩散到东亚和东南亚。鉴于在肯尼亚、坦桑尼亚等地发现的该时期化石与亚洲典型的直立人有形态上的差异，也有学者建议将非洲的化石材料称为“匠人”。①

非洲的直立人制造石器的技术比以前有了很大进步，大约在170万年前发展出以两面对称、边缘修理齐整的手斧为特色的阿舍利技术。1991年以来在格鲁吉亚德马尼西遗址发现的完整程度不等的人类头骨、下颌骨和头后骨，兼具直立人、能人及其自身独有的特征，与人类化石共生的石制品面貌跟非洲最早期的石制品相似，属于奥杜威工业类型。古地磁法测年显示其年代为距今185万至177万年，这是目前在非洲之外发现的年代明确的最早的古人类化石材料，意味着古人类在此之前走出非洲，逐步扩散到世界各地。

二、旧石器时代早期考古材料

旧石器时代考古学以埋藏于地下的古人类文化遗存为主要研究对象。尽管人类的祖先可能在距今700万至500万年前已经具有直立行走的能力，在南方古猿阶段已经具备制造和使用工具的能力，他们制造的工具可能也很多样，但是能够保存至今的主要是不易腐烂的石质工具，目前并没有在考古发掘中出土年代超过330万年的人工制品。

（一）世界最早的考古遗址

当前世界上发现的年代超过200万年的遗址大多位于东非的奥杜威峡谷，其中，位于埃塞俄比亚哈达尔地区的恭纳遗址出土了距今250万年的石制品，长期以来被认可为最早的古人类遗址。石制品分析显示，其石器技术属于奥杜威技术模式，古人类能够挑选石料、根据石料外形选择合适的角度与力量连续剥制有锋利刃口的石片，但没有修理石核台面，进一步加工的石制品少。

2010年，《自然》杂志发表封面文章，报道了在埃塞俄比亚迪基卡发现的动物骨骼上有砍砸、切割形成的痕迹，其年代达到距今339万年，研究者认为这是指示古人类使用石器的证据。这批材料随后引发大量质疑的声音，有学者指出人类或动物的踩踏、鳄鱼等动物的啃咬等都有可能产生类似的痕

① 吴新智、徐欣：《探秘远古人类》，外语教学与研究出版社2015年版。

迹,因此不能仅靠动物骨骼上的几个痕迹判定由人类使用工具所致。[①]

2015年,《自然》杂志再次发表封面文章,报道了2012年在肯尼亚北部图尔卡纳湖西岸发现的洛姆奎3号遗址,发掘出土18件石制品和11件动物化石,此外还有从地表收集一批标本,总计149件石制品。这批距今330万年的石制品原料来自遗址附近的古河道,统计来看,其尺寸和重量较大,甚至超过黑猩猩使用的简单石质工具的重量,技术特征较为古朴,介于黑猩猩制作的石制品和奥杜威技术模式之间。洛姆奎3号遗址成为已知最早的人类生产和使用工具的考古记录。

(二) 中国的考古材料

1. 几处有争议的遗址

中国发现的年代超过200万年的遗址有:重庆巫山龙骨坡遗址、安徽繁昌人字洞遗址、陕西蓝田上陈遗址。电子自旋共振、古地磁法测年及生物地层学将龙骨坡遗址的年代测定为距今220万年,这意味着龙骨坡遗址是东亚迄今最早的人类驻足地,也是非洲以外最古老的古人类遗址。人字洞遗址的年代也在距今200万年前后。遗憾的是,两处遗址均有很大争议,研究者从遗址出土的化石是否为人类化石、所谓"石制品"的人工属性、遗址的埋藏属性等角度提出质疑。[②] 上陈遗址一共有17个文化层位,最早一层距今212万年,不过仅有6件石制品出土于这一层位,总体呈现原始性、随意性和操控能力低下的特点。

元谋人遗址位于云南省元谋县,出土古人类牙齿化石2枚及石制品3件。研究者围绕元谋人化石的出土层位做了大量测年工作,最初的岩性地层、古生物和古地磁研究确定年代为距今170万年,并成为主流意见。但少数学者对此提出了质疑并开展再研究,提出应修正为70万—60万年。从地质、古生物和年代测定各方面的综合材料和数据看,元谋人遗址为早更新世早期的结论是可信的。不过,由于当时化石采集和发掘工作的局限性,元谋

---

① Jackson Njau, "Reading Pliocene bones", *Science*, 2012, 336(6077), pp.46—47.

② 高星:《对人字洞遗址文化遗存研究的回顾与思考》,《化石》2018年第4期。

人牙齿的确切出土位置和埋藏状况并非十分清晰，而所谓文化遗存的属性也十分模糊。①

2. 泥河湾盆地的早期遗址

位于河北北部的泥河湾盆地旧石器时代早期遗址可以划分为三组：第一组以马圈沟遗址为代表，地质时代为早更新世中晚期；第二组以小长梁遗址为代表，包括东谷坨、飞梁、半山、霍家地、许家坡等遗址，地质时代为早更新世晚期或晚期之末；第三组以岑家湾遗址和马梁遗址为代表，地质时代为中更新世早期。②

马圈沟遗址石制品显示（图 1-1:1—5），古人类对原料有了一定辨别能力，挑选了适于加工石制品的天然石块，使用锤击法生产小而不规整的石片，未掌握修理台面技术，石核利用率不高，石制品组合单调。

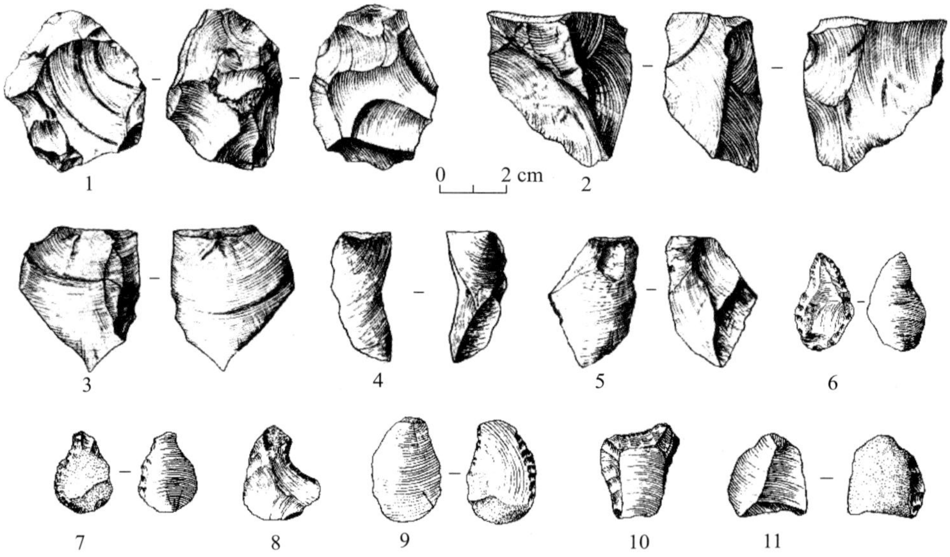

1、2. 马圈沟遗址出土的石核 3—5. 马圈沟遗址出土的石片 6、7. 东谷坨遗址出土的尖状器
8—11. 东谷坨遗址出土的刮削器

图 1-1 泥河湾盆地早期遗址的石制品

① 高星：《“元谋人”的年龄及相关的年代问题讨论》，《人类学学报》2015 年第 4 期。
② 谢飞、李君：《马圈沟遗址石制品的特征》，《文物春秋》2002 年第 3 期。

东谷坨遗址位于河北省阳原县大田洼乡东谷坨村西北约4公里的坡地上，遗址地层剖面厚度在6.5米以上，自上而下分为7个自然层，其中第6层为文化层，可分为A、B、C、D、E共5层。依据古地磁测年，其绝对年代约距今110万年，是该地区发掘次数和出土遗物最多的早更新世旧石器遗址，出土了丰富的石制品、动物化石等遗物。石制品原料主要为遗址周边的燧石、火山碎屑岩、白云岩等，石器组合包括刮削器、尖状器等，以前者为主，不乏制作小巧、加工精细者（图1-1：6—11）。

3. 郧县人遗址

位于湖北十堰郧阳区的郧县人遗址出土了两个头盖骨化石，石制品在头骨出土层位及其下覆和上叠层位均有发现。其中曲远河口地点发掘出207件石制品，另有84件采集品。动物群显示出更新世早期特征，古地磁法测年指向98万—78万年前。

打片以锤击法为主，存在砸击的石锤，未见系统修理台面的石片，但存在有疤台面和多疤台面的石核。砍砸器素材均为砾石，刮削器则以片状毛坯为主，工具加工粗糙，刃口与器型均不规整，显示了较为简单的操作链。在采集的标本中有零台面石片，有两面加工的带尖的砾石石器，但这类标本在地层中未发现。

4. 周口店第一地点

在北京房山周口店遗址进行的发掘工作最早可追溯至20世纪20年代初师丹斯基进行的两次试掘，1927年以后又进行了多次系统发掘，1929年北京猿人第一头盖骨的出土将周口店第一地点推到了国际史前学术的焦点上。

周口店第一地点30多米厚的文化堆积，从上到下可以分为13层（图1-2）。先后出土代表40个个体的直立人化石（图1-3），其中头盖骨化石6个、下颌骨15个。除下部的红色土层和中部的松软砂层中石制品较少，其他各层均有丰富的石制品出土，总量数以十万计。原料以脉石英为主，其次为水晶和砂岩，种类达40多种。砸击法是最主要的剥片方法，也有锤击法、碰砧法。工具类型以刮削器为主，其次为尖状器，以长度40毫米以下、重20

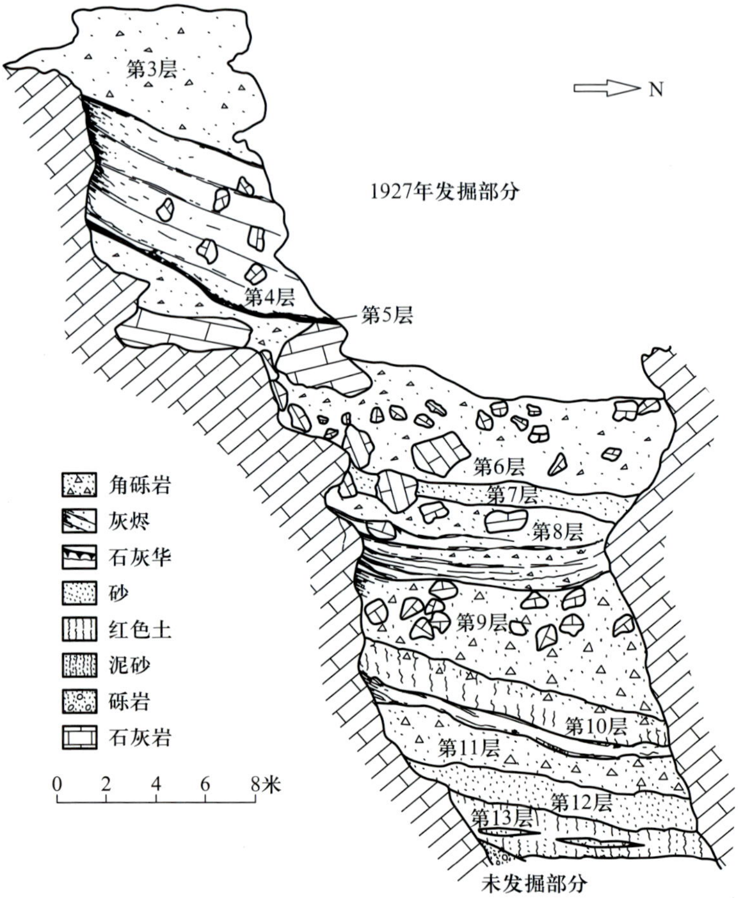

图 1-2 周口店第一地点地层剖面(图片改绘自贾兰坡:《中国猿人化石产地1958 年发掘报告》,《古脊椎动物与古人类》1959 年第 1 期)

克以下的小型工具为主体,工具修理简单,向背面加工的约占一半,出土一些砸击石锤和石砧。此外,周口店第一地点还出土近 400 个种属的动物化石,包括剑齿虎、翁氏兔、居氏大河狸、肿骨鹿、中国鬣狗、梅氏犀、赤鹿、最后鬣狗等,是古生物学、古环境学研究不可或缺的材料。铀系法、裂变径迹法、古地磁法、铝铍埋藏测年法等方法测定周口店第一地点的年代指向距今 78 万—20 万年。

因材料的丰富性和重要性,周口店第一地点自发现之初就引发了学术界的关注,综合而言主要包括几个方面:人类化石的演化位置、地层划分、石制品和骨器的属性、遗址性质、古人类的用火能力等。宾福德指出,周口店第一地点人类化石与石制品并不共生，所谓用火遗迹并非结构性的，灰烬更可能是鸟类粪便或自然火的遗存，洞中骨骼也不都是人类行为的结果，而是鬣狗等食肉动物所致，北京猿人生活的晚期存在有控制用火能力的证据，但下部地层缺失，很多出自下部地层的颜色发黑的骨头缘于矿物污染，少量骨骼显示出变干后被烧过的特点，是自然火的结果。① 这些论调引发了国内外学者的持续讨论，除了贾兰坡等人根据此前发掘期间观察到的堆积情况和烧骨特征作出辩驳外，还有学者从地质学、地球化学、埋藏学等角度开展研究。2009 年以来开展的新发掘与研究揭示，周口店第一地点具有结构性火塘及烧骨、石灰化的灰岩块等原地用火产生的遗物与遗迹，对相关材料的现代科技分析进一步确定这些遗存的人类用火性质。遗址上文化层的用火证据变得明确无误，相关争议终可尘埃落定。②

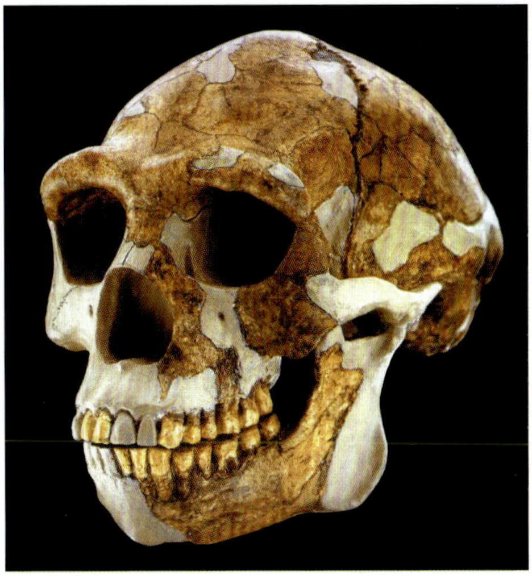

图 1–3 周口店直立人复原头骨
（图片来自刘武：《中国古人类化石》，科学出版社 2014 年版）

第二节 现代人起源和旧石器时代中期

从距今约 20 万年开始，欧亚大陆不同区域出现了解剖学特征区别于先

---

① Lewis R. Binford and Chuan Kun Ho, “Taphonomy at a distance: Zhoukoudian, ‘The Cave Home of Beijing Man’? ” *Current Anthropology*, vol.26, no.4 (1985), pp.413—442. Lewis R. Binford and Nancy M. Stone, “Zhoukoudian: A closer look,” *Current Anthropology*, vol.27, no.5 (1986), pp.453—475.

② 高星等：《关于北京猿人用火的证据：研究历史、争议与新进展》，《人类学学报》2016 年第 4 期。

前古人类的新人群，他们创造出更为多元灿烂的文化遗存，揭开了人类演化的新篇章。在中国这片土地上，旧石器时代中期古人类创造出具有区域特色的文化。

一、现代人起源

过去三十年，人类化石材料有了可观的增长，我们对现代人演化进程有了日渐深入的了解。关于现代人起源，主要形成了多地区进化说、非洲单一地区起源说[①]和同化吸收学说[②]几大理论。

1. 多地区进化说与“连续进化、附带杂交”理论

多地区进化学说出自魏敦瑞的“直生论”，主要阐释人类形态上的现代性特征是如何演化出的，并非专门讨论起源问题，强调人类演化中的形态镶嵌与基因交流，现代性蕴含体质、行为、基因等多方面，由于人群、人口的差异和变化而逐渐形成体质形态与基因的多样性。在此基础上，中国科学院吴新智针对中国乃至东亚的现代人起源问题提出“连续进化、附带杂交”理论，认为东亚地区自直立人以来人类进化是连续的，该地区古人类与外界有过一定程度的隔离，因而能够保持区域特点，在形态上区别于旧大陆西侧的人群，本土与外界人群的基因交流发生过，但二者间是融合的关系，而不是替代的关系。近年来，中国学者先后在广西崇左智人洞、湖南道县福岩洞、河南许昌灵井等遗址发掘出年代为距今 10 万年前后的人类化石材料，对现代人在东亚的连续演化理论提供了强有力的支持。

在立足于化石材料讨论现代人起源问题的同时，考古学家根据文化遗存，试图阐释“现代人行为”的起源、演化过程，从人类行为的角度分析现代人起源问题。综合中国旧石器时代文化遗存的特点，考古学家指出，中国乃至东亚旧石器时代文化及其反映的古人类生存演化是一脉相承、连续不断

---

① 高星等:《中国地区现代人起源问题研究进展》,《中国科学:地球科学》2018 年第 1 期。

② Julia Galway-Witham and Chris Stringer, “How did homo sapiens evolve? ” *Science*, 360(6396), pp.1296—1298.

的，偶然出现的勒瓦娄哇技术、石叶技术等西方元素都逐渐消失或被融入土著文化中。近年来，随着光释光测年技术的进步，大量距今10万—5万年的遗址被确认，说明东亚古人类生存并没有中断。中国旧石器时代考古文化序列支持“连续进化、附带杂交”的假说；中国旧石器时代文化遗存丰富了现代行为的内涵，为行为多样性研究提供了新的区域性视角。

2. 非洲单一地区起源说

1987年，一项基于现生人类的线粒体DNA研究表明，现代人较晚地、单一地起源于非洲，由此揭开了非洲单一地区起源说的序幕。非洲起源说认为，现代人是有别于直立人和早期智人的新物种，大约20万—10万年前起源于非洲，现代人的共同特征在非洲进化形成后通过人口扩散传播到世界各地，向外扩散的过程是一个完全替代的过程，欧亚原有的古老型人群都走向灭绝，没有与迁徙而来的新人群发生任何基因交流。在东亚地区，现代人先到东南亚，之后由南向北迁徙，在中国，现代人约于6万—5万年前从南部进入并向北迁徙，本土原有人群因末次冰期而灭绝，与现代人之间无交集。

在接下来的几十年间，支持非洲单一起源说的基因和化石证据持续积累，例如关于非洲及非洲之外现代人的基因多样性、早期智人化石的地理分布等，这一模型也因此在主流古人类学中占据主导地位。

3. 同化吸收学说

近年来，新发现的化石、古DNA研究的发展以及改进的测年技术挑战了非洲单一起源说，特别是最近识别出的晚更新世智人、尼安德特人和丹尼索瓦人之间有杂交，对智人演化模型产生意义深远的影响。

同化吸收学说认为，截至最近，最古老的已知智人化石多来自东非，年代在距今20万—15万年前。近期的研究表明，现代人的衍生特征并不是同步发展的，相反，现代人样貌的脸最先出现，随后才演化出球状颅骨等特征。智人演化进程明显延长，这引发了对作为早期智人分类的解剖学现代性特征的讨论，最严格意义上的晚近非洲起源说和多地区起源说都是站不住脚的。相比之下，晚近非洲起源杂交理论和同化模型这两个中间理论，更好地适用于距今10万年到4万年间人属成员。

同化模型和晚近非洲起源杂交理论这两大理论的区别在于对智人与非洲之外其他种群的 DNA 混合过程之重建。同化模型强调人的扩散，在这一过程中起源于非洲的智人与欧亚大陆的尼安德特人、丹尼索瓦人在广阔的区域内混合。基因在这些区域性的人群之间逐渐流转，催化基因和解剖学上的变化，带来现代特征的扩散。晚近非洲起源杂交理论认为，智人基因源自非洲向外扩散的智人体内，随后进入并横贯欧亚大陆。与此同时，伴随着与当地原生人群成功杂交的事件，相对快速的替代过程有效吸收了零星的土著人群，两者是重叠的。

人类基因组中残余的低比重尼安德特人基因似乎反映了一个替代过程，但存留在一些现存的大洋洲人群中约 6% 的尼安德特人和似丹尼索瓦人基因则暗示了更广泛的互动。而且，更多的证据表明，智人和其他人种在非洲之外有更长的共存期，这就增加了他们在时空上互动的可能性，与同化模型理论的主张如出一辙。

二、旧石器时代中期考古材料

在中国这片广袤的地域出土了丰富的考古遗存，总体上，中国北方地区以小石片石器工业为主体，南方地区则延续砾石工业传统，同时若干区域性工业类型并存。[①] 以下将从文化遗存和化石材料两个方面介绍几批重要考古材料。

（一）几处文化遗存

长期以来，中国旧石器时代中期是个极具争议的问题，有学者根据中国发现的考古遗存的技术面貌认为，中国境内不存在具有欧亚大陆西方旧石器时代中期技术的考古学遗存，故而建议中国乃至东亚旧石器时代分为早、晚两期。[②] 但是，从与西方的年代阶段对应上，将旧石器时代划分为早、中、晚三期仍有意义。近年来，在中国北方地区出土了少量具有勒瓦娄哇技术特

① 张森水：《管窥新中国旧石器考古学的重大发展》，《人类学学报》1999 年第 3 期。

② 高星：《关于“中国旧石器时代中期”的探讨》，《人类学学报》1999 年第 1 期。

征的考古遗存，显示了我国旧石器时代中期技术的多样性。

1. 周口店第十五地点

该地点位于北京房山周口店龙骨山东麓，发现于 1932 年，1935—1937 年进行了发掘。共出土万余件石制品和大量的动物化石，对含有文化遗物层位的测定结果为距今 14 万—11 万年，其文化遗物之丰富和学术地位之重要在周口店旧石器文化遗址群中可与山顶洞遗址相媲美，仅次于第一地点。

周口店第十五地点的剥片技术主要是锤击法，砸击法的应用已退居陪衬的地位。与周口店第一地点在剥片技术方面差异明显。石核特征显示，多向剥片和双向交互剥片两种锤击剥片方式曾应用于该地点，表明生活于该地点的古代人类能够成熟而系统地用锤击技术开发利用脉石英材料，并可根据原材料的不同状态采取不同的方式生产石片加工石器。在打片时偶尔对石核的工作面进行修理，但对台面则基本不做修整，直接打片。

2. 许家窑遗址

该遗址位于河北省阳原县泥河湾盆地西端，出土古人类化石 20 件、石制品数万件以及大量的哺乳动物化石。其人类化石和考古遗物的出土地层仍有模糊之处，且文化层时代争议较大，年代数据从距今约 2 万年到 50 万年。最新的研究表明，上文化层，即“许家窑人”化石的时代距今 20 万—16 万年，主要对应深海氧同位素 6 阶段早期；下文化层的准确年代仍需验证，目前光释光年龄为 19.8 ± 1.5 万年，$^{26}Al/^{10}Be$ 测定其埋藏年代为距今约 24 ± 5 万年。

许家窑遗址石器面貌显示，古人类大量使用石英和石英岩材料，以锤击剥片为主，存在着在盘状石核上交互剥片的现象；工具类型多样，包括刮削器、尖状器、雕刻器、石砧、石球；刮削器占 55%，石球占 36%。数量如此可观的石球构成了许家窑遗址的显著特色，处于不同生产阶段的石球清晰显示了石球制作的全过程。

3. 莫斯特遗存

莫斯特技术往往与尼安德特人共生，是欧洲旧石器时代中期的特色。近年来，在内蒙古东乌珠穆沁旗金斯太遗址、新疆吉木乃县通天洞遗址先后发现了莫斯特技术遗存（图 1–4），石制品种类丰富，包括勒瓦娄哇石核、盘状石

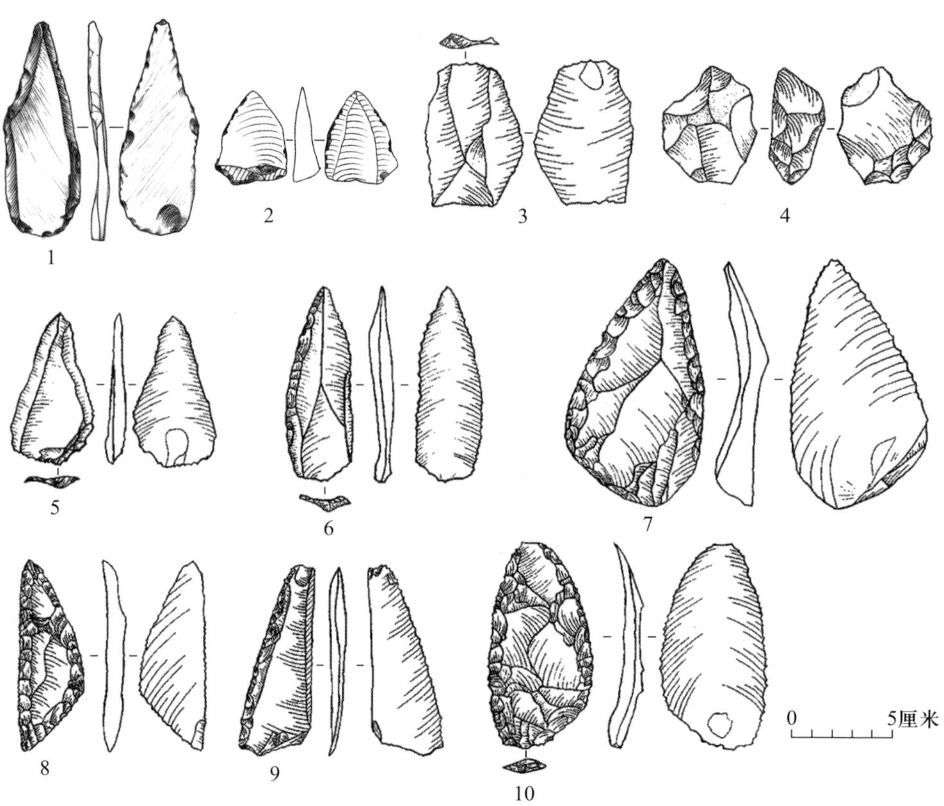

1、2. 金斯太遗址　3—10. 通天洞遗址

图 1–4　莫斯特技术遗存

核、勒瓦娄哇尖状器、各类刮削器以及莫斯特尖状器等典型的勒瓦娄哇—莫斯特文化的石制品，总体显示出较明显的旧大陆西侧旧石器时代中期文化特征。与中国相近时段其他遗址的石制品组合的对比研究表明，金斯太遗址与中国北方地区其他遗址的石制品组合大不相同，而更接近于欧亚大陆西侧、中亚等地的旧石器时代中期莫斯特石制品组合，尤其与俄罗斯西伯利亚的莫斯特遗存类似，说明中国北方地区在旧石器时代中期阶段存在西方文化因素的传播。

（二）化石材料

近年发现的更新世晚期人类化石地点包括广西崇左智人洞、湖北郧西黄龙洞、广西田东陆那洞和湖南道县福岩洞（图 1–5）。这四个地点都具有比

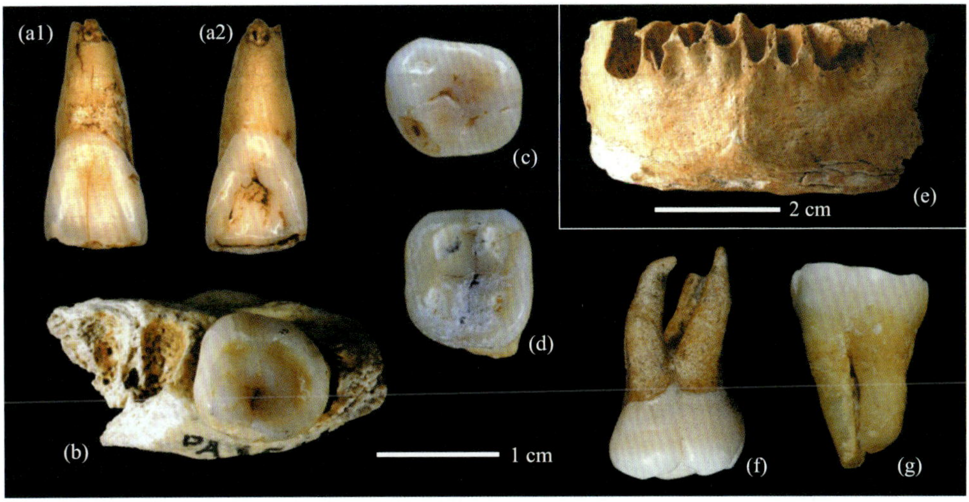

(a) 黄龙洞上颌中门齿　(b) 智人洞右侧下颌臼齿　(c) 陆那洞上颌臼齿　(d) 陆那洞下颌臼齿
(e) 智人洞下颌骨　(f) 道县上颌牙齿　(g) 道县下颌臼齿

图 1-5　距今 10 万年左右的早期现代人(图片来自刘武等:《中更新世晚期以来中国古人类化石形态特征的多样性》,《中国科学:地球科学》2016 年第 7 期)

较可靠的年代数据,距今 10 万年左右。智人洞和黄龙洞人类下颌骨和牙齿的研究证实,臼齿咬合面具有附加脊、沟及复杂的皱纹等常见于更新世中期人类的牙齿形态特征在这两个地点的人类牙齿中都没有出现,这些化石已经具有一系列现代人标志性的形态特征,牙齿结构简单、纤细,不见门齿舌面结节、指状突、齿带等特征,牙齿尺寸也属于现代人的变异范围,智人洞下颌骨已经出现一系列现代人类的衍生特征。陆那洞的 2 枚人类牙齿化石显示齿冠大小属于现代人变异范围,轮廓形状也与现代人最为接近。福岩洞的 47 枚道县人牙齿化石尺寸较小,明显小于其他非洲和亚洲更新世晚期人类牙齿尺寸,属于现代人变异范围。道县人牙齿有简单的咬合面和齿冠侧面形态、短而纤细的齿根等特征,与典型现代智人相似。道县人牙齿特征比黄龙洞、智人洞等早期现代人更为进步,呈现出一系列现代人特征,可以明确归入现代智人。道县人类化石显示,具有完全现代形态的人类可能至少 8 万年前在华南局部地区已经出现。

第三节 旧石器时代晚期

一、旧石器时代晚期初段

从世界范围来看,旧石器时代晚期初段主要以勒瓦娄哇技术与棱柱状石叶技术共存为主要特征,石器类型包含旧石器晚期常见的端刮器、雕刻器等。但是目前在中国出土的材料中,仅宁夏灵武水洞沟遗址、新疆和布克塞尔县骆驼石遗址、黑龙江呼玛县十八站遗址等为数不多的材料属此风格,其中以水洞沟遗址的发掘最系统、出土标本最丰富、研究最深入,在其他遗址未见或不典型。此外,近年来在西藏那曲地区尼阿底遗址也出土了一批以棱柱状石叶石核为特色的石叶技术遗存,文化面貌上与水洞沟遗址等有一定差异,但与中国发现的同时期其他遗址差别显著,将之放在旧石器时代晚期之初始更为合适。

据中国境内已发现的考古材料来看,石叶技术的存在并不是普遍而持久的,同时期更普遍使用的技术仍是传统的石核—石片技术,但石叶技术的相关生产理念可能引起了旧石器时代晚期末段中国北方北区细石叶技术的广泛盛行。

1. 水洞沟遗址第 1 地点

水洞沟遗址已发现 12 个地点,其中第 1 地点下文化层、第 2 地点 5a 和 7 文化层及第 9 地点含石叶遗存,年代范围为距今 4.3 万—3.3 万年,其中以第 1 地点出土勒瓦娄哇技术与棱柱状石叶技术最为丰富。对第 1 地点 1980 年出土石制品的研究显示,勒瓦娄哇或似勒瓦娄哇石叶石核为主,其次为棱柱状或似棱柱状石叶石核(图 1-6);剥片技艺以硬锤直接打击法为主,利用了勒瓦娄哇石叶方法、棱柱状石叶石核方法、勒瓦娄哇石片方法、简单石核剥片方法以及砸击法等;石器类型以边刮器为主,存在一定比例的端刮器和雕刻器等。

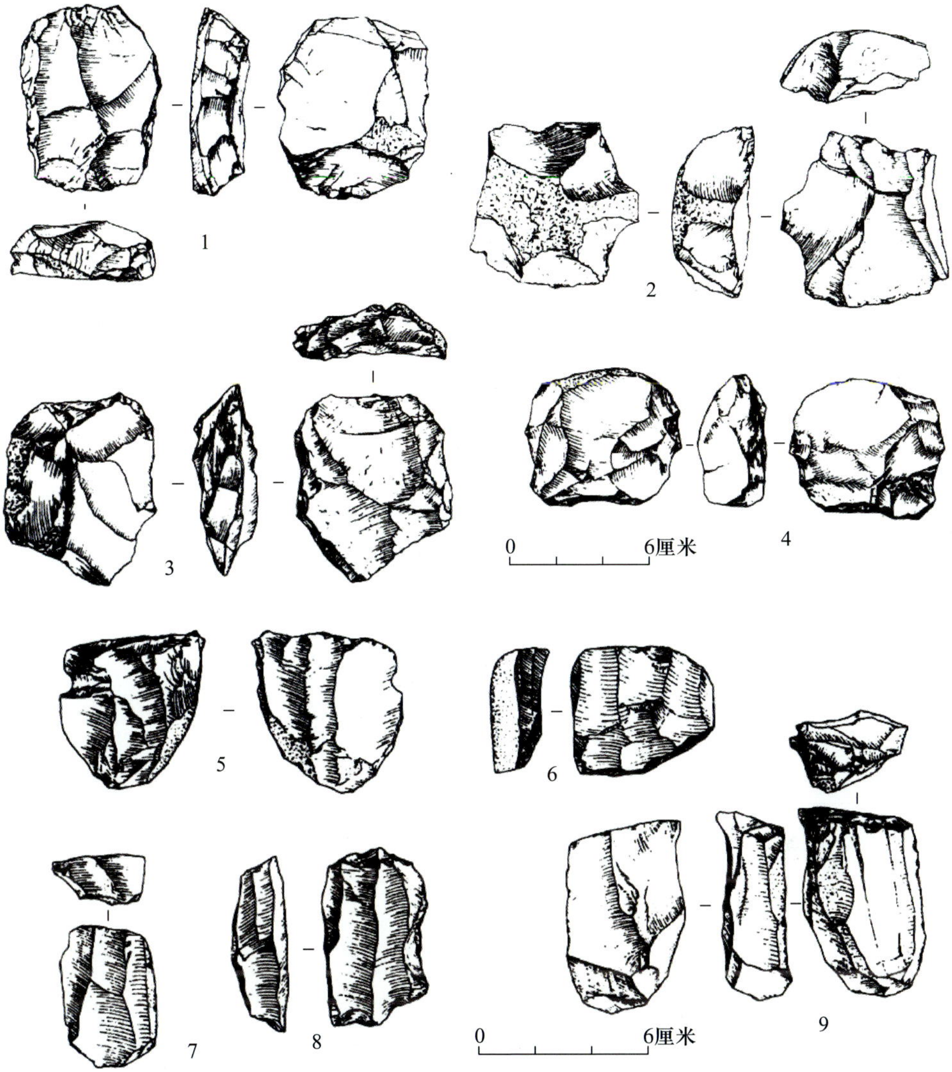

图 1–6　水洞沟第 1 地点出土的石核（宁夏文物考古研究所：《水洞沟——1980 年发掘报告》，科学出版社 2003 年版）

2. 尼阿底遗址

尼阿底遗址位于藏北羌塘高原，海拔 4 600 米，遗址面积不小于 2 平方公里。在湖滨沉积、风沙堆积、风力剥蚀、雨水、冻融等多种因素作用下，遗址的堆积过程十分复杂。通过系统发掘、多次取样和现场信号检测，最终从遗址中分辨出三个沉积单元，光释光测年显示自下往上分别沉积于距今 4 万—3 万年、距今 2 万年前后以及距今 1.2 万—4 000 年，最下层为石制品原生层位。

尼阿底遗址石器技术特色鲜明，以棱柱状石叶石核技术为主、少量勒瓦娄哇石核技术，石叶数量丰富，精致加工的工具数量少（图 1–7）。遗址所处位置高寒缺氧、生物资源稀少，即使是在深海氧同位素 3 阶段这一相对暖湿气候时期，史前人类能够在此驻足也需要对高原生态环境的强大适应能力。综合来看，石叶技术人群的生存能力有显著飞跃，对干旱 – 半干旱气候区有独特的适应力。

1—4. 石叶石核　5—10. 石叶

图 1–7　尼阿底遗址出土的石制品

二、北方地区：细石叶技术的蓬勃发展

细石叶技术是旧石器时代晚期在东亚北部、北亚、北美西北部地区广

泛存在的一种石器打制技术，是石器打制技术的巅峰。其技术产品包括细石核、细石叶，技术特征是以从细石核上剥制两边刃平行的细石叶为终极目标，产品形态高度标准化。实验显示，运用软锤直接剥片、间接剥片方式也能够生产出细石叶，但是最典型的细石叶技术是对细石核进行系统预制后形成有利于剥片的石核形态，运用压制法实现连续成功剥片。

中国已发现的具有可靠地层和测年依据的最早细石叶技术遗存来自陕西宜川龙王辿遗址、山西吉县柿子滩遗址 S29 地点、山西沁水下川遗址、河南登封西施遗址等，其年代均可达距今 2.6 万—2.5 万年，此后缓慢发展。该技术的巅峰期大约在距今 1.5 万年前后，盛行于中国北方地区，成为人类生存的技术关键，泥河湾盆地的虎头梁遗址群、籍箕滩遗址，山西柿子滩遗址群、下川遗址，山东临沂的凤凰岭遗址等均属细石叶技术为主体的遗址。在距今 1 万年前后，随着古人类社会组织方式、生计方式的转变，细石叶技术在华北地区的角色逐渐弱化。

1. 柿子滩遗址 S29 地点

柿子滩遗址位于山西省临汾市吉县清水河流域的中下游。2009—2010 年，柿子滩考古队对 S29 地点开展发掘，发掘区总面积 1 200 平方米，发掘深度 15 米，自上而下共发现 8 个文化层，清理出文化遗物 7 万余件，火塘 285 处，多数火塘周边分布石制品、化石、蚌壳和鸵鸟蛋壳穿孔装饰品、研磨石及磨盘等原生埋藏的文化遗物。除第 8 文化层属石核 – 石片技术体系之外，在第 7—1 文化层均出土细石叶技术产品(图 1–8)。石制品原料以燧石为主，其次为石英岩；工具类型包括石矛头、石镞、细石核、细石叶等多种。碳十四测年显示该地点第 8 文化层年代为距今 2.8 万年前后，第 7–1 文化层为距今 2.6 万—1.3 万年。该地点的堆积厚、延续性强、遗物丰富，存在明显的石核 – 石片技术到细石叶技术的转变，是解读中国细石叶技术源流、研究早期农业起源的重要资料。

2. 李家沟遗址

该遗址位于河南郑州新密市。李家沟遗址的旧石器文化遗存主要发现在南区第 6 层，北区第 7 层也有发现。在旧石器层位，发现了细石器、简单磨

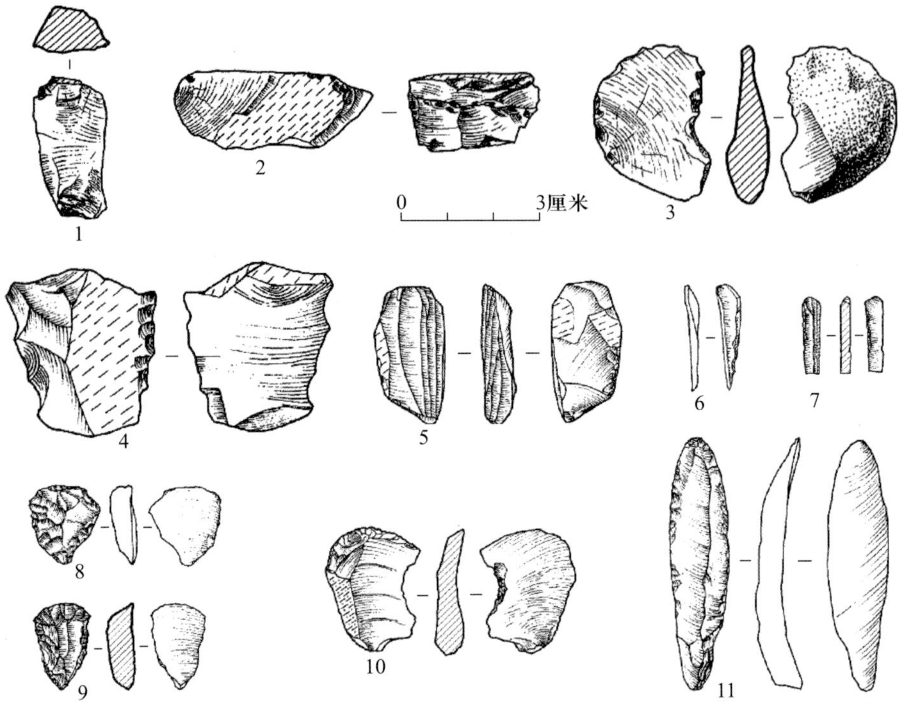

1、2. 第 8 文化层的石核　3、4. 第 8 文化层的刮削器　5. 第 7 文化层细石核
6、7. 第 7 文化层细石叶　8—11. 第 7 文化层端刮器

图 1–8　柿子滩 S29 地点出土石制品

制加工的石锛以及烧制火候低、表面无装饰的夹粗砂陶片，还有数量较多的人工搬运石块。新石器文化遗存主要发现在北区第 4—6 层，该阶段文化层明显增厚，出土了烧成火候较高的陶片，从技术特征上看与旧石器文化层的陶器似乎没有直接联系。陶器器形单一，均为直口筒形类器物。该层位的细石叶技术明显衰落，石器以权宜型者为主，磨盘类工具多见。碳十四测定结果显示，旧石器文化层为距今 1 万年前后，新石器文化层延续到距今约 8 500 年。李家沟遗址显示出东亚腹地距今 1 万年前后的技术复杂化和人类对于居址依赖程度的增加，该时期华北地区社会发展很可能进入了一个新的复杂阶段。

三、南方地区：石片石器的崛起与石器小型化

与中国北方地区相比，南方地区的旧石器考古工作明显不平衡。总体而言，经过系统发掘、测年的遗址数量少，受客观埋藏条件的限制，可供年代测定的遗址有限，因而建立年代序列有较大困难。不过，几十年来的发掘与研究积累显示，我国南方旧石器时代晚期的石器技术可能仍有一定砾石工业传统的延续，总体上石片石器比重提升，但是古人类适应生存的区域性、多样性特征显著。

在云贵高原地区，该时期遗址类型以洞穴遗址为主，包括贵州桐梓马鞍山、普定穿洞和白岩脚洞、兴义猫猫洞等。在距今2万—1.5万年之间或更早阶段的遗址中，石器工业可见更早阶段流行石器技术的延续，以中、小型石片石器为主。在随后一个阶段，石器面貌发生明显转变，例如在白岩脚洞、穿洞晚期文化层中，最突出的特点是锐棱砸击技术和发达的骨角器技术的使用。

四川盆地晚更新世晚期遗址数量增多，包括资阳市的资阳人和鲤鱼桥地点、重庆市铜梁区的铜梁地点、汉源县的富林遗址等，其石器工业面貌与早期传统有密切联系，但在原料选择、加工技术、工具组合等方面发生了明显变化。在铜梁地点，古人类以砾石为加工石器的主要原料，石制品个体大，主要剥片和加工方法是锤击技术，也使用了碰砧法剥片，石器组合有刮削器、尖状器、砍砸器三大类，主要用片状毛坯加工而成，刮削器占主体，这构成本区旧石器时代晚期的主要特点。富林遗址文化面貌独特，总体上石制品非常细小，长度多不大于30毫米，以锤击剥片为主，也使用了砸击法，石器组合为以刮削器为主的各种小型工具，工具毛坯以块状为主、片状为辅，应该是与石料质地有关。

在东南地区，属于晚更新世晚期的遗存包括湖北荆州鸡公山遗址上文化层、湖南石门燕儿洞遗址等，其石器工业表现为石片石器发达，取代了原来的砾石工业传统。石器加工技术以锤击法为主，但是修理水平提升，有各种小巧的刮削器、尖状器。

岭南地区的晚更新世晚期遗址以洞穴堆积为主,包括广西柳州白莲洞遗址,广东封开黄岩洞、英德青塘遗址等。总体而言,这一区域仍沿用砾石工业传统,但是石片石器的数量增多,石器小型化趋势明显,石器组合中,砍砸器占一定比重,刮削器数量与比重均上升。[①]

思考题:

1. 人类起源到底是多元还是一元?
2. 中国是人类诞生的摇篮吗?
3. 怎样理解旧石器时代晚期文化的多样性?

① 王幼平:《中国远古人类文化的源流》,科学出版社 2005 年版。

第二章　早期中国的起源和形成

我们生活在中国，每天都在说中国，但最早的“中国”到底是个什么样子？什么时候诞生？有怎样的形成过程？有多大范围？有何文化特质？这些问题只能主要依靠考古学来解决。

这里所说最早的中国，也就是最早的“早期中国文化圈”或者文化意义上“早期中国”，指秦汉以前中国大部地区文化彼此交融联系而形成的超级文化共同体或文化圈，她和现代中国传统上绵长接续，地理上大体吻合。

“中国”一词最早见于西周文献。周成王时青铜器何尊上有这样的话：“唯（成）王初迁宅于成周……唯武王既克大邑商，则廷告于天曰，余其宅兹中国，自兹乂民。”[①] 那个时候的“中国”仅指西周王朝的东都成周洛邑。春秋战国以后，“中国”范围扩大到指中原，乃至于指历代“正朔”皇朝疆域，但一直并非国名，内涵也小于“天下”。至清代乾隆以后基本确立近代中国的空间格局。辛亥革命以后，中国作为中华民国的简称，才真正成为国名。现在一般所说中国，是中华人民共和国的简称，也可称为现代中国，现代中国之前自然是历史上的中国。早期中国是历史上中国的最早阶段，为现代中国奠定了文化、政治和地理上的最早基础。

第一节　文化上早期中国的萌芽

中国幅员辽阔，能够在中国大部分地区看到一个颇具共性的文化圈，那是在中国这个相对独立的地理单元中，各区域文化经过了较长时间交流融合的结果，而这个交融过程从 200 万年以来的旧石器时代即已开端。在漫长的旧石器时代，尽管在中国内部存在文化差异，也不时和西方发生基因和文

① 马承源：《何尊铭文初释》，《文物》1976 年第 1 期。

化上的交流，但总体上铲形门齿等后世蒙古人种的特征普遍存在，砾石—石片工业传统贯穿始终，表现出人类进化和文化发展上的连续性和统一性特征。约距今 2 万年前进入新石器时代以后，文化的交融加速进行。

一、新石器时代早期：五大文化区

中国是世界上最早进入新石器时代的地区。中国新石器时代早期的年代，约在公元前 18000—前 7000 年，以约公元前 9000 年为界，可以分为前后两段。

（一）最早的新石器时代文化

约公元前 18000—前 9000 年的新石器时代早期早段，还处于地质学上的更新世末期或末次盛冰期，气候寒冷干燥。这时在中国华南洞穴遗址诞生了最早的新石器时代文化，比如江西万年仙人洞和吊桶环、广西桂林甑皮岩和湖南道县玉蟾岩遗址的早期遗存，发现烧火灰堆、石器制作场和蹲踞式屈肢葬，发明了世界上年代最早的陶容器，以制作粗陋的陶绳纹圜底釜为代表，可称“华南文化区”。少量陶器之外，还有不少骨、角、蚌质的生产工具，更多的则是继承旧石器时代晚期而来的各类打制砾石石器，不过石锤、石钻、砺石，尤其是穿孔重石的发现，则显示出由打制石器向磨制石器过渡的趋势。该时期玉蟾岩的稻谷遗存和仙人洞的水稻植硅石，表明当时已经出现原初的水稻栽培，甑皮岩则已存在原初的家猪驯养。农作物栽培和家畜饲养的出现，可能与适应干冷气候背景下的食物短缺有关。当然，农作物和家畜所占比重还很有限，当时主要的生业模式还是采集渔猎。此外，这个时期的偏晚阶段，在中国东北地区也已出现陶筒形罐所代表的新石器时代早期文化。

（二）新石器时代早期晚段的五大文化区

约公元前 9000—前 7000 年的新石器时代早期晚段，已经进入全新世早期，气温迅速回升，降雨猛增，动植物繁盛，为人类的发展提供了优越的条件。这时候陶器已经扩展到中国中东部广大地区，并形成五大文化区，除早就存在的华南文化区外，新出以浙江浦江上山遗址的平底盆、圈足盘、双耳罐、壶等陶器为代表的长江下游文化区(即上山文化),以河南新密李家沟遗址的陶深腹罐为代表的中原文化区(即李家沟文化),以山东沂源扁扁洞遗址的陶素面釜为代表的黄河下游文化区,以北京门头沟东胡林、吉林白城双塔遗址的陶筒形罐为代表的华北—东北文化区(图 2-1)。这个时候除在上山文化存在稻作农业外,在北京东胡林遗址已经出现最早的栽培粟、黍,不过各文化区仍以采集狩猎为主。

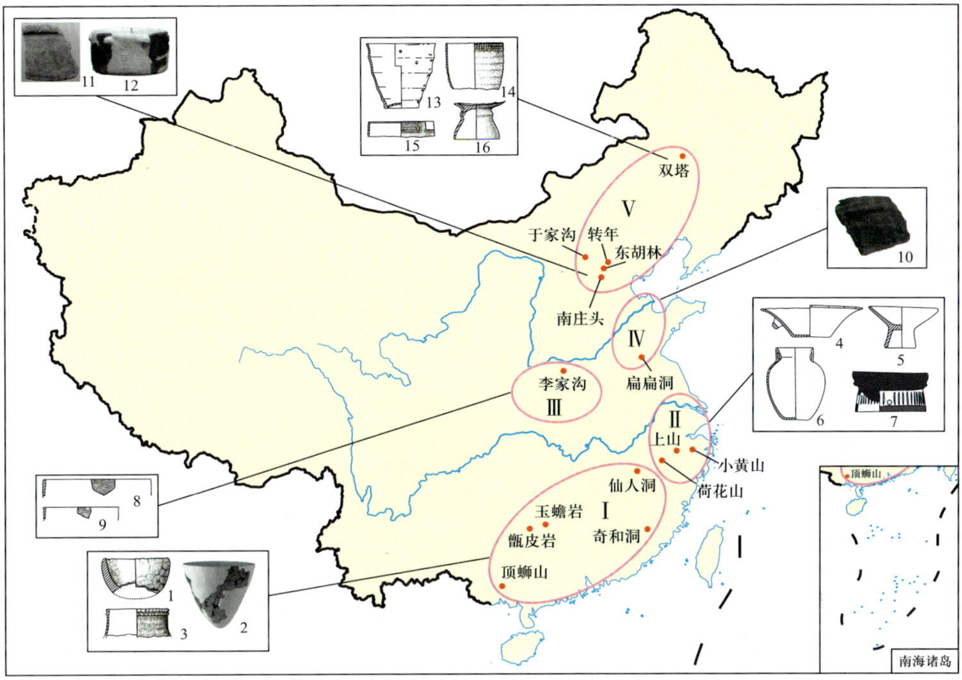

Ⅰ. 绳纹圜底釜文化区　Ⅱ. 平底盆—圈足盘—双耳罐文化区
Ⅲ. 深腹罐文化区　Ⅳ. 素面釜文化区　Ⅴ. 筒形罐文化区

图 2-1　中国新石器时代早期文化区系(公元前 18000—前 7000)

虽然存在五大文化区,但它们的陶器应当都是受到华南制陶技术的启发而产生的,而且彼此之间还存在一些共性和联系。比如最早产生于华南地区的绳纹,就还见于中原、长江下游和华北地区。又比如石斧、石锛、石凿等和砍伐或加工木材有关的磨制石器,见于华北、东北和长江下游等地,表明这些地区都有相似的木材加工传统,方便使用木料建造房屋以定居。

（三）早期中国的万年基础

从整体来说，中国是世界上最早出现农业、陶器（陶容器）和磨制石器的地区，而且三者基本上是以组合的方式同时出现。虽然三者的最初发生不见得就有必然的联系，但在发展过程中却互相关联：农业为定居提供基础，为易破碎的陶器的繁荣和磨制石器的精心制作准备了条件；陶器作为炊器、饮食器和盛储器，为食物制作、分享和农产品的储藏提供了最大的方便；磨制石器则逐渐成为农业生产工具的主流，此外还为早熟的木材加工，尤其是榫卯结构的制作提供了条件。这都为中国此后成为世界上最大最稳定的农业地区和最发达的陶瓷器大国奠定了坚实基础。相比之下，西亚地区麦作农业的起源虽然也在一万年以前，但陶器最早不过八九千年，以至于还存在一个“前陶新石器时代”，房屋建筑则主要是以泥坯石块垒砌而成。此外，上山文化晚期的陶壶、盘等器物外敷红色陶衣，制作精美，有的装饰白彩，堪称世界上最早的彩陶，有的刻有类似八卦的符号（图 2–2）。

图 2–2 上山文化的红衣白彩陶和符号

二、新石器时代中期：早期中国的萌芽

大约公元前 7000 年以后，现今中国大部地区文化蓬勃发展，进入新石器时代中期。这时农业文化的范围向东北和西北方向显著扩张，文化间的碰撞、交流和融合趋势明显加强，文化格局因此得以大幅度调整，先后涌现出近 20 个考古学文化，整合成四大文化区，黄河和长江流域尤其是中原地区的

特殊地位逐渐显现出来，已经可以约略看出后世中国的大致轮廓。

（一）黄河上中游文化区

黄河上中游文化区，包括文化面貌大同小异的裴李岗文化、白家文化和双墩文化。

1. 裴李岗文化

裴李岗文化发现于河南新郑裴李岗遗址，分布在河南省大部地区。典型遗址还有河南舞阳贾湖、新郑唐户等，绝对年代约公元前 7000—前 5000 年。陶器种类丰富、形制规整、火候均匀，作为酒器或水器的壶造型多样，还发明了鼎这种中国最重要的炊器。石铲、锯齿形石镰等工具磨制精整，石磨盘还特意琢出四足。聚落已有所分化，小的面积仅几千平方米，较大的贾湖遗址有 5 万平方米。贾湖墓葬随葬不少制作精致的骨镞、骨镖、骨笛、骨规形器、骨板、绿松石饰品，还有随葬獐牙、龟甲、猪下颌骨的习俗，有的龟甲内装小石子或骨针，有的龟甲上有类似文字的刻符（图 2–3）。墓葬也小有分化，普通小墓的随葬品仅一至数件，较大的墓葬则达数十件。裴李岗文化南部种植水稻，北部水稻和黍、粟并存，并饲养家猪。

2. 白家文化

白家文化发现于陕西西安临潼白家遗址，分布于陕西和甘肃东部的渭河和汉水流域，绝对年代约公元前 6000—前 5000 年。典型遗址还有甘肃秦安大地湾等。白家文化的圜底钵、三足钵、圈足钵、深腹罐等主要陶器都可在裴李岗文化中找到原型，锯齿形蚌或骨镰、磨制石铲、简陋半地穴式房屋、成人仰身直肢葬、婴孩瓮棺葬，以及随葬獐牙和猪下颌骨的习俗，也都和裴李岗文化近似，并已种植农作物黍。由于渭河流域和汉水上游并无更早的农业文化遗存，白家文化的初始年代又比裴李岗文化晚千年左右，因此白家文化应该是裴李岗文化西向扩展并与土著文化融合的产物。

此外，裴李岗文化末期还向东强烈影响淮河中游地区，形成以安徽蚌埠双墩遗存为代表的双墩文化，出土了大量图画形的陶器符号。

（二）黄河下游—淮河中游文化区

黄河下游—淮河中游文化区，包括后李文化和顺山集文化。

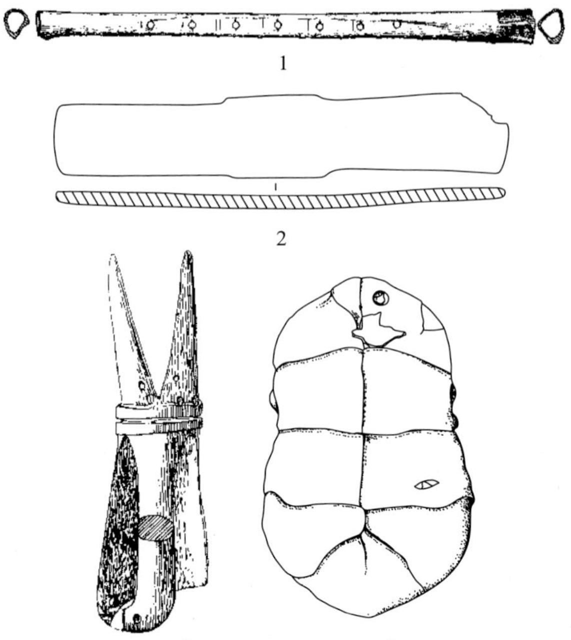

1. 骨笛 2. 骨板 3. 骨规形器 4. 龟甲及刻符

图 2–3 舞阳贾湖遗址出土器物

后李文化以山东临淄后李遗址为名，主要分布在山东地区，绝对年代约公元前7000—前5000年。代表性陶器是素面直腹圜底釜，其他还有罐、盆等，有较大的长方形半地穴式房屋。农业以稻作为主，也有旱作农业，饲养猪、狗等。顺山集文化发现于江苏泗洪顺山集遗址，分布在淮河中游地区，年代在公元前6000年前后，有淮河流域最早的环壕聚落，占据主体的素面圜底釜、小口双耳壶等与后李文化接近，其他如双耳平底罐、折腹钵、豆等为江淮地区因素。还发现圈形陶灶，为中国最早陶灶之一。

（三）长江中下游—华南文化区

长江中下游—华南文化区，包括彭头山文化、跨湖桥文化、高庙文化等。

1. 彭头山文化

彭头山文化发现于湖南澧县彭头山遗址，主要分布在洞庭湖地区，绝对年代约公元前7000—前5000年。陶器主要有装饰绳纹的圜底罐、釜、钵，主要源头是南岭两侧新石器时代早期的绳纹圜底釜文化系统。该文化有长江流域最早的环壕聚落，房屋为地面式或干栏式，以适应当地的平原水乡环境。在八十垱、彭头山等遗址发现大量炭化的栽培稻遗存，表明稻作农业已经有一定发展，但采集食用野生植物仍是主要的生计方式。

2. 跨湖桥文化

跨湖桥文化以浙江杭州萧山区跨湖桥遗址为名，主要分布在钱塘江流域，绝对年代约公元前6200—前5000年。双耳折肩罐、圈足盘和豆等多数陶器来源于上山文化，而绳纹圜底釜、折腹圜底钵等少量陶器与长江中游的彭头山文化接近，应当是受到彭头山文化影响的结果。也就是说，跨湖桥文化是在上山文化基础上接受彭头山文化影响发展而成。而跨湖桥遗址独木舟的发现，表明长江中下游之间存在通过水道发生交流的条件。

3. 高庙文化、皂市下层文化、城背溪文化

约公元前5800—前5000年，在长江中游地区出现高庙文化、皂市下层文化、城背溪文化等一系列大同小异的文化，这些文化的圜底绳纹釜、盆、钵、支脚等显然是继承了当地的彭头山文化传统，而新出的镂孔装饰的圈足盘、折腹罐、折腹钵等则属于长江下游的跨湖桥文化因素。另外，最早在高庙文化出现装饰獠牙兽面纹、八角星纹、太阳纹等的精美白陶（图2–4）。

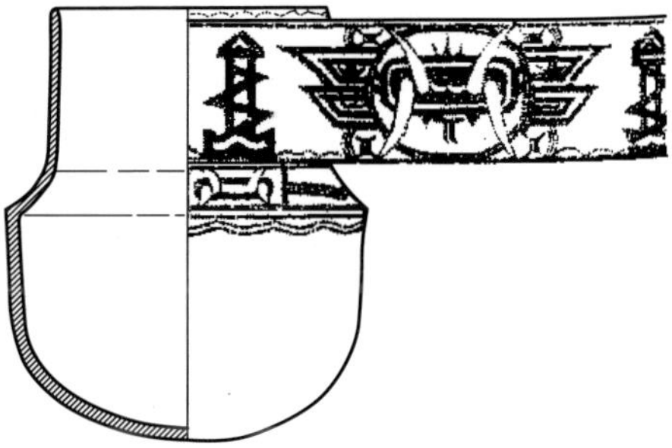

图2–4　湖南洪江高庙遗址的獠牙兽面纹白陶

（四）华北—东北文化区

华北—东北文化区，包括磁山文化、兴隆洼文化、赵宝沟文化、新乐下层文化等。

1. 磁山文化

磁山文化以河北武安磁山遗址为代表，还有易县北福地一期遗存等，主要分布在太行山东侧的河北平原地区，年代大致在公元前6200—前5000年。最典型的陶器是一种较矮的筒形罐，与之前的东胡林文化的陶器有明显的

渊源关系，圈足石碗和陶人面形器很有特色，还有少量玉器。有方形半地穴式房屋和长方形窖穴，在磁山遗址的 80 多个窖穴中，发现大量成层堆积的黍和粟的朽灰，换算成粮食当有 10 万斤之多，表明旱作农业在磁山文化中已经比较重要。

2. 兴隆洼文化

兴隆洼文化发现于内蒙古敖汉旗兴隆洼遗址，重要遗址还有内蒙古敖汉旗兴隆沟和林西白音长汗、辽宁阜新查海等，主要分布在西辽河—大凌河流域和燕山南北地区，年代大致在公元前 6200—前 5500 年。主要陶器是深腹筒形罐，装饰网格纹、“之”字纹等，有精美玉玦等装饰品（图 2–5），镶嵌獠牙的石、骨、蚌质人面形器，以及少量石罐、石臼等，总体和磁山文化比较近似。有环壕聚落，其中整齐排列较大的方形半地穴式房屋，墓葬为长方形竖穴土坑墓或石棺墓。在兴隆沟遗址发现较多栽培的黍和粟的碳化种子，说明存在旱作农业，但仍以狩猎采集为主。

图 2–5 兴隆洼文化的玉玦等装饰品（图片来自吉平、邓聪主编：《哈民玉器研究》，中华书局 2018 年版）

大约公元前 5500 年以后，在西辽河流域和燕山南北兴起赵宝沟文化，在下辽河流域兴起新乐下层文化，都流行筒形罐，当与兴隆洼文化有传承关系。

（五）文化上早期中国的萌芽

约公元前 6200 年以后进入新石器时代中期中段，各文化区交流明显频繁起来，从而整合成四个文化区或文化系统（图 2–6）。不仅如此，通过中原裴李岗文化的强烈扩张和影响，还使各文化区开始互相接触和发生一定的联系。无论是长江中游的彭头山文化，还是华北的磁山文化，其临近裴李岗文化的边缘地区都开始出现较多泥质素面的壶、钵等裴李岗文化因素，这样几个文化区就具有了一定共性，从而形成雏形的早期中国文化圈，或者说文化意义上的早期中国已经萌芽。这个雏形的文化上的早期中国，已经具备了至少五项区别于世界上其他文化圈的文化特征和精神特质。

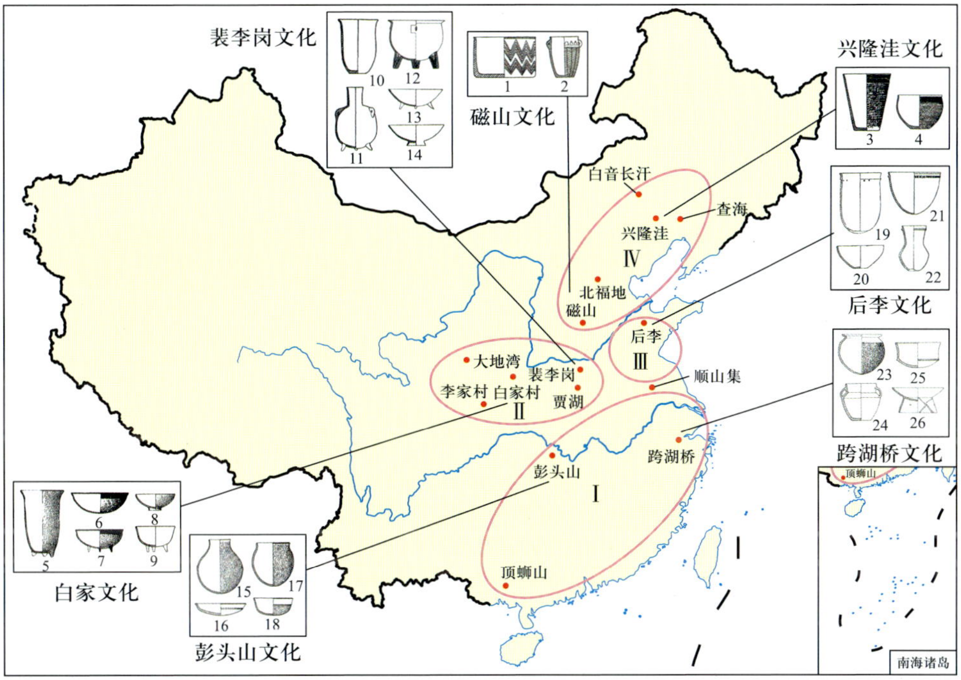

Ⅰ. 釜—圈足盘—豆文化区　Ⅱ. 深腹罐—双耳壶—钵文化区
Ⅲ. 素面圜底釜文化区　Ⅳ. 筒形罐文化区

图 2–6　中国新石器时代中期中段文化区系（公元前 6200—前 5500 年）

1. 初步形成互补型的南稻北粟二元谷物农业体系

虽然当时农业（包括家畜饲养业）在人们食物结构中的比重还不宜估计

过高，狩猎采集仍占重要地位，但这已经是当时世界上最大的农业文化区，而且是唯一的两大农业体系并存的文化区，它们彼此互补，很好地保证了食物供给的长期稳定。发展农业需要长期的定居，需要不断调节社会内部以保持稳定，这使得早期中国文化逐渐形成质朴稳健、重视传统、稳定内敛的特质。

2. 发达的陶器文化与丰富的日常生活

陶器尤其炊器最为发达，出现煮、蒸等多种烹饪方式，这与西亚地区刚出现的陶器主要并非炊器、烹饪方式主要为烧烤的情况形成鲜明对照。其中核心区裴李岗文化的陶器细腻素雅、功能细化，并发明了专门炊器鼎，堪称早期中国最具代表性的器物，还出现了中国特有的蒸食器甑，而陶壶可能已是酒具，反映定居社会生活的稳定和丰富。

3. 早熟的木工手工业和梁架结构建筑

从大江南北普遍发现斧、锛、凿等和砍伐与加工木材有关的石器来看，木工手工业已经有较大发展，在跨湖桥等遗址也已发现具有榫卯结构的木构件。无论是北方的半地穴式房屋，还是南方的地面式或干栏式房屋，均立木柱以支撑屋顶，已初步形成梁架式结构建筑传统。

4. 东西二元彩陶传统的形成和文字的起源

长江下游的跨湖桥文化和黄河上游的白家文化都出现彩陶，各具特色，这表明从 8 000 年前就形成东西二元的彩陶艺术传统。这时贾湖遗址发现有契刻在龟甲上面的文字性刻划符号，或许与记录占卜结果有关，双墩文化也发现大量内容复杂的刻划符号和图像。另外，高庙文化发现有复杂的八角星纹、兽面纹等图像花纹。中国文字的前身——符号和图像，在这个时期都已经萌芽，而且主要就在黄河和长江流域。

5. 以祖先崇拜为核心的世俗化的信仰体系

中原地区的裴李岗文化、白家文化等实行土葬，体现“入土为安”和“事死如事生”的丧葬观念；同一墓地的墓葬有共同葬俗，分区分组，排列整齐，已形成中国最早的“族葬”，体现出祖先崇拜、社会秩序和历史记忆的显著强化。贾湖墓地较大墓葬包含骨笛、骨规形器、骨板、龟甲等精致新器，墓主人或许为天文、卜筮、音乐、医术兼通的大巫。此外，华北和东北地区的磁山文化、兴隆洼文化、赵宝沟文化等多见人面形器、人形陶塑、玉玦等，或与原始萨满信仰有关，和中原地区有一定差别。

总之，这个 8 000 年前形成的雏形的早期中国文化圈，虽然社会还处于比较平等的状态，但大约已经不是旧石器时代以来人人都可祭享沟通神灵的状况，巫师萨满一类较专业的神职人员的地位逐渐凸显出来，且已经奠定了此后中国文化稳定、连续发展的基础。

三、新石器时代晚期：三大文化区

公元前 5000 年前后进入新石器时代晚期，中国文化迎来发展的又一个高峰期，文化间的交流和融合进一步加强，黄河流域、长江中下游—华南和东北三大文化区或三大文化系统格局正式确立，聚落成群，社会秩序井然，雏形的文化上的早期中国得到长足发展。

（一）黄河流域文化区

黄河流域文化区，实际包括黄河流域大部和淮河上游地区，主要的考古学文化是仰韶文化和北辛文化。

1. 仰韶文化早期

仰韶文化发现于河南渑池仰韶村遗址，分布于黄河上中游和淮河上游广大地区，重要遗址还有陕西西安半坡、河南安阳后冈等，总的年代约在公元前 5000—前 2500 年，早期的年代约在公元前 5000—前 4000 年。

约公元前 5000 年，在裴李岗文化、白家文化等地基础上，加上和黄河下游北辛文化的交流，诞生了最初期的仰韶文化，主要陶器为钵、罐、盆、壶等，还有一种带鸟喙状勾鋬的陶鼓。最初的仰韶文化已经存在地方性差异，可以划分为陕西的零口类型、山西的枣园类型、河北的下潘汪类型等。

约公元前 4500 年，仰韶文化加快了发展步伐，地方性差异有所扩大，实力最强的半坡类型和后冈类型就存在显著差别，形成西东对峙局面。主要分布在渭河和汉水流域的半坡类型，流行作为酒器的小口尖底瓶，基本不见鼎，彩陶发达且流行黑彩，常见鱼纹等动物纹题材（图 2–7）；而华北平原地区的后冈类型，仍流行传统的小口平底瓶，鼎为主要陶器，彩陶不甚发达且为红彩，不见动物纹。

1

2

3

1. 小口尖底瓶　2. 鱼纹盆　3. 人面鱼纹盆

图 2–7　仰韶文化半坡类型彩陶

仰韶文化半坡类型发现有半坡、姜寨等环壕聚落，而以姜寨聚落最具代表性。该聚落总体分为居住区、陶窑厂和墓地三大部分，居住区的半地穴式房屋围成一个大圈，门一概朝向中央广场，大致以 5 座大型方形房屋为核心形成 5 群，可能代表 5 个大家族，全聚落可能共同构成一个氏族。在环壕外边有几片大致与各组房屋对应的成人墓地，婴孩则以瓮棺葬形式埋葬在每组房屋附近。成人墓葬一般都随葬数件日用陶器、生产工具和装饰品，没有明显的贫富分化。向心结构的房屋布局，反映出一种利益与共、血缘凝聚、颇有秩序的平等社会状态[①]（图 2-8）。

图 2-8 临潼姜寨一期环壕聚落复原图（张孝光作，图片来自西安半坡博物馆等：《姜寨——新石器时代遗址发掘报告》，文物出版社 1988 年版）

仰韶文化早期农业经济有显著发展，逐渐居于主导地位，大量的陶刀和石刀（即爪镰，古称铚）是主要的收割工具。在窖穴、陶器内发现炭化腐朽的粟、黍，以及橡籽、芥菜籽、白菜籽等，粟超过黍占据粮食主体，可能已有蔬菜种植。家畜以猪为主，仍然存在渔猎采集。

2. 北辛文化

北辛文化发现于山东滕州北辛遗址，分布于黄河下游地区，年代约在公元前 5000—前 4100 年。北辛文化是在后李文化的基础上，融合双墩文化而形成，典型陶器有锥足釜形鼎、釜、小口双肩耳壶、钵等，也有带鸟喙状勾鋬

---

① 巩启明、严文明：《从姜寨早期村落布局探讨其居民的社会组织结构》，《考古与文物》1981 年第 1 期。

的陶鼓，和仰韶文化后冈类型关系密切。[①] 北辛文化墓葬已出现成人拔出侧门齿的现象，为后来东方人的拔牙习俗开了先河。

（二）长江中下游—华南文化区

长江中下游—华南文化区，包括大溪文化、咸头岭文化、河姆渡文化和马家浜文化等。

1. 大溪文化

大溪文化以重庆巫山大溪遗址为名，分布在长江中游地区，重要遗址还有湖北枝江关庙山、湖南澧县城头山等，年代上限约在公元前 4500 年。早期的主要陶器是继承汤家岗文化而来的釜、圈足盘、折腹钵、曲颈罐等，只是绳纹釜基本被素面釜替代，新出足饰镂孔的三足盘、素面圈足碗等。大溪文化早期发现有圆形城垣的中国最早古城——城头山古城，流行地面式排房，墓葬仍为传统的屈肢葬。古城发现的船桨等木器颇具特色，见有稻田和丰富的水稻遗存，显见稻作农业已具一定规模，当然对野生动植物资源的利用仍占重要地位。

2. 咸头岭文化

咸头岭文化以广东深圳咸头岭早期遗存为代表，分布在珠江三角洲及附近岛屿。该文化大量绳纹釜可视为当地传统，但较多戳印纹白陶盘却显然应当是从长江中游的高庙文化等远道传播而来。咸头岭文化多贝丘遗址，生业主要依靠捕捞采集，没有稻作农业。

3. 河姆渡文化和马家浜文化

河姆渡文化以浙江余姚河姆渡遗址第一、二期文化为代表，包括余姚田螺山遗存等，分布在西到杭州余杭、东到舟山群岛的杭州湾以南宁绍地区，马家浜文化发现于浙江嘉兴马家浜遗址，分布在太湖周围地区。二者年代都在大约公元前 5000—公元前 4100 年，陶器都以作为炊器的釜最多，双耳罐、敞口盆、敛口钵、圈足盘、豆等都与上山文化有传承关系，新出袋足鬶（盉）和灶等。只是河姆渡文化陶器以夹炭黑陶为主，多见绳纹，而马家浜文化陶器

---

① 张忠培、乔梁:《后冈一期文化研究》,《考古学报》1992 年第 3 期。

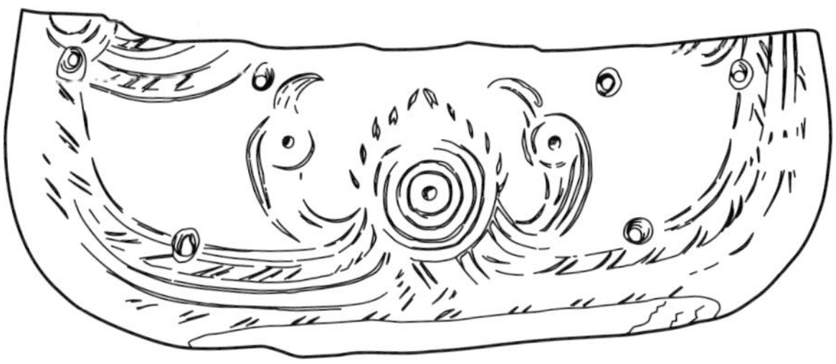

图 2–9　余姚河姆渡遗址双鸟(凤)托日图案象牙雕刻

以夹蚌红褐陶为主,流行素面。二者还都有璜、玦等玉器,常见榫卯木结构,有木桨、木胎漆碗、象牙雕刻,农业工具以骨耜最重要。河姆渡文化流行适应江南水乡特点的干栏式排房,墓葬屈肢葬和仰身直肢葬并存,马家浜文化的俯身葬别具特色。两个文化水稻遗存丰富,尤其河姆渡遗址有厚达半米的稻谷稻草遗存,苏州草鞋山、昆山绰墩等遗址还发现有古稻田,家畜有猪和狗。

(三) 东北文化区

东北文化区以红山文化早期为代表。

公元前 5000 年以后,东北地区文化格局并没有发生大的变化。至约公元前 4500 年,随着仰韶文化后冈类型向东北强烈影响,终于在西辽河流域催生出以内蒙古赤峰红山后遗址为名的红山文化。红山文化的“之”字纹筒形罐等为本土因素,而较多钵、盆、壶类泥质陶器和彩陶技术属于仰韶文化后冈类型因素。房屋为长方形半地穴式,墓葬多为长方形竖穴土坑墓,以仰身直肢葬为主。有一定的粟作农业,翻土工具石耜磨制精整,但还有较多细石器镞、石网坠、骨鱼镖、骨鱼钩等,反映渔猎经济占有重要地位。

(四) 雏形早期中国文化圈的发展

新石器时代晚期中原地区的核心作用反而不如以前突出,但文化交流更加频繁,终于整合形成三大文化区或三大文化系统(图 2–10),雏形的早期中国文化圈继续发展,为下一步文化意义上早期中国的正式形成夯实了基础。

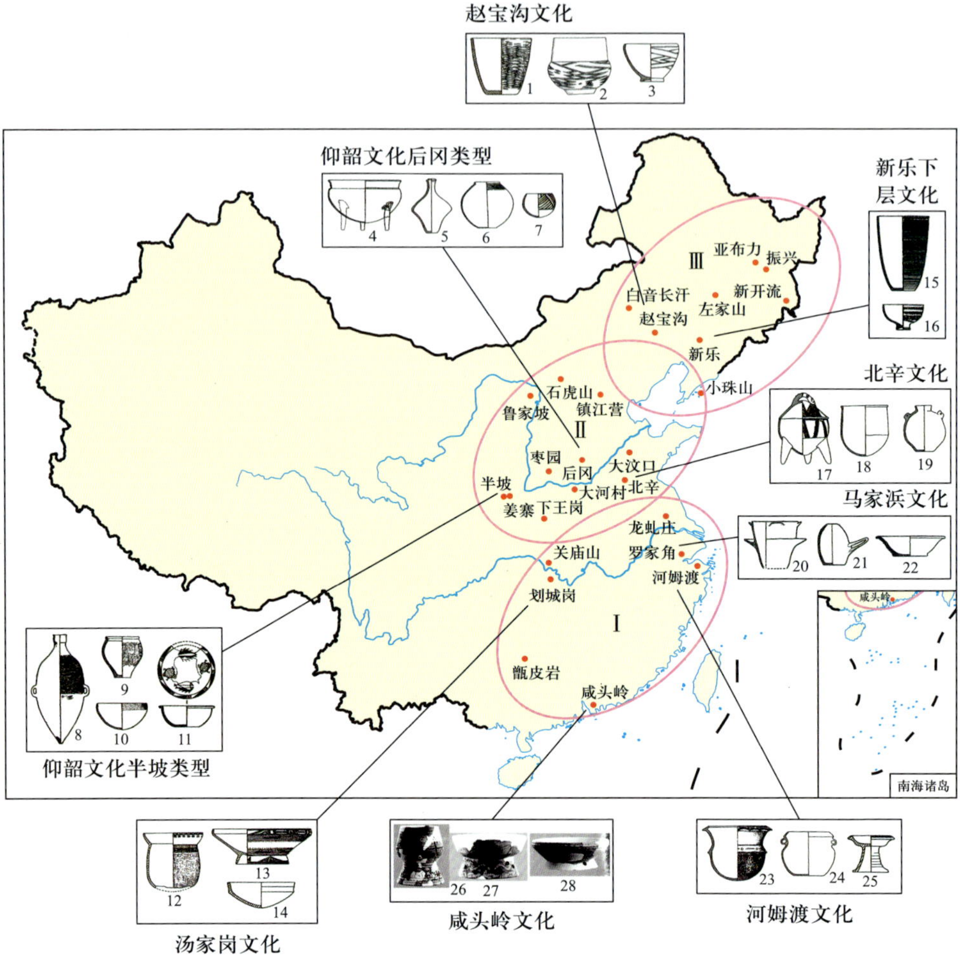

Ⅰ. 釜—圈足盘—豆文化区 Ⅱ. 瓶(壶)—钵(盆)—罐—鼎文化区 Ⅲ. 筒形罐文化区

图 2-10 中国新石器时代晚期文化区系(公元前 5000—前 4200 年)

1. 两大农业体系进一步发展

农业在黄河、长江流域的地位越来越重要,黄河中上游地区仰韶文化石铲增多,用于割取谷穗的石刀或陶刀非常发达,粟类谷物遗存常有发现,农业逐渐居于主体地位。黄河下游、长江中下游和西辽河流域农业比重也显著增加,但渔猎采集经济或许仍与其平分秋色。

2. 玉器等“中国”特色的器物开始流行

玉器早先见于新石器时代中期的兴隆洼文化和顺山集文化等，此时开始发扬光大，广见于东南沿海地区的马家浜文化、河姆渡文化和龙虬庄文化等当中，可以说中国特有的玉文化传统已经正式形成。此外，河姆渡文化发现的木胎红漆碗，是中国最早漆器之一。各地发现大量纺轮，河姆渡文化发现机刀、卷布辊等织机零件，说明原始纺织业普遍发展起来。

3. 秩序井然的聚落和梁架结构房屋

无论是仰韶文化的分组房屋和凝聚向心聚落结构，还是大溪文化和河姆渡文化的排房，都将房屋建筑秩序井然地安排在一个特定空间内，有的外周还有环壕或者城垣，在强调集体利益和公共秩序方面有异曲同工之妙。建筑技术趋于成熟和定型，大江南北都流行梁架结构房屋，包括黄河流域及其以北地区的半地穴式房屋、长江中下游的干栏式和地面式房屋。

4. 以东西二元彩陶为核心的艺术和符号体系

当时的中国大地最引人注目的艺术形式就是彩陶，二元彩陶体系继续发展，西部仰韶文化彩陶简练凝重、节奏明快，以黑、红二色为主，而东部龙虬庄文化和河姆渡文化以及马家浜文化等的彩陶繁缛细致、变化复杂、色彩斑斓。彩陶区外围的陶器则以拍印、刻划、压印的几何纹居多。另外，仰韶文化、河姆渡文化、大溪文化等还有不少刻划符号。

5. 以祖先崇拜为核心的宗教信仰体系

当时仍然延续以祖先崇拜为核心的宗教信仰体系，流行大型氏族墓地。在仰韶文化等当中都有婴孩瓮棺葬，盖在上面的陶器往往底部穿孔，被认为是为了方便儿童灵魂出入[①]，体现出氏族社会对儿童的关爱。仰韶文化后冈类型的河南濮阳西水坡发现的蚌塑“龙虎墓”（图 2–11），应该就是后世所谓青龙、白虎的原型，该墓或为精晓天文而又能沟通天地的大巫之墓。[②]

---

① 李仰松：《谈谈仰韶文化的瓮棺葬》，《考古》1976 年 6 期。

② 张光直：《濮阳三蹻与中国古代美术上的人兽母题》，《文物》1988 年第 11 期；冯时：《河南濮阳西水坡 45 号墓的天文学研究》，《文物》1990 年第 3 期。

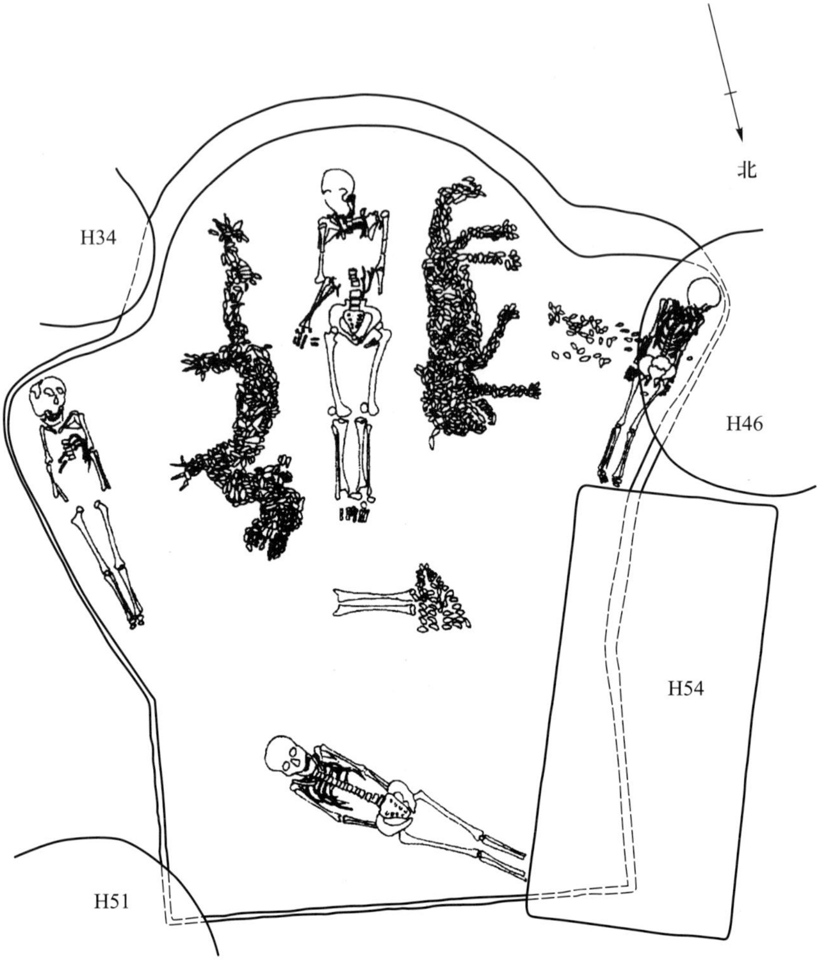

图 2-11　濮阳西水坡遗址蚌塑“龙虎墓”

第二节　文化上早期中国的形成

新石器时代晚期后段，约公元前 4200—前 3500 年，中原核心地区的仰韶文化东庄—庙底沟类型迅猛崛起，向周围强力扩张影响，使各地区发生重大的文化格局调整和文化面貌改变，其影响的深度和广度前所未见。我们把这个特殊的时代叫作庙底沟时代。

一、中原核心区文化的迅猛发展

庙底沟时代,中原核心区晋西南、豫西和关中东部的中期仰韶文化迅猛发展,包括偏早的东庄类型和后继的庙底沟类型。

1. 仰韶文化东庄类型

东庄类型以山西芮城东庄村遗址为名,主要分布在晋南地区,绝对年代约在公元前4200—前4000年,是在晋南仰韶文化枣园类型的基础上,接受东进的半坡类型的强烈影响而形成,比如双唇口小口尖底瓶的双唇口源自枣园类型、尖底来自半坡类型,绳纹、黑彩来自半坡类型,豆荚纹、花瓣纹等彩陶纹饰则为新创。东庄类型新出一种将头骨和肢骨摆在一起的前所未见的多人二次葬,标志着丧葬习俗方面出现重大变革。

2. 仰韶文化庙底沟类型

庙底沟类型以河南三门峡陕州庙底沟一期为代表,分布在晋西南、豫西和关中东部,年代约在公元前4000—前3500年,总体是在东庄类型基础上的继续发展。该类型有双唇口小口尖底瓶、葫芦形瓶和罐、瓮、盆、钵等,新出鹗形鼎和釜、灶,流行花瓣纹和鸟纹彩陶(图2-12)。聚落形态方面的最大变化,是出现了河南灵宝西坡和陕西渭南华州泉护、白水下河等面积数十甚至上百万平方米的大型遗址,包含多座200—500平方米的装饰讲究的超大型房屋。农业生产工具中石刀和石铲大增,石铲阔大规整,磨制更精,显示旱作

图2-12　仰韶文化庙底沟类型彩陶盆和陶鹗鼎

农业有长足发展。

二、仰韶文化空前统一局势的形成

东庄类型形成以后，就以其极具活力的姿态迅速向外拓展，庙底沟类型青出于蓝而胜于蓝，进一步扩张影响，由此造成仰韶文化的“庙底沟化”和黄河上中游文化的空前趋同的局势。

1. 关中西部和甘青、川西北地区

东庄类型一经形成，就迅速反馈影响关中地区，使得关中东部的半坡类型晚期也变得和东庄类型近似起来。有意思的是，此时新出一种鸟鱼合体纹彩陶，不啻为半坡类型和东庄类型融合的象征，因为半坡类型尚鱼，而东庄类型崇鸟。这次文化浪潮还一直延伸到关中西部乃至于甘肃中东部。庙底沟类型向西影响更加强烈，使得关中西部、甘肃东部乃至于青海东部和四川西北部都出现类似庙底沟类型的文化遗存。

2. 狭义北方地区

东庄类型向狭义北方地区扩张的结果，就是在晋中北、内蒙古中南部、陕北北部和冀西北地区等地形成和东庄类型近似的遗存，尤其岱海地区的内蒙古凉城王墓山坡下早期遗存等，几乎和晋南东庄类型别无二致，肯定存在人群迁徙。至庙底沟类型早中期，晋中北和冀西北地区文化面貌与庙底沟类型基本相同。王墓山坡下聚落中央位置有面积达 90 平方米的大房子，周围留有空白地带，外周是中小型房屋，体现出其特殊地位。但这里最大的房子和豫西关中不可同日而语，核心区和边缘区存在明显的差异。

3. 豫中南和鄂北地区

东庄—庙底沟类型在东南、南向同样对豫中南和鄂北地区产生很大影响，花瓣纹彩陶成为这些地区典型因素，双唇口小口尖底瓶和葫芦形瓶也见于各地，只是距离豫西越远越少。当然，地方性特征仍然浓厚，比如郑洛地区的仰韶文化阎村类型常在白陶衣上兼施黑、红彩，流行成人瓮棺葬。曾在汝州阎村遗址陶缸上发现一幅“鹳鱼钺图”[①]（图 2-13），在豫西南西峡老坟岗墓葬发现随葬穿孔石钺，这些材料说明当时豫中南地区已出现专门武器钺，或许已有军权象征含义。

4. 河北平原地区

东庄类型向太行山以东的影响最小，这当与后冈类型人群的顽强抵制有关。庙底沟类型正式形成之后，其与后冈类型的对峙局面终于结束，这时除在河北磁县钓鱼台等遗址发现少量与庙底沟类型近似的遗存外，河北平原大部呈现出文化萧条景象，或许与庙底沟类型进入太行山以东引起的激烈战争有关。

图 2-13 汝州阎村遗址出土的鹳鱼钺图

三、红山文化的新阶段

东庄类型和庙底沟类型对仰韶文化区以外的东北地区也产生了深远影响，使得红山文化中期开始流行涡纹彩陶，那实际上是花瓣纹彩的变体。考古学家苏秉琦曾以“华山玫瑰燕山龙”的诗句，对中原和东北这种文化联系进行了高度概括。他指出花瓣纹等仰韶文化因素正是从华山脚下开始，经由晋南、北方地区而至于东北地区，并说红山文化“是北方与中原两大文化区系在大凌河上游互相撞击、聚变的产物”[②]。这时在牛河梁遗址可能已经出现“女神庙”和祭坛。

四、黄河下游和长江中下游地区文化的趋同

东庄类型和庙底沟类型向东部沿海和长江中下游地区施加影响，使海

① 严文明：《〈鹳鱼石斧图〉跋》，《文物》1981 年第 12 期。

② 苏秉琦：《中华文明的新曙光》，《东南文化》1988 年第 5 期。

岱地区刚诞生的大汶口文化的面貌发生一定程度的改观，刺激了长江下游地区文化的“崧泽化”进程，为长江中游带来鼎、豆、壶等因素，最终促进了中国东部区“鼎—豆—壶—杯文化系统”的形成。

1. 对黄河下游大汶口文化的影响

大约公元前4100年，在江淮文化北向渗透的背景之下，海岱地区增加了杯、豆、盉等新因素，从而由北辛文化发展为最早期的大汶口文化，代表性遗存有山东泰安大汶口墓地、兖州王因墓地等。约公元前4000年以后，庙底沟类型的影响显著增强，在大汶口文化早期遗存中，新增花瓣纹彩陶等庙底沟类型因素，使得大汶口文化的面貌发生了一定程度的改观。大汶口文化流行拔牙、枕骨变形、手执獐牙、口含石球等特殊习俗，尤其拔牙习俗后来遍及东亚、东南亚以及太平洋岛屿。生业方式应当是以粟作农业为主，兼有水稻种植，饲养猪、狗。

图2-14 泰安大汶口墓地随葬的彩陶壶和鼓

大汶口文化早期一般为木骨泥墙的半地穴式或地面式房屋，墓葬分区埋葬，排列整齐，除仰身直肢一次葬外，新出东庄—庙底沟类型传统的多人二次合葬。大汶口文化早期偏晚已经出现较为显著的贫富分化，大汶口墓地有的大型墓葬随葬品多达100多件，有的陶器里面还盛放猪下颌骨等祭享品，多数小墓则仅有几件随葬品或一无所有。

2. 长江下游地区文化的趋同

约公元前4100年以后，长江下游地区文化发生重要转变，形成以上海青浦崧泽早期为代表的崧泽文化，以江苏南京北阴阳营二期为代表的北阴阳营文化等。这些文化面貌大同小异，主要陶器都是鼎、豆、壶、盉、杯，都有钺、璜、玦、镯等精美玉器，其中有段石锛、奇数孔多孔石刀富有特色。玉石器制作技术发达，多通体磨光，规整精美，娴熟使用切割、管钻技术。稻作农业有长足发展，发现水田遗迹，兼有猪、狗等家畜饲养和渔猎。另外，该地区也见有花瓣纹彩陶，说明存在来自庙底沟类型的远距离影响。

崧泽文化等的房屋一般为木骨泥墙地面式建筑，墓葬多为长方形竖穴土坑墓，偏晚阶段贫富分化已经较为显著，比如江苏张家港东山村墓地的大墓就随葬有彩绘石钺、玉璜等数十件随葬品。

3. 长江中游大溪文化的变革

约公元前4100年以后，仰韶文化东庄—庙底沟类型的花瓣纹彩陶、宽带黑彩钵、双唇口小口尖底瓶、小口鼓腹旋纹鼎等因素，普遍渗透进长江中游地区大溪文化当中。大溪文化本身出现较为明显的分异，汉水以东地区的油子岭类型最为活跃，新出折腹簋、曲腹杯、附杯圈足盘等陶器。在城头山古城中，有的大墓随葬20多件陶器和玉璜等，显示墓主人具有较高等级。

五、早期中国的形成及其范围结构

1. 文化上早期中国的形成

新石器时代之末的公元前4000年前后是个关键点。中原核心区的仰韶文化东庄—庙底沟类型从晋南—豫西—关中东部核心区向外强力扩张影响，由此造成仰韶文化的“庙底沟化”和黄河上中游文化的空前趋同局势，庙底沟式的花瓣纹彩陶遍及大江南北（图2–15），以前的三大文化区或文化系统的格局大为改观，中国大部地区文化交融联系成一个大的文化共同体（图2–16）。这个文化共同体，无论在地理还是文化意义上，都为夏商周乃至

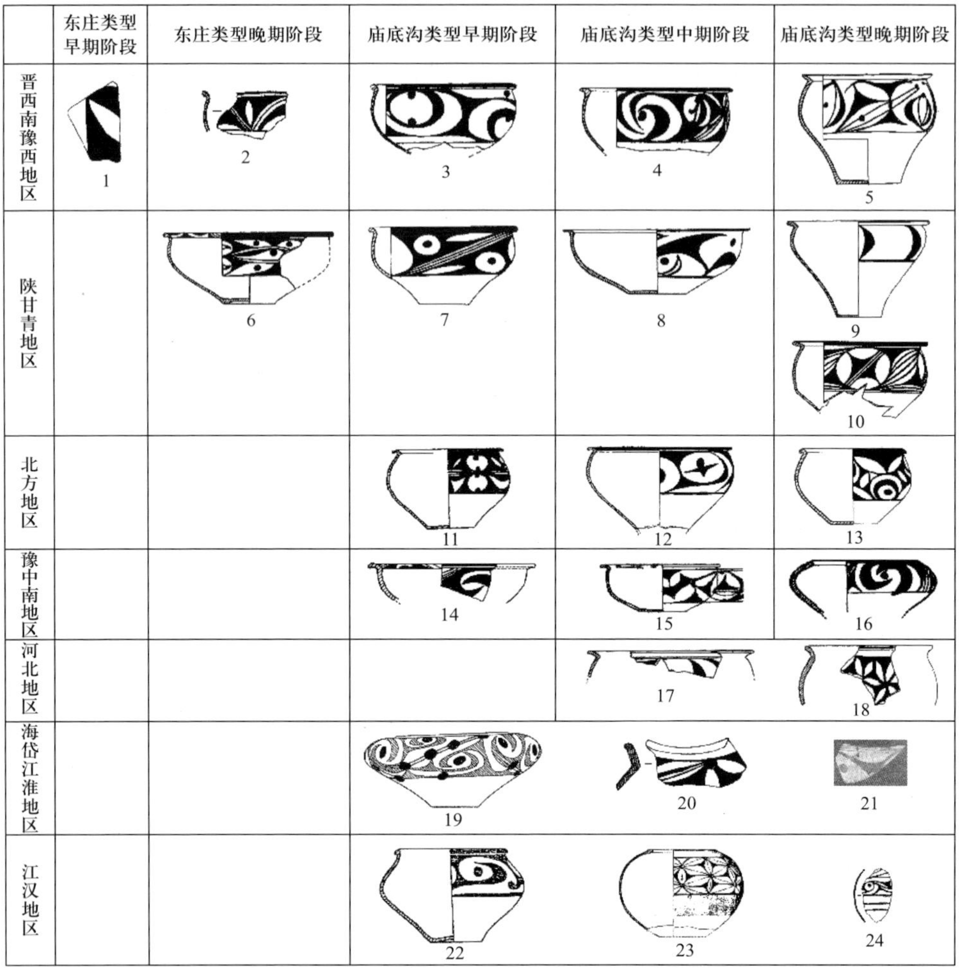

图 2–15　庙底沟时代各地区花瓣纹彩陶盆

于秦汉以后的中国奠定了基础，标志着早期中国文化圈或者文化意义上的早期中国正式形成，堪称最早的中国。[①] 之后从公元前 3500 年进入铜石并

---

① 其实质与严文明所说"重瓣花朵式的格局"、张光直提出的"中国相互作用圈"和苏秉琦所说"共识的中国"含义相近。见严文明：《中国史前文化的统一性与多样性》，《文物》1987 年第 3 期；张光直：《中国相互作用圈与文明的形成》，《庆祝苏秉琦考古五十五年论文集》，文物出版社 1989 年版，第 1—23 页；苏秉琦：《中国文明起源新探》，生活·读书·新知三联书店 1999 年版，第 161 页。

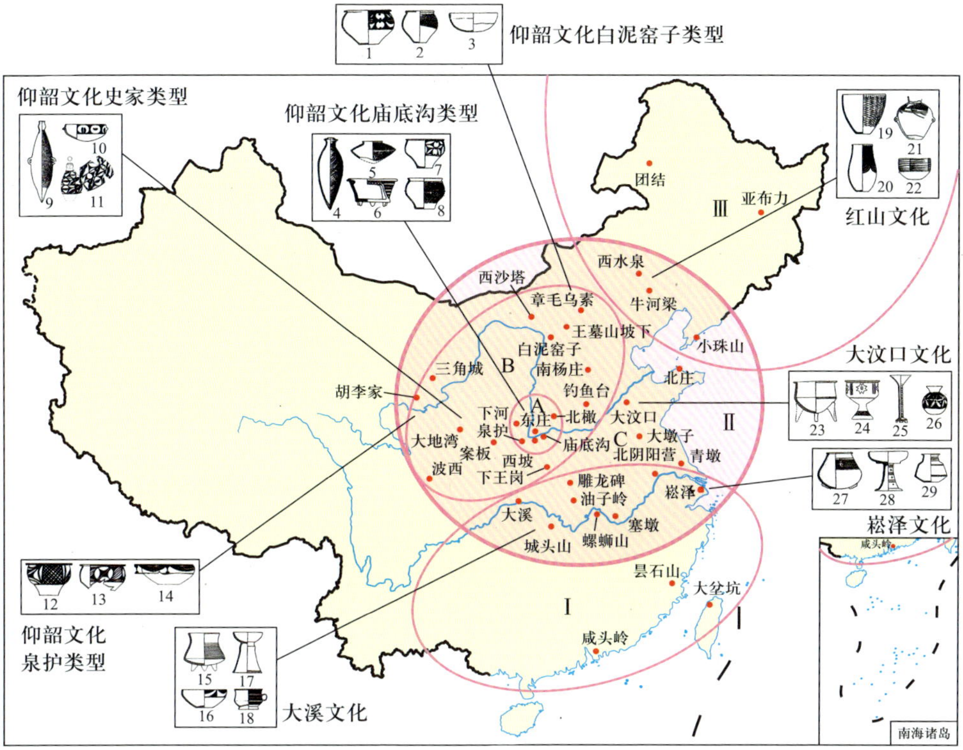

Ⅰ. 釜—圈足盘—豆文化区 Ⅱ. 早期中国文化圈 Ⅲ. 筒形罐文化区

A. 核心区 B. 主体区 C. 边缘区

图 2-16 庙底沟时代文化意义上的早期中国(公元前 4200—前 3500 年)

用时代,经龙山时代,到夏商周“王国”时代,都只是在庙底沟时代形成的最早中国基础上的延续和发展。

2. 早期中国的范围和结构

庙底沟时代形成的最早的中国文化圈,东达海岱,西至甘青,南达江湘,北逾燕山,涵盖了现代中国的大部地区。就内部来说,最早的中国文化圈,具备有中心有主体的三层次的多元一体结构。晋西南、豫西及关中东部为中心区,即仰韶文化东庄—庙底沟类型分布区,最具代表性的花瓣纹彩陶线条流畅,设色典雅;双唇口小口尖底瓶、折腹釜形鼎等典型器造型规整大气。向外是主体区,即黄河中游地区(南侧还包括汉水上中游、淮河上游等),也就是除核心区之外的整个仰韶文化分布区,花瓣纹彩陶造型因地略异,线条稚嫩迟滞，其中偏东部彩陶多色搭配，活泼有余而沉稳不足。再向外是边缘区即黄河下游、长江中下游和东北等仰韶文化的邻境地区，包含诸多考古学文化，时见正宗或变体花瓣纹彩陶，但主体器类仍为当地传统，常见在当地器物上装饰庙底沟类型式花纹，“土洋”结合。庙底沟时代三层次的早期中国结构长期延续，至商周时期甚至发展为四层结构，与文献记载商周王朝的内外服制度基本吻合，是秦汉直至现代中国多民族国家、多元一统政治文化的基础。

六、早期中国的文化特征和特质

最早中国之所以成为一个相对独立的文化圈，就是因为她有独特的物质文化特征和文明特质。

1. 以农为本与稳定内敛

早期中国处于气候适中的中纬度地区，拥有黄河、长江两大河流，占据适合耕种的广袤黄土地带，一万多年前即发明稻作农业和粟作农业，形成互为补充的两大农业体系，至最早中国形成的庙底沟时代农业已成生业经济主体，以农为本的观念根深蒂固。庙底沟时代农业文化区域大为扩展，尤其是随着东庄—庙底沟类型的剧烈扩张，粟、黍类旱作农业北向扩展至包括锡林郭勒在内的北方半干旱草原区，西向扩展至青海东部、四川西北部和河西走廊东缘，形成世界上最大的农业文化区。

发展农业需要长远规划和稳定的社会秩序，具有规范节制功能的礼制应时而生。比如中原核心区庙底沟类型之末的灵宝西坡大墓，墓室阔大且有二层台，随葬精美玉钺以及成对大口缸、簋形器等陶器，彰显出墓主人具有崇高地位；但其随葬品最多一墓不过十余件，且多为粗陋明器，显示出生死有度、重贵轻富、井然有礼、朴实执中的特质。一般庙底沟类型的墓葬则基本不见随葬品，也当并非都是“贫困”所致，更应与其朴实节制的观念相关。这样的以农为本和礼制观念，经三代放大，一直传承到近世，很大程度上决定了中国的基本发展道路，塑造了中国的基本社会格局。

2. 族葬与祖先崇拜

早期中国罕见埃及、西亚那样的大型神庙、偶像等神祇崇拜遗存，尤其中原核心地区更是如此。其原始宗教信仰主要蕴含在以农业为基础的日常生产生活当中，祖先崇拜应当是这个信仰体系的核心。早期中国墓葬基本都是土葬，讲究让先人“入土为安”，实质或许是为活着的人提供继承祖先土地来长期农耕的合理性。中原等地自裴李岗文化以来，墓地就分区分组，井然有序，其空间分区应当主要依据血缘辈分，实即族葬，体现对祖先的敬重和长久记忆，也应当反映对现实氏族社会秩序的重视。参照文献传说，早期中国不像西方有那么丰富的创世神话，有的只是祖先一代代传承奋斗的传说，考古与传说基本可互相印证。发展农业需要较为精确的天文、地理知识和相应的宗教观念，考古上也确有可能与早期天文有关的遗存发现，但在传说中这些天文知识的拥有者基本都还是先祖。这样的聚族而葬习俗和祖先崇拜观念，可能对应现实中聚族而居的社会模式，至西周以后形成强大的宗族和孝道观念，延续至今。

3. “中国”特色器物

陶器、玉器、漆器和丝织品等“中国”特色器物种类繁多、制作精致，进入繁荣发达时期。作为中国文化象征的陶鼎此时流行于大江南北，长江下游北阴阳营文化—崧泽文化的玉器制作精美，影响广泛，东北地区玉器也有进一步发展。李济曾在山西夏县西阴村发现经切割的半个蚕茧[①]，后来人们在河南荥阳青台和汪沟遗址仰韶文化遗存中发现丝织品残迹，看来当时已经出现丝织品。此外，长江流域及以北地区人群普遍带镯，黄河流域人群普遍插笄束发。

4. 土木建筑

大江南北半地穴式、干栏式和地面式三类梁架结构房屋更加成熟。尤其仰韶文化庙底沟类型的似宫殿式房屋，规模宏大，装修精美，令人惊叹。大溪文化已经出现中国最早的城垣，以土堆筑，外有城壕，以木桩、芦席等做护坡，已经不像城垣初始的样子。

---

① 李济：《西阴村史前的遗存》，清华学校研究院丛书第三种，1927 年版。

5. 彩陶和符号

这是个名副其实的彩陶时代，以前的东西二元彩陶体系相互融合，各文化彩陶异彩纷呈。其中仰韶文化庙底沟类型彩陶黑红搭配、对比鲜明、凝重典雅、大气磅礴，盛行弧线、回旋勾连、活泼灵动、浑然一体，彰显旺盛生命力，无疑居于核心地位，奠定了后世中国最传统色彩的基调。此外，八角星纹、太阳纹等图案符号成熟规矩，影响深远，流播到中国面向海洋的大部地区。

思考题：

1. 如何理解最早的中国？
2. 为什么说文化上的早期中国是有中心有主体的多元一体结构？
3. 文化上的早期中国对后世中国有什么影响？

第三章　中国文明的起源和形成

中文的"文明"一词，最早见于先秦文献《尚书·舜典》："濬哲文明，温恭允塞。"《易传》也多次提到"文明"，《周易·乾·文言》："见龙在田，天下文明。"《周易·贲·彖》："刚柔交错，天文也；文明以止，人文也。"《周易·大有·彖》："其德刚健而文明。"这里的"文明"，是指人类修养文德、社会有礼仪制度而彰明，强调人类社会在形而上思想与礼仪制度层面的进步。[①] 现代西语中的"文明"（法语 civilisation，英语 civilization 等）一词，最早可追溯到拉丁语 civitas，有城市的、公民的含义，逐渐演化为人类社会脱离蒙昧和"野蛮"，进化到高级阶段的过程和状态。可以这样概括：文明是最广泛的文化实体，是使人类社会脱离"野蛮"进入高级发展阶段的所有思想和行为的集合，国家的出现是进入文明社会的最重要的标志。

考古学以大量事实证明，中国和埃及、苏美尔一样，是世界上三个 5 000 年古文明之一，并且是唯一 5 000 多年来连续发展至今的文明，而中国文明的起源，可以追溯到距今 8 000 多年以前。

第一节　中国文明的起源

中国文明的起源是一个漫长的过程，从距今 8 000 多年起源伊始到距今 5 000 年前正式形成最初级的文明社会，历时 3 000 多年，可以分成两个大的阶段。中国文明起源有个"满天星斗"的过程[②]，各地区都为文明起源贡献了光明，并且形成不同的文明起源模式，但以中原地区起步最早、贡献最大。

---

① 冯时：《文明以止：上古的天文、思想与制度》，中国社会科学出版社 2018 年版，第 2—7 页。

② 苏秉琦：《中国文明起源新探》，生活·读书·新知三联书店 1999 年版。

一、中国文明起源的两大阶段

中国文明起源可以约公元前4000年为界，分为前、后两大阶段，前期阶段约在公元前6200—公元前4000年，即裴李岗时代和仰韶文化早期阶段，是平等社会秩序强化和文明要素起源的关键时期；后期阶段约在公元前4000—公元前3100年，即仰韶文化中期（庙底沟时代）和晚期阶段，是社会趋于复杂化、文明社会趋于形成的时期。

1. 文明起源的前期阶段

约公元前6200年以后，随着裴李岗文化实力的显著增强和对周边地区影响的扩大，黄河、长江流域文化具有了一定共性，从而形成雏形的早期中国文化圈，进入裴李岗时代。这个时代同时也是各地文明要素起源和平等社会秩序强化的关键时期。黄河流域裴李岗文化、白家文化等的排列整齐的墓地，表明8 000年以前就已形成族葬或者族坟墓葬俗，体现出强烈的祖先崇拜观念和对社会秩序、历史记忆的强化。裴李岗文化的骨规形器和骨板，恰好是“规”和“矩”的形象，或与观象授时和天文学的起源有关；装有石子的龟甲，或与占卜和象数有关；龟甲上的刻符，或为记录占卜结果的原始文字，和晚商在龟甲上以文字记录占卜结果类似。此外，白家文化陶器上也有类似文字符号。天文、象数、文字，这些都是文明的核心要素。

公元前5000年以后进入仰韶文化早期，文明要素延续发展，社会秩序愈加完善。在仰韶文化半坡类型出现姜寨、半坡、北首岭等向心凝聚、秩序井然的环壕聚落，在大溪文化和河姆渡文化出现整齐的长排房，当为氏族社会秩序空前加强的产物。仰韶文化、河姆渡文化、大溪文化都发现不少刻符，有些当为文字的前身。西水坡发现的蚌塑“龙虎墓”，是目前发现的最早包含东宫青龙、西宫白虎和北斗的星图[1]，代表天文学有了新的发展。

2. 文明起源的后期阶段

约公元前4000年进入仰韶文化中期或庙底沟时代，在中原核心文化强

---

① 冯时：《河南濮阳西水坡45号墓的天文学研究》，《文物》1990年第3期。

烈扩张影响之下，正式形成最早的早期中国文化圈或文化上的早期中国。庙底沟时代也是社会开始走向分化的时代，社会变革和复杂化趋势都于此开端。核心区附近的河南灵宝西坡、陕西白水下河、陕西渭南华州泉护等大型遗址，已经出现200—500平方米的五边形大型宫殿式房屋。作为专门武器的穿孔石钺的出现，或许已经具有军权杀伐象征意义。乱葬坑的出现，暗示人群间关系越来越紧张。表明社会已经复杂到相当程度，已经站在了文明社会的门槛。

由于受到庙底沟类型的刺激和影响，黄河下游、长江中下游和西辽河流域稍后也开始了社会复杂化的进程。比如大汶口墓地属于大汶口文化早期的大型墓葬，有的随葬精美陶器、象牙器等100多件器物（图3-1）；江苏张家港东山村墓地属于崧泽文化早期的墓葬，有的随葬彩绘石钺、玉璜、陶大口缸等60多件器物；辽宁凌源牛河梁遗址自红山文化中期开始建造“女神庙”和规模较大的积石冢。

约公元前3500年尤其是公元前3300年以后，中国大部地区社会普遍开始趋于复杂化，文明社会趋于形成，并初步形成不同的文明起源模式。

二、中原地区文明起源

约公元前3500年尤其是公元前3300年以后，中原及附近地区的仰韶文化出现多处包含宫殿式建筑的中心聚落，如面积百万平方米以上的甘肃秦安大地湾和河南巩义双槐树聚落遗址，中原地区最早的夯土城址郑州西山古城等。大地湾遗址最大的一处建筑（F901）总面积400多平方米，已初具前堂后室内外有别、东西两厢左右对称、左中右三门主次分明这些中国古典建筑的基本格局特征，三合土地面的性能堪比现代水泥，还出土四足盘、条形盘、鼓肩罐、簸箕形器等与祭享活动相关的特殊陶器，可能属宗庙类宫殿式建筑（图3-2）。双槐树遗址有多处连间宫殿式建筑，以及天文祭祀遗存，所出鼓肩罐和大地湾的非常相似，据此推测黄河上中游地区在宗教祭祀、祖先崇拜等方面有着密切联系。双槐树遗址附近的荥阳青台、汪沟等遗址还出土有丝织品，证明丝织手工业在中原地区已经出现。此外，以前那种反映氏

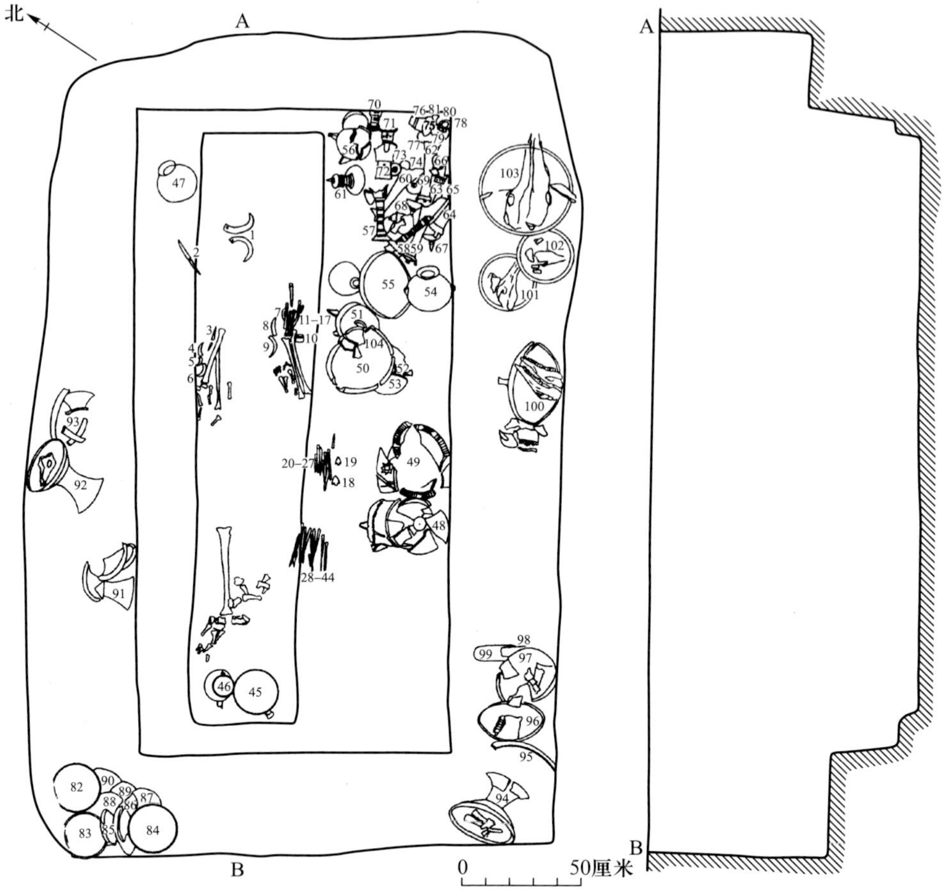

图 3–1　泰安大汶口墓地 M2005 平、剖面图

族秩序的向心凝聚式聚落不复存在，很多聚落的房屋开始成群或成排分布，每群或每排可能属于一个家族所有，家族地位逐渐凸显出来。

核心区墓葬分化明显。最引人注目的是河南灵宝西坡的墓地，大型墓面积达 10 多平方米，有特殊的二层台，墓室以木板封盖，特设脚坑，随葬精美玉钺以及成对大口缸、簋形器等陶器，彰显出墓主人的崇高地位；但随葬品最多一墓不过 10 余件，且多为粗陋明器，显示出生死有度、重贵轻富的特点（图 3–3）。

中原及附近地区强调社会等级秩序而淡化贫富差别，强调祖先崇拜而弱化偶像信仰，井然有礼，朴实执中，可称之为文明起源的“中原模式”或“北

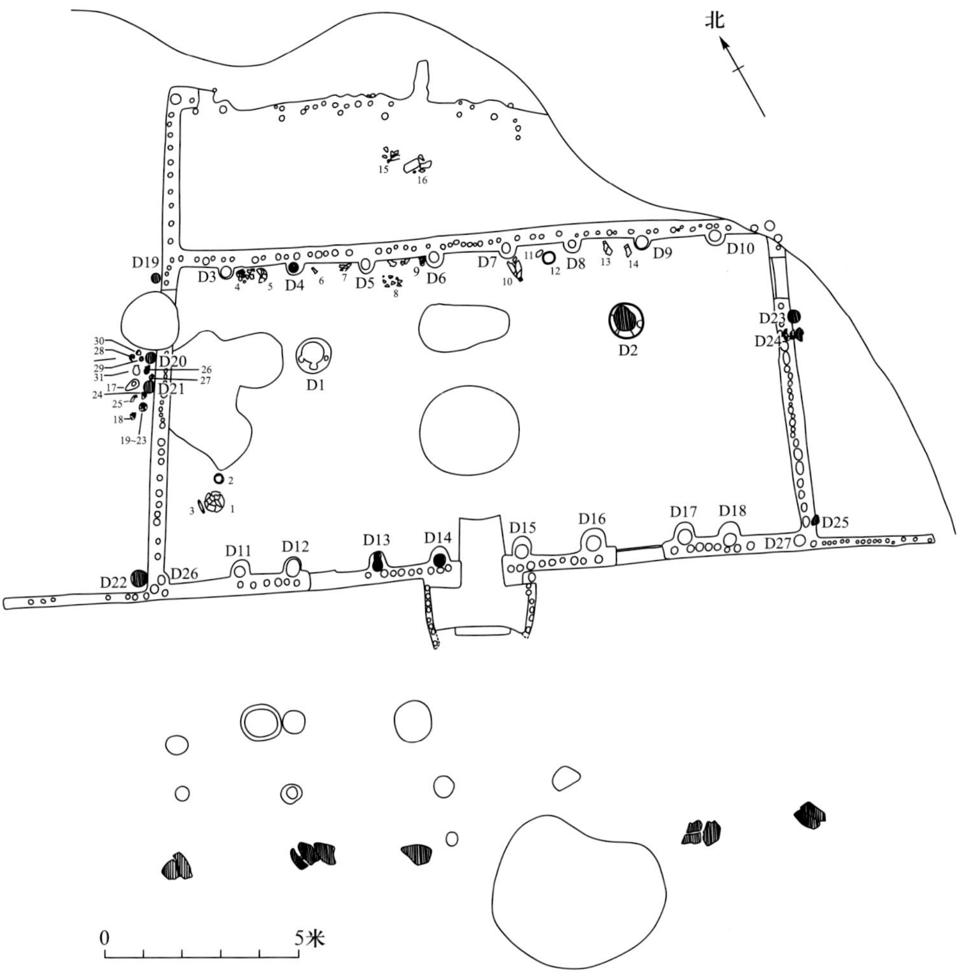

图 3-2　秦安大地湾遗址 F901 平面图

方模式”,这个模式实际上成为后世中国文明的核心。

三、黄河下游—长江中下游地区文明起源

约公元前 3500 年尤其是公元前 3300 年以后,黄河下游—长江中下游诸文化——大汶口文化、崧泽文化、大溪文化等,已经出现随葬百余件器物和大量玉器的富贵墓葬,富贵墓区和贫贱墓区在空间上明显分离,家族地位凸显,玉石器等的制作已有明显的专业化趋势,其社会复杂程度比中原核心区

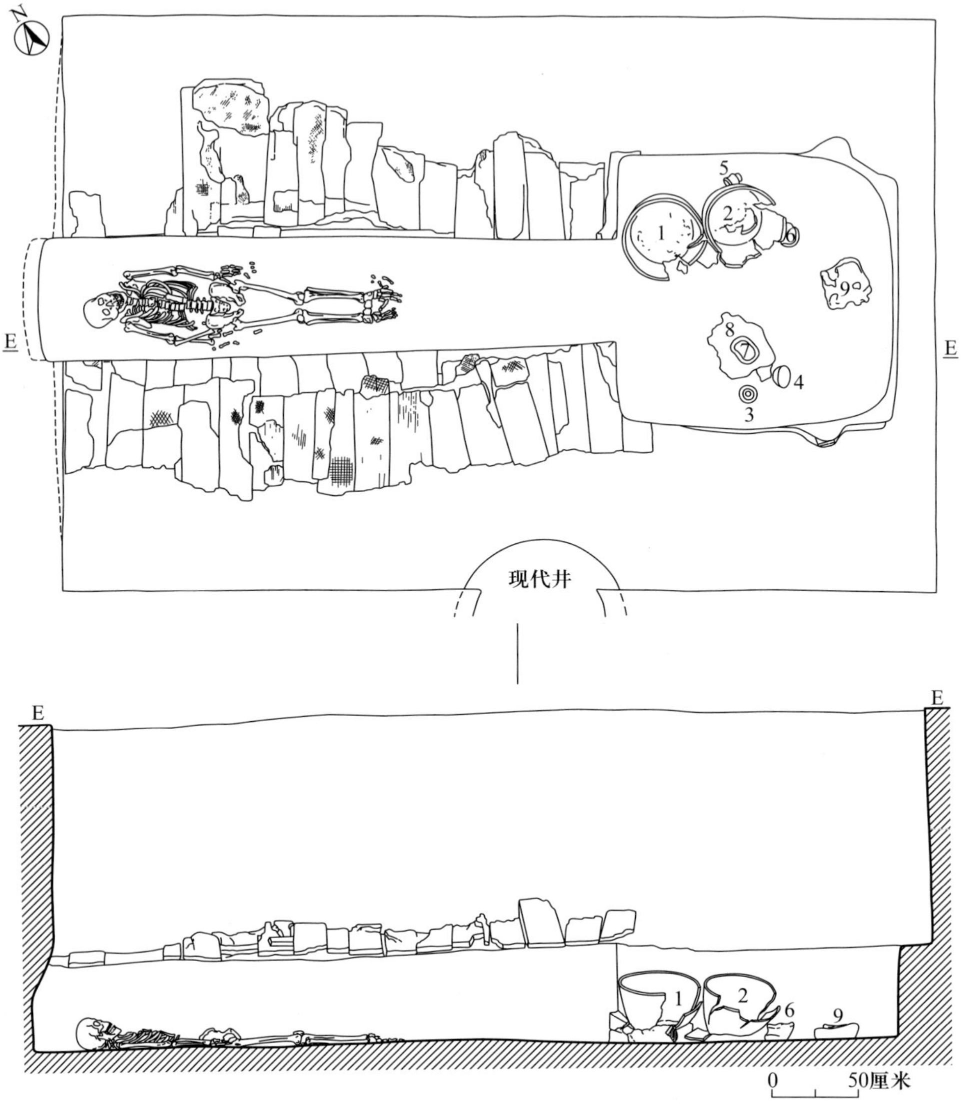

图 3-3 灵宝西坡墓地 M27 平、剖面图

有过之而无不及。这些文化的较大墓葬随葬较多随身用品和成组陶器，有的里面还盛放猪、牛骨等，事死如事生，表现出富贵并重、奢侈浪费的特点，可称之为文明起源的“东方模式”。

比如属于崧泽文化系统的安徽含山凌家滩墓地，一座大墓就随葬 330 件物品，绝大部分为钺、环、镯、璜、玦、璧等玉器，层层堆满墓室内外，富奢程度令人惊叹(图 3-4)。该墓地出土的刻有八角形纹等的玉版,被称为“洛书”玉版,内含四维八方,是典型的古代天文学遗物。同样与天文学有关的还有内含八角星纹的双首兽玉鹰、巨型玉猪等。玉龟则可能与占卜有关。少量双(三)联璧、圆角方形璧、箍形饰、丫字形器、玉龙、玉人等玉器,则体现出与牛河梁等红山文化中心宗教聚落之间在玉器和观念层面的高层次文化交流。[①]

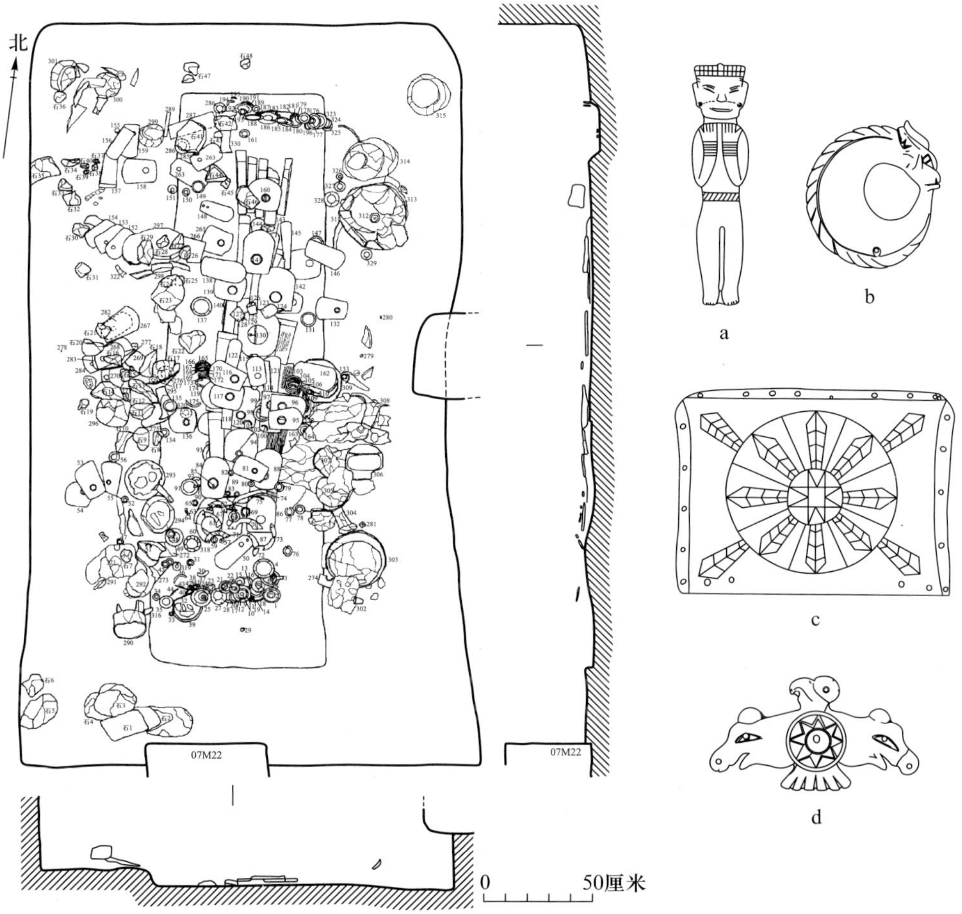

a. 玉人　b. 玉龙　c. “洛书”玉版　d. 双首兽玉鹰

图 3-4　含山凌家滩墓地 07M23 平、剖面图和随葬玉器

---

① 李新伟:《中国史前玉器反映的宇宙观——兼论中国东部史前复杂社会的上层交流网》,《东南文化》2004 年第 3 期。

另外，属于大溪文化油子岭类型的湖北枣阳雕龙碑墓葬，其中一座大墓就随葬猪下颌骨 72 副，更多体现重富轻贵的特点。

四、西辽河流域文明起源

公元前 3300 年以后，西辽河流域红山文化出现大规模宗教遗存和精美玉器等。这个时候牛河梁宗教遗址群已经增加到至少 20 多个地点，沿山梁分布，气势恢宏。其中最重要的是第一、二地点的所谓“庙、坛、冢”（图 3–5），体现出浓厚的“敬天法祖”的宗教气氛。

图 3–5 牛河梁遗址第二地点全景（图片来自国家文物局等：《辽河寻根 文明溯源——中华文明起源展》，文物出版社 2011 年版）

第一地点的“女神庙”可能上一阶段已经开始建造，有仿木结构和彩绘壁画，发现较多女性人体塑像残件，有的残件是真人的两三倍大小，其中一件嵌玉为睛的人头像堪称精品，还有鸟首形陶塑残件，以及祭祀器具塔形器、熏炉器盖等，附近还有埋藏上百陶筒形器的坑等附属设施。第二地点有石块垒砌的所谓“五冢一坛”，总占地面积近 6 000 平方米。冢有方形、长方形、圆形和方圆结合等不同形状，冢界墙内侧以直立的彩陶筒形器环绕，冢顶中心和四个正方向中部摆放陶塔形器。塔形器、熏炉器盖为典型的祭祀焚香法器，无底的彩陶筒形器可能具有沟通天地的象征功能。

牛河梁墓葬有明显的等级之分。二号冢中心大墓墓壁和外冢界都起三层台阶，规格至高无上；一号冢中部两座大墓都是一侧起台阶的土坑砌石墓，规格稍低；一号冢南侧诸墓规格更低。以上三个等级的墓葬一般都随葬数件到 20 多件精美玉器，别无他物。

牛河梁以外，在大凌河流域喀左东山嘴、凌源田家沟、阜新胡头沟、敖汉老虎山、北票康家营子等多地也都发现祭坛、积石冢和随葬玉器的墓葬，但级别都无法与牛河梁相提并论。牛河梁遗址群或许为整个红山文化的圣地和祭祀中心，二号冢中心大墓的墓主人或为整个红山文化的宗教首领人物。

宗教总要程度不同地反映现实社会。红山文化宗教遗存宏大的场面、高上的规格、金字塔式的等级结构，也应当是现实社会高度复杂化的反映。更何况如此大体量宗教建筑群的修建应当要动员很大范围内的人群，没有高度的社会组织能力难以完成。红山文化的勾云形器、圆角方形璧、联璧、斜口筒形器、镯、环，以及人、龙、凤、龟、鳖等形态的玉器（图 3–6），工艺高超，美妙天成，彩陶构图严谨规范，人像雕塑逼真传神，其制作都需要很高的技术水平，当时社会应已存在专业制玉、制陶、雕塑等工匠。这些都昭示红山文化晚期应该已经进入苏秉琦所说“高于氏族部落的、稳定的、独立的政治实体”即“古国”阶段[①]，即将迈入初始文明社会的范畴。

---

① 苏秉琦：《辽西古文化古城古国——兼谈当前田野考古工作的重点或大课题》，《文物》1986 年第 8 期。

1. 玉人 2. 勾云形玉佩 3. 玉凤 4. 玉龙

图 3-6 牛河梁遗址出土红山文化玉器

第二节 中国文明的形成

约公元前 3000 年以后，在黄河、长江流域先后涌现出多个具有区域性王权的古国文明，共同构成初级阶段的多元一体的早期中国文明。

一、长江下游地区的良渚区域文明

良渚文化发现于浙江省杭州市余杭区良渚一带，分布在太湖周围地区，年代约在公元前 3300—前 2300 年。陶器与崧泽文化一脉相承，流行鱼鳍形或“T”字形足鼎、鼎式甗、折腹盘豆、圈足盘、阔把带流杯、双鼻壶、贯耳壶、鬶、盉等。有些陶器漆黑光亮，有些陶器刻镂繁复细致的蛇、鸟、云形花纹并加以彩绘，精美异常。玉器以琮、璧、钺最负盛名，还有镯、璜、玦、冠状器、半圆形饰、三叉形器、锥形器、琮式管、带钩、牌饰、匙，以及鸟、龟、鱼等动物雕像，形态多样，雕镂复杂，冠绝古今。琮等玉器上常见完整或简化的神人兽面纹、鸟纹，衬以云雷纹等，一些神人兽面纹属于微雕，刻镂细如发丝，令人叹为观止。还有极为精致的象牙雕刻、嵌玉漆器、漆觚、漆盘、漆豆以及丝绸等。房屋多为地面式、干栏式建筑，有的使用土坯筑墙。大中型土坑竖穴墓葬有棺椁，有的棺内外绘以红色图案或镶嵌玉片。有发达的稻作农业经济，常见大型石犁，当已出现犁耕农业，标志着生产力水平有了很大提高。

良渚遗址有着 30 万平方米的莫角山宫城、300 万平方米的内城、630 万平方米的外城，以及十数座高、低水坝等水利工程，规模之宏大前所未见（图 3-7）。伦福儒和刘斌认为，水利工程的规模比埃及和苏美尔的还要大[①]，估计所有工程的总量在 1 000 万立方米以上。这还不包括制作大量珍贵玉

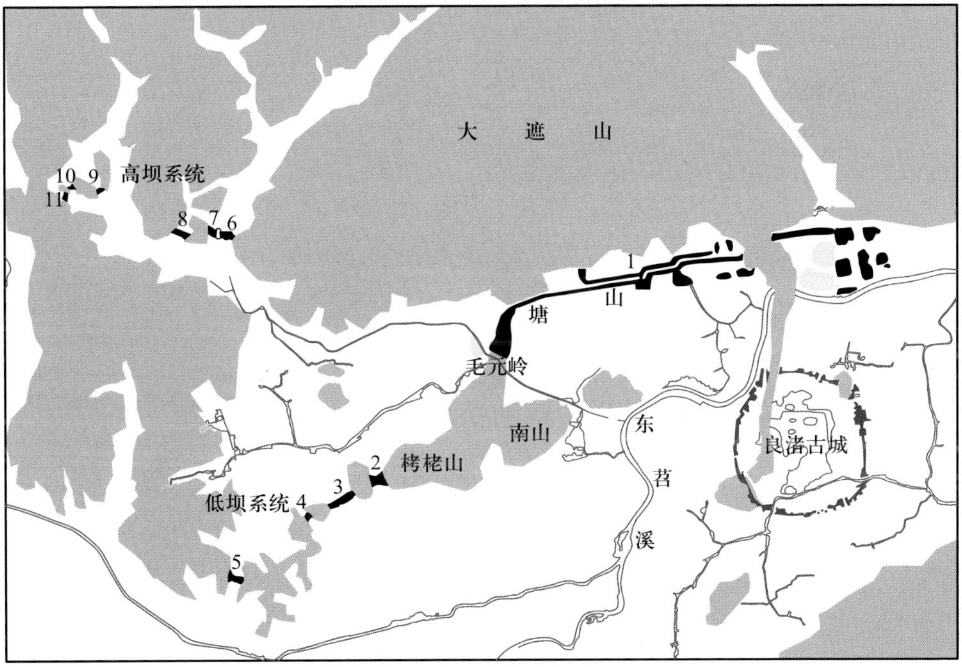

图 3-7　余杭良渚古城及其水利系统（图片来自浙江省文物考古研究所：《良渚古城综合研究报告》，文物出版社 2019 年版）

① ［英］科林·伦福儒、刘斌：《中国复杂社会的出现：以良渚为例》，陈明辉等译，《南方文物》2018 年第 1 期。

器、漆器、象牙器、陶器等所需专业人工。可见良渚有着非常强大的社会组织和动员能力，非国家无以为之。据赵辉估算，占地约 1 000 平方公里的良渚大遗址群，当时应该有大约 3 000 个村落，才能生产出供养良渚古城大约 20 000 人口所需的稻米。[①] 照此推算，数万平方公里的整个良渚文化分布区，同时期聚落当数以万计，人口或有百万之众，却只有良渚古城这样一个超级中心聚落和政治文化中心，城乡分野明晰，统一程度颇高，俨然国家景象。

张忠培将良渚墓葬分为四个等级，第一等级以反山墓地大墓为代表，最大的墓葬仅随葬玉器就有 647 件之多，出土玉“琮王”、玉“钺王”（图 3–8）、

1. “琮王” 2. “钺王” 3. 神人兽面纹 4. 鸟纹

图 3–8 余杭良渚反山 M12 随葬的高规格玉器及其纹饰

① 赵辉：《良渚的国家形态》，《中国文化遗产》2017 年第 3 期。

镶嵌玉件的彩绘漆盘和漆杯，有完整的神人兽面“神徽”，推测墓主人生前既掌握神权又控制军权，他们是良渚社会君临天下的最高统治者；第二等级者生前当掌握军权，死后以玉钺随葬；第三等级当为生前具有行使军事职能权力的兼职战士，死后随葬石钺；第四等级当为普通的农业劳动者，死后无石钺随葬。[①] 显见当时存在明显的阶级分化和较为严格的礼制。

良渚玉器上的完整神人兽面徽纹，基本仅见于反山、瑶山等最高级别大墓，稍低级别的墓葬只有简化徽纹。神人兽面纹可能代表了良渚人心目中共同尊奉的地位最高、乃至唯一的神祇，是维系良渚社会稳定的唯一标识。我们虽不敢说良渚真有过“一神教”，但至少可以肯定，这样高度统一、层级清楚的宗教崇拜，当是维护良渚社会稳定统一和组织动员国力的强大武器，和钺所象征的军权互为表里。

良渚的精致玉器、嵌玉漆器、刻纹象牙器和刻纹陶器精妙绝伦，凝聚了无数人心血，其制作可能在一套严密的组织内进行，显示贵族控制的各类手工业技术已达很高水平，专业工匠的存在毋庸置疑，非文明社会无以当之。此外，良渚文化陶器上面常见各种类似文字的符号，不少结体复杂，有的甚至数“字”成行，可能就是原始文字，可惜这类原始文字当时可能多数都是写在竹木绢帛之上，难以保存至今。我们不能轻易断言良渚为无文字的文明。

因此，距今 5 000 年左右鼎盛时期的良渚社会，也和苏美尔文明、埃及文明一样，确实已经进入文明社会和早期国家阶段。公元前 2300 年以后，由于良渚遗址区水面上升，良渚文明衰亡，很多文明因素流播到周边地区。

二、黄河下游地区的大汶口—龙山区域文明

约公元前 3000 年进入大汶口文化晚期，出现山东五莲丹土、安徽固镇垓下和南城孜等古城遗址，以及安徽蒙城尉迟寺等中心聚落遗址，大型墓葬则发现于泰安大汶口、莒县陵阳河等地。大汶口墓地最大墓葬随葬玉钺、骨雕筒、象牙筒、象牙梳、鳄鱼鳞板（鼍鼓）、高柄杯等 180 多件随葬品，墓主人或许

---

① 张忠培:《良渚文化墓地与其表述的文明社会》,《考古学报》2012 年第 4 期。

是鲁中南地区甚至更大范围人群的首领。陵阳河大墓有近 200 件随葬品，其中猪下颌骨就有 30 多副，还随葬刻划族徽式文字符号的陶尊，墓主人或许是鲁东南地区人群的首领。大汶口文化晚期的蛋壳黑陶高柄杯、玉器、象牙器等贵重精致，表明当时手工业专门化程度较高，另外还已有族徽式文字（图 3–9）。这些都表明大汶口晚期社会已经初步迈入文明社会。但大汶口文化晚期内部有多个城址和中心，不像良渚文化有着唯一中心，文明程度也略逊于良渚文化。

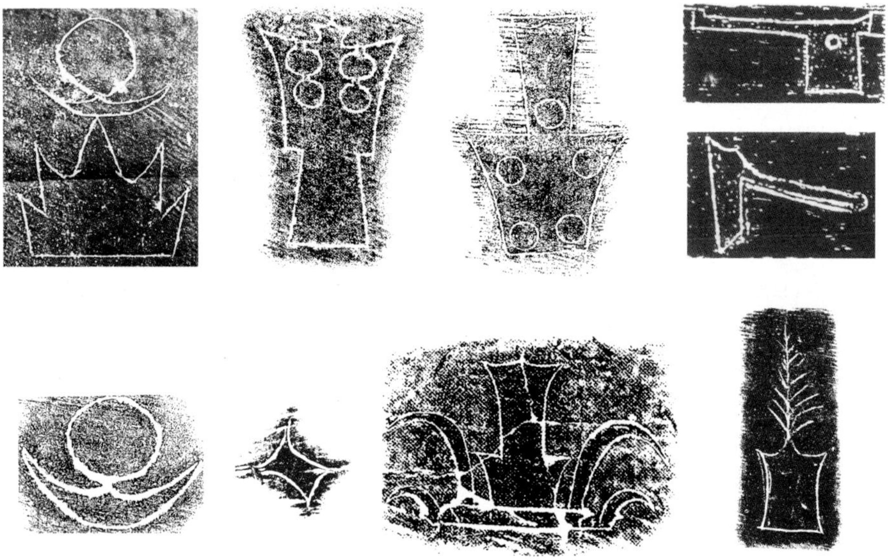

图 3–9　大汶口文化族徽式文字

约公元前 2500 年，山东及附近地区的大汶口文化发展为龙山文化，以山东济南市章丘区龙山城子崖遗址为代表。龙山文化的主要陶器为轮制黑陶的鸟首形足鼎、折盘豆、三环足盘、圈足盘、平底盆、深腹罐、罍、蛋壳高柄杯、筒腹杯、盒等，以及作为温酒器的白陶鬶，其中蛋壳黑陶高柄杯最薄的地方仅有 0.2—0.5 毫米，且雕镂出精美细小的花纹，代表中国史前制陶技术的最高水准。玉器有钺、刀、璋、璇玑（牙璧）、联璧、镯、冠饰、鸟等，透雕、线雕技术自成风格，有的玉器镶嵌绿松石或刻划兽面纹。在三里河、杨家圈、尧王城、大范庄等遗址还发现铜锥、铜条、铜块等。龙山文化以粟作农业为主，也有稻作农业，还有从西方传来的小麦和绵羊。

龙山文化聚落分化显著，有章丘城子崖、临淄桐林、邹平丁公、寿光边线王、阳谷景阳冈、茌平教场铺、五莲丹土、日照尧王城和两城镇、连云港藤花落等多处夯土古城遗址或中心聚落，以其为中心大致形成若干聚落群。其中鲁中桐林城内灰坑中出土大小相次的“列甗”，城外环绕着八个“卫星”聚落。鲁东南有两城镇和尧王城两个中心聚落，发现有精美玉器。最高级别的临朐西朱封大墓，有二层台、多重棺椁和放置随葬品的边箱和脚箱，棺椁彩绘，或已形成棺椁制度（图 3–10）[①]，随葬蛋壳黑陶杯等大量精美陶器，以及镶嵌绿松石的玉冠饰、四孔玉刀、玉笄、鳄鱼鳞板（鼍鼓）（图 3–11）。龙山文化在聚落和墓葬分化、手工业专门化等方面，都比大汶口文化晚期更进一步，但整个山东地区仍是古城林立的状态。

大汶口文化和龙山文化，与文献记载的东夷集团大致对应。

三、长江中游地区的屈家岭—石家河区域文明

约公元前 3000 年，长江中游和豫南地区的大溪文化转变为屈家岭文化，以湖北京山屈家岭晚期、天门谭家岭四期遗存为代表。新出一组极富特征的双腹鼎、双腹豆、双腹圈足碗等陶器，彩陶中类似“太极”图的纹样和晕染风格独具特色。房屋多为长方形连间地面式，木骨泥墙或土坯墙，湖北应城门板湾连间式房屋现存最高 2 米，门窗均为推拉式。屈家岭文化有湖北天门石家河等 20 处土筑城址，其中最大的石家河城面积达 120 万平方米，城内分“宫殿”区、墓葬区、祭祀区等；周围城址大则 60 多万平方米，小则几万平方米，加上一般聚落，组成以石家河古城为中心聚落的多个层次的聚落体系。[②] 墓葬贫富分化比较严重，比如湖北沙洋王家塝墓地和天门邓家湾、肖家屋脊墓地，大墓往往随葬数十件陶器，象征墓主人高等级身份的玉石钺、漆器、象

① 栾丰实：《史前棺椁的产生、发展和棺椁制度的形成》，《文物》2006 年第 6 期。

② 张弛：《长江中下游地区史前聚落研究》，文物出版社 2003 年版。

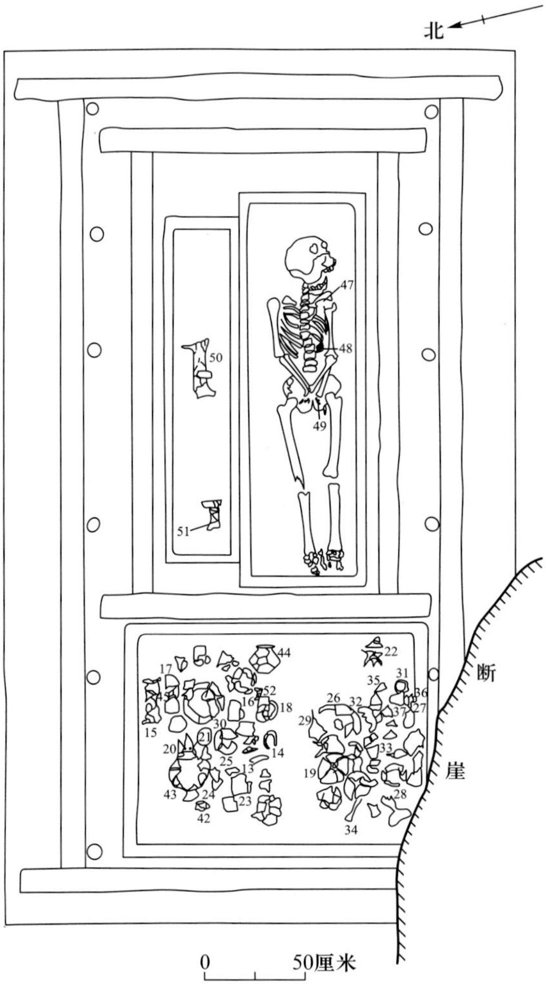

图 3-10　临朐西朱封大墓 M1 平面图

牙器等珍贵物品少见，体现出“重富轻贵”的特点。屈家岭文化虽然也是古城林立，但石家河古城很可能是整个长江中游地区的中心，其文明特点和良渚文化、大汶口文化都不完全一样。

约公元前 2500—前 2100 年的龙山时代前期，长江中游和豫南地区的屈家岭文化转变为石家河文化，核心区江汉平原以湖北天门石家河镇邓家湾石家河文化一、二期和肖家屋脊石家河文化早期遗存为代表，典型陶器有宽扁式足折腹鼎、高领罐、腰鼓形罐、红陶斜腹杯等。新出大量红陶盘、捏塑红

1. 陶罍　2. 陶鼎　3. 蛋壳黑陶杯　4. 陶单把杯　5. 陶带盖豆　6. 玉笄

图 3–11　临朐西朱封大墓随葬磨光黑陶和玉笄

陶小动物和小人，动物陶塑有各种家畜、野兽、鸟禽、龟鳖、鱼等，小人陶塑有的抱鱼、抱狗或背物，姿态活泼。屈家岭文化时期兴建的城垣聚落大多都沿用，有的大墓随葬陶器 100 余件，在天门石家河印信台、邓家湾、肖家屋脊等遗址发现多处套尊、倒立尊、扣碗等构成的祭祀遗迹，宗教气氛浓厚。此外，肖家屋脊陶罐上刻有举钺戴头饰的人物，或为石家河古城军事首领形象（图 3–12）；陶尊上还发现类文字刻符，当与来自大汶口文化晚期的影响有关。

图 3–12　天门肖家屋脊遗址陶罐上的人物形象

约公元前 2100 年进入龙山后期，王湾三期文化向南强烈扩张和影响，豫东南、豫西南、鄂西、鄂北等地都已经被王湾三期文化所占据，就连江汉平原及附近地区文化面貌也与王湾三期文化接近，如流行矮领瓮、细高柄豆、侧装足鼎等陶器，可称之为肖家屋脊文化。肖家屋脊文化时期之前的城址全部被毁，石家河文化风格的祭祀遗迹随之消失，新出不少雕镂精美的神人首、虎首、凤、鹰、龙、蝉等可能源自龙山文化的玉器，表明长江中游并未全面沉沦。

屈家岭文化和石家河文化大致对应文献记载的三苗或苗蛮集团，约公元前2100年王湾三期文化的南扩和石家河文化的衰亡，很可能对应《墨子·非攻上》等所记载的“禹征三苗”事件。①

四、晋南地区陶寺区域文明

约公元前2500年进入龙山前期，在晋南临汾盆地诞生了面貌一新的陶寺文化，以襄汾陶寺早期遗存为代表。陶寺文化是在仰韶文化庙底沟二期类型的基础上，融入大量大汶口文化、良渚文化等东方文化因素而形成。釜灶、斝、盆形鼎、甑、扁壶等属于庙底沟二期类型传统器物，大汶口文化、良渚文化因素包括彩绘陶器、漆木器、玉器等，高领折肩尊、折腹尊、簋、豆等彩绘陶器，彩绘多以红色为地，有白、黄、黑、蓝、绿诸色，回纹、涡纹、勾连纹、蟠龙纹等图案；彩绘漆木器有案、俎、盘、豆、盆、勺、碗、杯、觚、仓形器等，玉石器有曲尺形厨刀、多孔刀、钺、铲、戚、琮、璧、璜、璇玑(牙璧)等。房屋有窑洞式、半地穴式和夯土地面式几种，多见白灰地面和白灰墙裙。

陶寺古城面积约280万平方米，内有宫城区和大型夯土建筑基址，以及仓储区、墓葬区等。在城东发现一半圆形遗迹，被认为是天文观象台，中心有同心圆形夯土观测点，东南侧建有十余道放射状观测缝。②墓地排列整齐，分化明显。早期大墓棺内铺垫朱砂，随葬玉钺、玉琮、玉璧、鼍鼓、石磬、石厨

① 杨新改、韩建业：《禹征三苗探索》，《中原文物》1995年第2期。

② 何驽：《陶寺中期观象台实地模拟观测资料初步分析》，《古代文明》第6卷，文物出版社2007年版，第83—115页。

刀、木案、木匣、漆豆、彩绘蟠龙纹陶盘、彩绘陶壶等珍贵礼器(图 3-13、3-14)。晚期大墓有红漆木棺,残留随葬品包括玉钺、玉戚、玉琮、玉璧、玉兽面冠状饰、玉璜、彩绘陶簋、漆豆等贵重物品,以及测量用的“圭尺”,整齐排列的成组石厨刀、木案、一劈两半的猪牲等。陶寺古城规模宏大,布局复杂,有贵族宗庙或宫殿、豪华大墓和天文台,体现出强大的社会组织的存在,社会分工显著,社会地位分化、贫富分化都比较严重,应当已经进入具有区域王权的早期国家或区域文明社会。另外,和陶寺陶器、玉器类似的遗存,还发现于陕北南部的延安芦山峁等遗址,芦山峁核心区面积约 200 万平方米,有着中轴对称的大型宗庙宫殿组成的“宫城”,出土筒瓦、板瓦等高级建筑材料,可能

图 3-13　襄汾陶寺早期大墓 M2001(图片来自中国社会科学院考古研究所、山西省临汾市文物局:《襄汾陶寺——1978—1985 年发掘报告》,文物出版社 2015 年版)

图 3-14 襄汾陶寺早期大墓 M2001 随葬品(图片来自《襄汾陶寺——1978—1985 年发掘报告》)

是从属于陶寺的次级中心聚落。和陶寺玉器类似的玉石器还出现于晋南运城盆地、豫中西、甘青等地，陶寺统治者有控制和开采甘青玉料的可能性，可见陶寺文化对周围地区存在广泛影响，陶寺的“王权”应当并不限于陶寺文化本身。

约公元前2100年，老虎山文化的南下对陶寺文化产生了很大冲击，使其转变为陶寺晚期文化，出现大量老虎山文化的双鋬鬲，以及单把鬲、甗等陶器。此时陶寺大城突遭毁弃，出现大量杀弃人骨，特别是被摧残女性人骨，陶寺等地大中型墓葬几乎全部被毁扰。陶寺晚期文化值得注意的是出现了铃、齿轮形器等铜器，铜铃和一件铜容器残片所体现的复合泥范技术已有明显的中国铜器铸造特色，但齿轮形器、容器残片等所显示的砷青铜技术却应该来自石峁等老虎山文化，更早源头当在欧亚草原。

陶寺文化可能对应传说中的陶唐氏文化，陶寺文化晚期或与陶唐氏尧的时代相当。[①]《尚书·尧典》记载唐尧命羲和“历象日月星辰，敬授民时”，与考古发现的天文观测遗存大体吻合。公元前2100年前后老虎山文化的南下和陶寺文化的灭亡，与文献记载的姬周先祖后稷放逐唐尧之子丹朱的事件大致相对应。[②]

五、豫中西区域文明

约公元前2400年，在河南中西部出现以郾城郝家台、上蔡十里铺早期遗存为代表的最早的王湾三期文化，是在当地仰韶文化末期的基础上，汇聚周边地区诸文化因素而形成，深腹罐、高领罐、钵、盆等为当地传统，袋足鬶、平底实足鬶、鸟首形足鼎、折盘豆、圈足盘、觚形杯、折腹壶等为龙山文化因素，漏斗形擂钵、宽扁式足鼎、红陶斜腹杯为石家河文化因素，鬲、甗为陶寺文化因素，双腹盆为后冈二期文化因素。约公元前2100年进入王湾三期文化后

① 王文清：《陶寺遗存可能是陶唐氏文化遗存》，《华夏文明》（第一集），北京大学出版社1987年版，第106—123页；邹衡：《关于探讨夏文化的条件问题》，《华夏文明》（第一集），北京大学出版社1987年版，第162—179页。

② 韩建业：《唐伐西夏与稷放丹朱》，《北京大学学报（哲学社会科学版）》2001年第4期。

期，出现洛阳王湾、汝州煤山、登封王城岗、禹州瓦店等重要遗址，对外则强烈扩张和影响，西北向将三门峡、运城和垣曲地区纳入王湾三期文化范畴，南向大规模拓展而代替豫南、鄂北、鄂西地区石家河文化，甚至迫使江汉平原的文化面貌也发生根本性改变。

王湾三期文化有登封王城岗和新密古城寨、新砦等城址，其中王城岗城址由两座小城和一座大城组成，大城面积达 35 万平方米，内有人牲、兽牲奠基坑等。新密古城寨城墙夯土分块版筑，坚实精整，高达 15 米（图 3–15），有夯土高台宫殿式建筑。此外还有出土精美黑陶和璧、钺、鸟等玉器的禹州瓦店等高等级中心聚落。王城岗、瓦店、古城寨、新砦等有可能是王湾三期文化不同时期的中心聚落，还没有出现一统四方的超级中心，但这些城址的夯土城垣是龙山时代前后所有城址中夯筑最为坚实齐整的，又有宫殿式建筑和珍贵物品，社会当也已经进入初级文明阶段。从其文化上对周边地区的强烈扩张和影响来看，不亚于陶寺文化，更非之前的良渚文化能比。

王湾三期文化的镞、钺、矛等石兵器颇为发达，尤其磨制石镞数量很多，

图 3–15　新密古城寨的夯土城墙及夯窝（图片来自河南省文物考古研究所：《考古河南：河南省文物考古研究所获全国十大考古新发现》，大象出版社 2012 年版）

横剖面有三角形、菱形、圆形多种,这与其强大的军事攻击能力吻合。曾在王城岗发现一件锡铅青铜容器残片,煤山遗址发现炼铜坩埚残片和铜渣,郑州董砦发现小铜片,说明王湾三期文化晚期已经能够冶铸铜器甚至铜容器,但不能确定是否已有青铜武器。生业经济以粟作农业为主,稻作农业其次,还有小麦,并饲养猪、狗、羊等家畜。

六、北方区域文明

约公元前3000年以后,在包括内蒙古中南部、晋中北、冀西北、陕北和陇东地区在内的狭义"北方地区",或者后来的长城沿线地区,也开始出现区域文明现象。先是有了甘肃庆阳南佐这样的大型中心聚落遗址,在南佐遗址发掘出面积600余平方米的大型宗庙宫室建筑,表明继大地湾之后,仰韶文化末期的陇东仍然是文明起源的关键地区之一,很可能已经进入区域文明阶段。稍后从大约公元前2500年开始,有了数百万平方米的甘肃灵台桥村遗址,发掘出夯土台基以及陶板瓦、筒瓦、玉器等,在其东北部有了延安芦山峁遗址,发现大型宗庙类建筑群,并出土陶板瓦、筒瓦和琮、璧、多孔刀等精美玉器。虽然桥村遗存属于客省庄二期文化,芦山峁遗存大体属于陶寺文化系统,但二者的文化基础都是仰韶文化,以仰韶文化为主根的中华文明在北方地区有了进一步发展。

约公元前2500年以后,在内蒙古中南部、晋中北、陕北和冀西北等北方地区兴起了老虎山文化,典型遗址有内蒙古凉城老虎山、准格尔永兴店、清水河后城嘴,山西兴县碧村、汾阳杏花村、忻州游邀,陕西神木石峁等,主要陶器有双鋬鬲、敛口甗、盉、直壁缸、高领尊、大口尊、大口瓮等。在陕北和晋中地区发现不少刀、钺、璧、环等玉器,以及"神面""兽面"纹石雕,文化来源也应该在中原和东方的陶寺文化、龙山文化、良渚文化等。石峁的部分石人面形象、铜器以及羊、牛等家畜,则体现与欧亚草原的联系。老虎山文化流行白灰面窑洞式房屋,有的在火塘周围或墙壁上绘以黑色或红色线条。

老虎山文化石墙山城林立,著名者如内蒙古凉城老虎山、清水河后城嘴,山西兴县碧村石城,其中后城嘴石城面积130多万平方米,有内城、外城以及瓮城、马面、瞭望台等防御设施，碧村石城 70 多万平方米，有大型宗庙宫殿建筑，出土精美玉器等。老虎山文化最大城址是石峁石城，拥有三重城垣、高大城门、瓮城马面，军事防御功能十分突出。外城有 400 多万平方米，宏伟的东城门有两个高大墩台（图 3-16），瓮城内墙壁上有壁画，附近有多处祭祀奠基性质的青年女性人头坑。① 核心位置是雄伟高大的皇城台，外以十多级

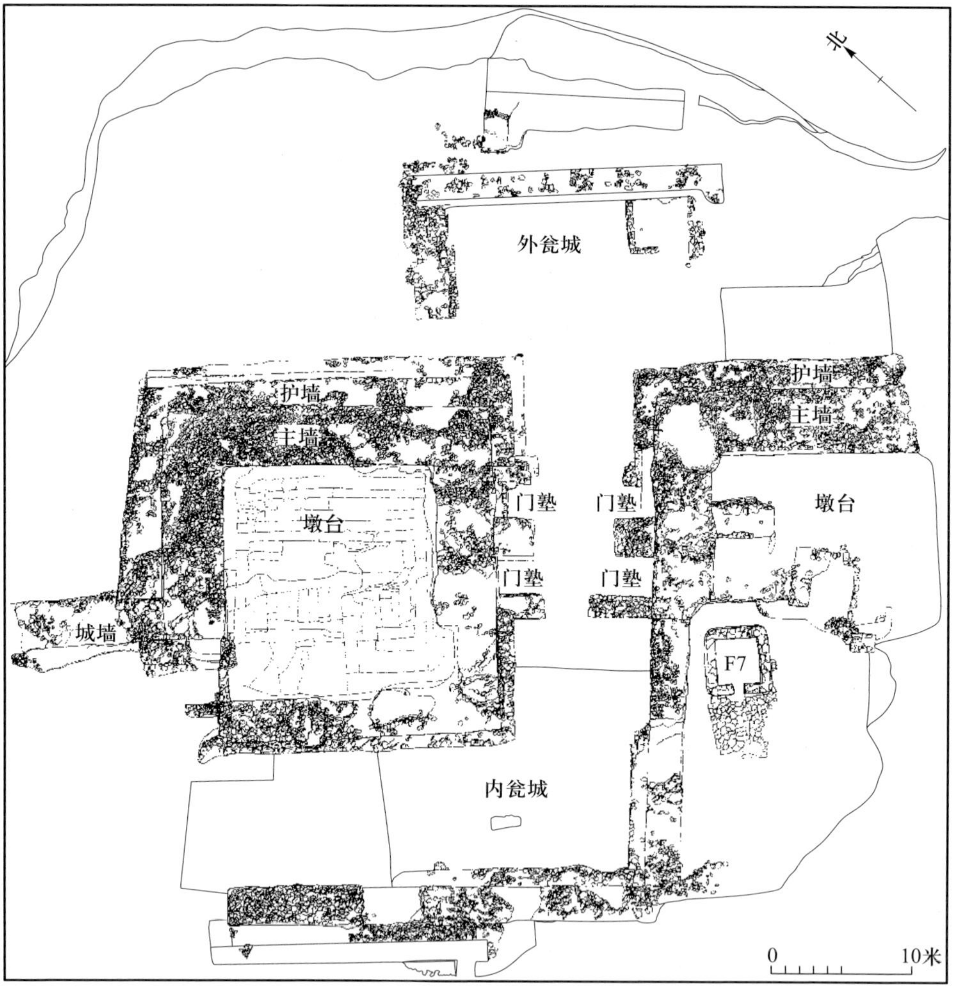

图 3-16 神木石峁遗址东城门平面图

① 陕西省考古研究院等:《发现石峁古城》，文物出版社 2016 年版。

石板护坡防护(图 3–17),上有神庙池囿,大量的出土物包括石雕、玉器、铜器、陶鹰、陶瓦、骨口簧、卜骨、数十万件羊骨以及其他陶石器等,显示出存在强大的社会组织能力和一定的社会分工,社会复杂化程度较高。数十件包含符号、人面、动物、“神面”“神兽”等题材的石雕,以及保留在原地的神面纹圆形石柱,营造出庄严神秘的气氛;骨质口簧,或为祭祀祖先神祇时鼓奏之用,大量羊骨或为祭享所用,凸显出皇城台神圣的宗教建筑性质。另外,石峁有的大墓存在男有棺而女无棺、男直肢而女屈肢的男尊女卑现象。石峁古城不仅是北方地区整个老虎山文化的统治中心,而且有可能还控制或深刻影响着晋南、甘青等地,其文明化程度和区域“王权”比陶寺文化有过之而无不及。公元前 2000 年前后北方地区出现干冷气候事件,包括石峁在内的老虎山文化人群向南强烈扩张影响,造成晋南陶寺文化的衰亡,为接下来豫中西地区成为中原地区文明核心区创造了客观条件。老虎山文化可能是黄帝后裔的文化,石峁类型或为北狄遗存。

图 3–17　神木石峁遗址皇城台石板护坡(图片来自陕西省考古研究院等:《发现石峁古城》,文物出版社 2016 年版)

七、多元一体的早期中国文明的形成

大约从公元前3000年左右开始，早期中国的范围进一步扩展，内部碰撞交流空前活跃，“中国”文化特征进一步凸显，社会发生急剧变化，各地先后出现了上述诸多具有区域王权的初级文明，此外成都平原的宝墩文化也可能已步入初级文明阶段。这些初级文明具有以下五个方面的共性特征。

1. 城址水利、宫殿大墓等显示的区域王权

良渚、陶寺、石峁等数百万平方米的大城，良渚和石家河规模宏大的水利工程，以及大量玉器、美陶等的制造，都需要调动和组织大量人力物力才能完成，显示当时多地已经出现具有区域性王权的早期国家。陶寺的大型天文台也是具有国家性质的特殊建筑。良渚、南佐、陶寺、古城寨、芦山峁、石峁等都发现规模宏大的宫殿宗庙类建筑，而且或居于高台，或外有宫墙，形成雏形的宫城，将高阶级统治者和一般民众从居住和礼仪空间上分离。良渚、陶寺、西朱封等还有结构复杂、随葬大量高档物品的大墓，与一般中小型墓葬形成鲜明对照，大墓主人当为具有区域“王权”的领袖人物，阶级分化已很显著。值得注意的是，早期中国宫殿类建筑最有特色的建筑材料，是榫卯结构的木柱木梁，以及陶质的板瓦、筒瓦、下水管、面板墙砖、石灰等，木质梁柱类发现于良渚，其余多发现于北方地区的桥村、芦山峁、陶寺、石峁等，不过豫东的淮阳平粮台古城也发现陶下水管。

2. 家族墓地显示的家族地位凸显和祖先崇拜信仰

以祖先崇拜为核心的世俗化的宗教信仰体系仍然是早期中国文明的根本。绝大部分墓葬基本都是蕴含“地下家园”性质的土坑墓，只是墓地规模更小，更加突出家族地位。但也有其他宗教形式。随着红山文化的衰落，先前在东北地区占有一定地位的偶像崇拜传统基本消失，灼骨占卜以预测吉凶这种新的宗教习俗在北方中原地区广泛流行开来，大江南北常见祭坑、祭坛等，如良渚的瑶山、汇观山祭坛，石家河的印信台祭台，安徽蚌埠禹会区的大型祭祀场等，祭祀物品或为陶塑的小动物、小人偶，或为猪、狗、牛等动物，甚至有人牲，在邯郸涧沟后冈二期文化遗存中就发现制作人头盖杯和剥人

头皮的习俗，或与祭享有关。

3. 美玉、美陶、铜器等显示的手工业专门化和“礼乐制度”的初步形成

良渚玉器美冠天下，海岱、晋南、陕北、甘青、江汉等地玉器也是异彩纷呈，这些玉器从玉料采集、形式设计到开料雕琢，有着复杂的工序，需要大量的人力，体现出较高的专业化生产水平。至约公元前 2500 年进入龙山时代，海岱龙山文化出现高超的轮制黑陶技术，体现出专业化水准，并影响到黄河中下游、长江中下游大部地区。与此同时，大江南北都开始出现数量不算多的纯铜、青铜器物，以及铜炼渣等，虽以甘青地区齐家文化的数量最多，却以中原地区铜容器的铸造最具特点，表明已经出现不同于西方的泥质复合范铸造技术，其铜器冶铸当具有专业化性质。其余漆器、象牙器等的生产也当如此。

“器以藏礼”（《左传·成公二年》），珍贵的手工业产品是强化等级、维持礼制的最好物质载体，奠定了“中国”特有礼乐制度的早期基础。这些礼器性质的物品，包括琮、璧、钺、璋等玉石器，鼎、鬶、盉、鬲、甗、斝等典型“中国”式三足器，鼓、磬、铃等“中国式”打击乐器，如陶寺文化和陶寺晚期文化的鼍鼓、土鼓、石磬、陶或铜铃、陶埙，王湾三期文化、齐家文化的石磬、陶铃、陶埙等。

4. 文字符号显示的信息记录和交流能力

公元前 3000 年以后已有文字系统，只是当时的文字可能主要书写在绢帛竹木类有机质物品上面，绝大部分难以保存下来。仅就考古发现来看，至少可分为三个系统。一是类似甲骨文的良渚文化—陶寺晚期文化系统，如江苏苏州澄湖良渚文化贯耳罐上被释为“✲越五族”的四字[①]，陶寺晚期文化扁壶上被释为“文”“昜”（或“尧”“邑”）的二字(图 3-18)。二是龙山文化—造律台文化系统，如山东邹平丁公龙山文化陶盆底部刻划的 11 字陶文，应当已经构成句子，但比较潦草，与甲骨金文似乎并非一个系统，或为东夷上古

① 王晖:《从甲骨金文与考古资料的比较看汉字起源时代——并论良渚文化组词类陶文与汉字的起源》,《考古学报》2013 年第 3 期。

图 3-18 襄汾陶寺晚期书写在扁壶上的文字

文字[①]，在江苏高邮龙虬庄造律台文化的陶片上发现的 8 个陶文与其风格大致类似。三是大汶口文化—石家河文化系统，在山东莒县陵阳河、安徽蒙城尉迟寺等地大汶口文化晚期陶尊上面发现的陶文，有日山形、瓶形（且形）、钺形、弧边菱形等，在天门石家河遗址群石家河文化陶尊上的陶文除与其类似的外，还有弯角形、斜腹杯形、高柄杯形、纺轮形等多种，都是既有图画象形者，也有抽象指事者，和甲骨文有接近之处。

5. 农业经济发展对早期中国文明的支持

早期中国文明的形成，主要是建立在农业经济的基础之上。粟作农业和稻作农业两大体系的范围进一步扩展，石刀、石铲、石镰等农业工具磨制愈加精整，良渚文化甚至可能出现犁耕，农业发展水平显著提高。特别值得一提的是，由于源自西方的绵羊、山羊、黄牛和小麦、大麦分别在公元前 3000 年

① 冯时：《山东丁公龙山时代文字解读》，《考古》1994 年第 1 期。

前后和公元前2500年以后相继传入，中原北方地区多元化经济趋势进一步加强，适应干旱气候的能力大为提高，很大程度上保证了旱作农业经济区食物的稳定性，为公元前2000多年中原北方文化在“万国”争霸中占据上风准备了条件。

总之，上述这些区域性的初级文明都在文化上早期中国的范围之内，彼此交互联系并存在诸多共性，都是最早的早期中国文明的有机组成部分，不能将其当作单个独立的文明体看待。另一方面，这些区域文明可能分别对应一个或者多个早期国家，比如良渚区域文明可能对应一个较大的早期国家，大汶口—龙山或许对应多个较小的早期国家，这当中的任何一个区域文明或早期国家都还不具有统帅早期中国大部地区的广幅王权，当时总体属于群雄并峙、“万国林立”的时代，也就是苏秉琦和严文明所说的“古国”时代。[①]

但也应当看到，古国时代不但存在多个区域文明，而且在中原—北方、黄河下游、长江中游、长江下游等地还存在略有差异的区域文明模式。中原—北方区域文明，城垣或夯筑或石筑，陡直坚实，常有瓮城、马面等附属设施，专门武器除钺外还增加了矛，石镞精整、量大、形态多样，军事色彩浓厚；石峁皇城台上面的大型建筑或为祭祀天地祖先的神庙；大墓强调墓主人的身份地位，有的大墓存在男有棺而女无棺、男直肢而女屈肢的男尊女卑现象，随葬品虽少却有玉器等珍贵品；总体表现出朴实世俗、重贵轻富的观念。黄河下游的大汶口—龙山区域文明，城垣建造不如中原精整，石镞数量较少、形态简单。但大墓墓室阔大，多重棺椁，随葬较多美陶、美玉、漆器、鼍鼓等珍贵随葬品，表现出富贵并重的丧葬思想。长江中下游地区的城垣多以土堆砌而非夯筑、多宽缓低平，缺乏瓮城、马面等，防水功能大于军事防御功能，形态单一的石镞也显示其军事进攻能力不如黄河流域，但长江中游有祭坛及大量红陶杯、红陶偶、陶缸等祭祀遗存，长江下游有祭坛及玉琮等体现

---

① 苏秉琦:《迎接中国考古学的新世纪》,《华人·龙的传人·中国人——考古寻根记》,辽宁大学出版社1994年版,第236—251页；严文明:《黄河流域文明的发祥与发展》,《华夏考古》1997年第1期。

的宗教遗存，宗教仪式和黄河流域有所不同，另外，长江中游的屈家岭—石家河文化大墓随葬大量普通陶器和猪下颌骨等，少见珍贵物品，而长江下游的良渚文化随葬大量珍贵玉、漆、陶、象牙器，在丧葬观念上体现出“重富轻贵”和“富贵并重”的差别。

总之，和文化上的早期中国一样，古国时代的早期中国文明也存在显著的多元一体特征。

思考题：

1. 为什么说中国文明的起源可以追溯至 8 000 多年以前？
2. 中国文明五千年的依据是什么？
3. 早期中国文明有什么特质？

第四章　夏商周文明

《史记》在《五帝本纪》之后为《夏本纪》《殷本纪》《周本纪》,夏、商、周三代的历史还见于先秦和汉代各种史籍。由于20世纪初甲骨文和安阳殷墟的发现,晚商以来的历史得到考古学上的确证,已经进入历史考古的范畴,由此为基点前溯,也基本认定了考古上的早商文化和晚期夏文化,并对早、中期夏文化有了深入探索。[①]

夏(公元前21—前16世纪)、商(公元前16—前11世纪)两代基本属于青铜时代,创造了辉煌灿烂的青铜文化[②],出现了统治早期中国大部地区的"王"和广幅王权,进入"王国"文明时代;西周(公元前11世纪—前771年)属于青铜时代向早期铁器时代过渡的时期,实行封建制度、宗法制度和礼乐制度,早期中国文化统一性达到极致,"王国"文明达到极盛;东周或春秋战国(前771—前221年)已是早期铁器时代,"王国"文明由盛而衰,"王权"逐渐让位于"霸权",礼崩乐坏,文化转型,社会秩序重新调整,为秦汉中央集权官僚制的新时代奠定了基础。

第一节　夏　文　明

按照《史记·夏本纪》等文献记载,夏朝是中国历史上第一个"家天下"的朝代,夏朝的创建者禹废除了尧舜以来的"禅让制",将王位直接传给了自己的儿子启。启之后经历了"太康失国""后羿代夏"等变乱,至少康才又中兴了夏朝的统治,最后一位夏王桀因荒淫残暴而为商所灭。由于这些传世文献的写作年代一般被认为只能早到东周,距夏代的灭亡尚有近千年的差距,

---

① 中国社会科学院考古研究所:《中国考古学·夏商卷》,中国社会科学出版社2003年版。

② 张光直:《中国青铜时代》,生活·读书·新知三联书店1983年版,第1—2页。

因此怀疑古史的学者认为其细节不见得可信，极端者甚至认为夏和禹都没有真实存在过。好在近些年考古发现的西周和春秋时期的青铜器上，明确出现了夏禹“治水覆土”等内容，和《尚书》《诗经》等可以互相对证。但毕竟目前没有夏代的文献出土，探索夏文化主要还得依靠考古学方法。

根据从已知推未知的原理，邹衡首先提出二里头文化是夏文化的观点[①]，得到多数考古学家的认可；后来考古学家又提出二里头文化只是晚期的夏文化，早、中期夏文化是王湾三期文化晚期等观点。由于新石器时代末期（或铜石并用时代晚期）的王湾三期文化在上一章已有介绍，所以本章的叙述从二里头文化开始。

一、二里头文化与二里头城址

二里头文化以河南偃师二里头遗址第一至四期遗存为代表，主体分布于河南中西地区，边缘到达晋南、豫东、豫南等地区[②]，绝对年代约公元前1750—前1550年。二里头文化由王湾三期文化新砦类型东进洛阳盆地并接受齐家文化影响而形成，除新出的酒器爵外，罐形鼎、深腹罐、盆形甑、弧腹盆、平底盆、盆形擂钵、直领瓮、尊形瓮、折腹豆、瓦足盘、折腹器盖、平底碗、觚、鬶等大部分陶器均为继承新砦类型发展而来，而大量束颈圆腹花边罐则应来自齐家文化。同样由于齐家文化的桥梁作用，青铜环首刀、战斧、车等西方因素进入，西方的青铜冶炼技术对二里头文化产生冲击，使之在中原泥质复合范铸技术基础上新铸爵、斝、盉、觚、鼎等青铜礼器（图4-1），中原地区晚于新疆等地二百多年以后终于也进入青铜时代。二里头文化还新出专门武器铜戈和镶嵌绿松石的兽面纹铜牌饰。钺、戚、戈、多孔刀、牙璋、圭、柄形器等玉器制作精致，除戈外其余均可在龙山时代找到源头。此外还有陶埙、石磬等乐器，以及卜骨。二里头文化工具主要仍是石斧、锛、凿等木工工具，铲、刀、镰等农业工具，石或骨镞为狩猎工具或武器，新出锛、凿、镞、刀、锥、锯等

① 邹衡：《试论夏文化》，《夏商周考古学论文集》，文物出版社1980年版，第95—182页。
② 袁广阔：《二里头文化研究》，线装书局2013年版。

1

2

3

4

1. 鼎 2. 盉 3. 爵 4. 斝

图 4-1 偃师二里头遗址出土青铜礼器

铜器工具。农作物主要有粟、黍、稻、小麦、大豆，正合“五谷”之数，家畜则有牛、猪、狗、羊等，尤其牛、羊比例较前大为增加。

位于河南偃师的二里头古都，是二里头文化乃至于整个早期中国独一无二的超级中心聚落。二里头古都第二期以后面积扩大到 300 多万平方米，中心出现10多万平方米的宫殿区，先后营建10余座大型宫殿。其中1号宫殿总面积接近1万平方米，四周有廊，前有三门，中为庭院，主体殿堂坐北朝南，面积900平方米，面阔八间，进深三间，布局严谨，层次分明，是中国早期宫殿建筑的典型（图4-2）。在宫城周围有几十处中小型夯土建筑基址，当为贵族聚居区，遗址的西部和北部则为一般居住区；宫殿区以南发现铸铜作坊，遗址中、东部有祭祀活动区，还有制陶、制骨作坊等。二里头古都内虽发现几百座墓葬，但分布零散，应当并非该聚落墓葬主体；宫城发现的一座中型贵族墓葬，随葬玉器、漆器、白陶等珍贵物品，最引人瞩目的是还有一条由2 000多片绿松石组成的上置铜铃的龙形器（图4-3），但应当并非二里头古都的最高级墓葬。

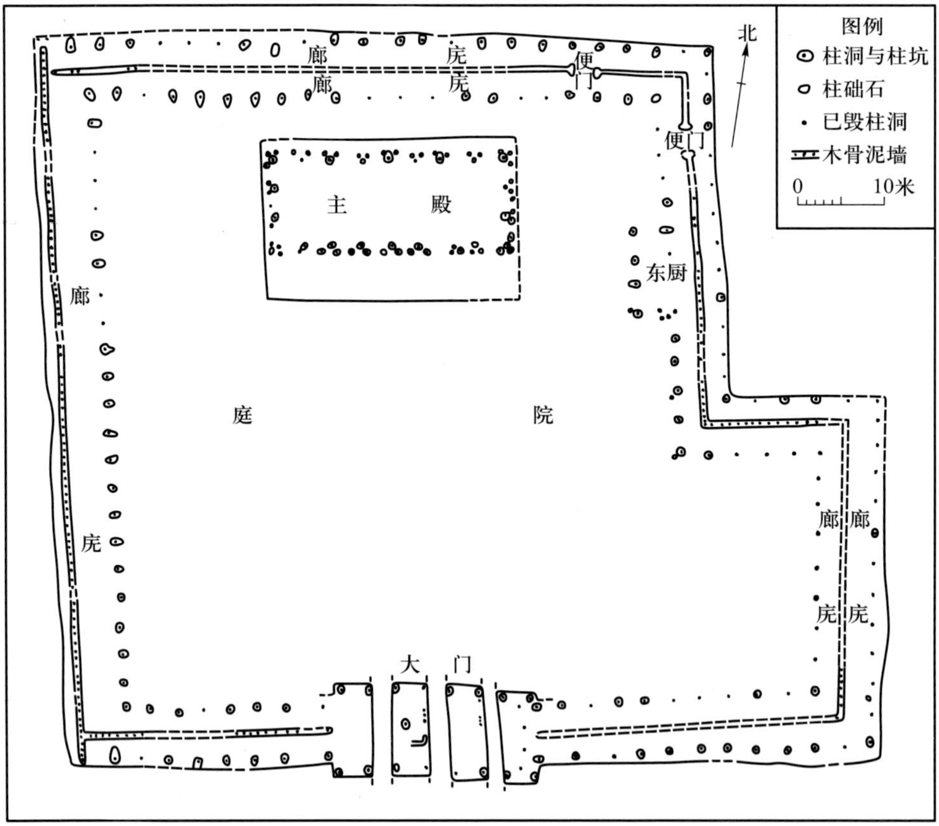

图4-2 偃师二里头遗址一号宫殿基址平面图

二、夏文化的探索

图 4–3 偃师二里头遗址 2002VM3 出土的绿松石龙形器(图片来自中国社会科学院考古研究所:《二里头——1999—2006》,文物出版社 2014 年版)

夏文化是以夏人为核心的夏王朝所属的文化。

考古上对夏文化的探索,以徐旭生等对豫西的考古调查为开端。徐旭生根据文献记载,认为夏人的活动地域主要在豫西和晋南地区,1959 年徐旭生等展开了对豫西的考古调查,发现偃师二里头遗址,认为有可能是商汤都城遗址[①],同年对二里头遗址开展发掘,并持续至今。至 20 世纪 70 年代后期以来,很多学者都将二里头遗址和二里头文化看作探索夏文化关键对象,此外还涉及豫中西地区年代更早的王湾三期文化等。

到目前为止,学术界基本认可邹衡主张的二里头文化为夏文化的观点,但不少学者主张二里头文化只是夏文化的一部分,是晚期夏文化。

考古学家论述二里头文化是夏文化,主要采用的是从已知推未知的方法。这个已知点就是安阳殷墟。由于在殷墟发现了宫殿、陵墓和甲骨文,学术界公认其为晚商时期的首都所在地。晚商殷墟文化最具代表性的陶器是绳纹鬲,由此前溯,在郑州和偃师发现的出土大量类似陶鬲的更早的两座城址也当属于商文化,而且这当中郑州商城有可能是商代最早的商汤的都城,偃师商城也可能是早商最早都邑之一。偃师商城西南 6 公里即为二里头遗址,但二里头文化代表性陶器则是鼎而非鬲,既然偃师商城属于商都,那么

① 徐旭生:《1959 年夏豫西调查"夏墟"的初步报告》,《考古》1959 年第 11 期。

文化性质不同的二里头遗址就不可能是商都，而有可能是夏都斟寻。恰好偃师商城建立的时候，邻近的二里头都邑衰落，这一兴一衰之间当存在直接关系。

但二里头文化只有大约200年时间，而且二里头文化四期晚段可能已经进入商代，这和《古本竹书记年》等文献记载夏代积年471年等说法显然相差甚远。所以不少学者主张作为二里头文化前身的王湾三期文化晚期已经属于夏文化，李伯谦则提出王湾三期文化末期的新砦类型属于“后羿代夏”或者“少康中兴”之后的夏文化。[①] 至于夏文化的上限，则可以以“禹征三苗”作为起始点。约公元前2100年王湾三期文化煤山类型向豫南、江汉地区的大规模扩张，大致对应《墨子·非攻下》等记载的“禹征三苗”事件，由此可证龙山时代后期基本进入夏代，后期王湾三期文化即为早期夏文化。整个夏文化的年代大约为公元前2100—前1550年。

夏后氏继陶唐氏、有虞氏之后，不但成为中原华夏之核心力量，而且直接控制范围更大、影响更为深远。《左传·哀公七年》：“禹合诸侯于涂山，执玉帛者万国。”《国语·鲁语下》：“昔禹致群神于会稽之山，防风氏后至，禹杀而戮之。”可见其对周围小国不但有很大号召力，甚至可能还有生杀之权。不仅如此，禹之后实行世袭王权，为夏人长期占据中原、控制中国建立了制度基础，这种家天下的制度延续至商周乃至以后。

三、夏文明与王国时代的开端

这里所说夏文明，指夏代晚期的二里头文明。

二里头古都内部有着明确的功能分区，如祭祀区、贵族墓葬区、手工业作坊区、普通居址区等，青铜礼器、玉器、漆器等珍贵用品的制作可能被二里头古都的统治者所控制。最重要的是出现了专门的宫城，宫殿基址规模宏大而又体制严整，数量众多又高下有别，表明当时已形成较为严格的宫室制度，王权显著强化。虽然中国在铜石并用时代各地早有宫殿式建筑，但在规

① 李伯谦：《二里头类型的文化性质与族属问题》，《文物》1986年第6期。

格、体量、数量等方面都无法与其相提并论。

在二里头所在的伊洛地区甚至黄河中游地区二里头文化分布区，二里头遗址都是绝对意义上的中心聚落。二里头附近的巩义稍柴等大型聚落最多有数十万平方米，出白陶鬶等珍贵器物，当为次级中心，而偃师灰咀很可能是主要服务于二里头古都的大型石器加工场。再向外，如郑州大师姑古城51万平方米，东下冯中心聚落面积近20万平方米，也应当是从属于二里头古都的次级中心。有人认为二里头国家已经建立贵族物品特别是青铜礼器的生产和分配网络。① 这反映二里头古都的控制和管理的范围和力度明显扩大。

二里头古都和二里头文化对周围诸文化或诸方国有着显著的辐射影响，涉及黄河下游、长江下游、长江上游、北方地区和东北地区，其典型因素绳纹深腹罐、花边圆腹罐、鼎、大口尊、曲柄折盘或弧腹豆、瓦足盘、爵、斝、鬶、觚、蘑菇钮器盖等陶器，或多或少见于周围的下七垣文化、岳石文化、斗鸡台文化、点将台文化、马桥文化、三星堆文化、齐家文化、朱开沟文化等当中，礼器爵、鬶等因素更是远达西辽河流域夏家店下层文化，玉戈、玉牙璋等则广泛见于华南地区甚至越南北部地区，镶嵌绿松石的兽面纹牌饰则分布至甘青地区的齐家文化、四川盆地的三星堆文化等当中。二里头文化典型器物的广泛辐射，很可能是夏王朝对中国大部地区实行一定程度统治的结果，且可能对不同地区采取了不同的统治方略。夏王朝从周边这些地区得到的资源，可能包括晋南地区的盐，晋南和长江中下游的铜，西辽河流域的锡，甘青地区的玉等。

可见，二里头古都或者晚期夏王朝已经实现了对中国大部地区一定程度上的统治，而且是远近有别的圈层结构的统治，真正出现了君临天下的广幅王权或广域王权②，进入了早期中国的“王国时代”，或者早期中国文明的成熟阶段。

---

① ［澳］刘莉：《中国新石器时代：迈向早期国家之路》，陈星灿等译，文物出版社2007年版，第216—217页。

② 许宏：《最早的中国》，科学出版社2009年版。

第二节 商 文 明

据《史记·殷本纪》等文献的记载,殷商的始祖为契,其后历经昭明、相土、振(王亥)、微(上甲微)、主癸等多代商先公,至主癸之子成汤灭夏建商,才进入商代。商代历经太甲、中丁、河亶甲、盘庚、武丁、帝乙、帝辛(纣)等多代商王,最后为周所灭。王国维将《史记》中这个商世系和甲骨文对比,发现除一些细节外,二者基本一致,从而确证商史为信史。[①]

一、先商文化和商文化

以商人为核心的商王朝所属的文化就是商文化,又以武丁为界,可称商汤至武丁以前的商文化为早商文化,武丁以后为晚商文化。至于从契至汤商先公时期的文化,就是先商文化。经过多年的考古发现和研究,已经确定晚商文化即殷墟遗址主体所代表的文化,可称殷墟文化,包含大量甲骨文;早商文化即以郑州商城、偃师商城、郑州白家庄遗址、安阳洹北商城遗址主体所代表的二里冈文化,甲骨文少见。先商文化的晚期即下七垣文化,早期还在探索之中。

(一) 先商文化

根据《尚书·尧典》《史记·殷本纪》等文献记载,契、昭明、相土、振(王亥)等商先公的活动地域,大体在冀中北、豫北冀南、豫东、鲁西南一带,且商始祖契大体和夏禹同时,那么,最早期的先商文化,应该就不出龙山后期的雪山二期文化、后冈二期文化、造律台文化的范围,尤以面貌接近的雪山二期文化和后冈二期文化的可能性最大。

先商史上变化最剧烈的当属王亥、上甲微两代,王亥被有易氏所杀,其

---

① 王国维:《殷卜辞中所见先公先王考》,《观堂集林》卷第九,中华书局1959年版,第409—436页。

后上甲微杀有易之君为王亥报了仇。这种血亲复仇事件表现在考古学上，应该就是大约二里头文化二期时在河北平原一带形成的下七垣文化[①]，以磁县下七垣第三、四层遗存为代表，年代在大约公元前1700—前1550年。该文化的典型器卷沿深腹罐、有腰隔甗、盆继承后冈二期文化和雪山二期文化哑叭庄类型，卷沿细绳纹鬲(图4–4)、三足瓮来自晋中，鼎、爵、鬶、豆、大口尊、蛋形瓮、四系壶以及云纹、云雷纹、重环纹、回纹等基本为二里头文化二里头类型和东下冯类型因素，新出簋、内弧盘豆等，可见为多元文化因素融合的产物。下七垣文化也有早晚之分和区域性差异，晚期南下到了豫东杞县一带。先商文化阶段目前尚未发现大型都邑和宫殿、大墓等。

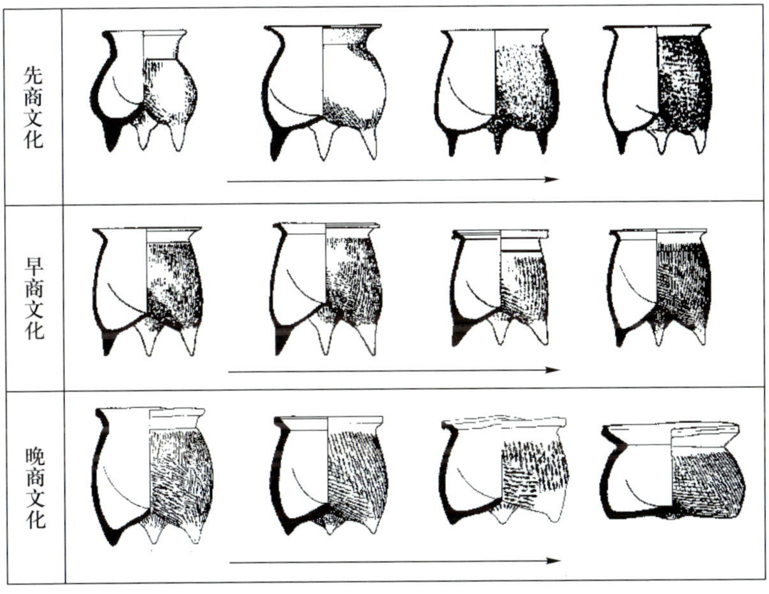

图4–4 先商文化、早商文化和晚商文化陶鬲的演变

(二) 早商文化

早商文化主要就是以河南郑州二里冈为名的二里冈文化。大约公元前

① 邹衡称其为“先商文化漳河型”，李伯谦改称“下七垣文化”。参见邹衡:《试论夏文化》，《夏商周考古学论文集》，文物出版社1980年版，第95—182页；李伯谦:《先商文化探索》，《庆祝苏秉琦考古五十五年论文集》，文物出版社1989年版，第280—293页。

1550 年，二里冈文化形成，至少可以分为三期，也有人将晚期阶段称为“中商文化”①，陶器绳纹由细到粗、鬲沿由卷到折、大口尊由粗矮到细高，演变轨迹清晰。典型器类鬲、甗、盆继承下七垣文化而来，爵、斝、觚、深腹圜底罐、大口尊、壶、捏口圆腹罐、擂钵、甑、豆等主要为二里头文化因素，尊、罐等硬陶或原始瓷器当来源于江南，可见该文化当为下七垣文化从豫东西进郑州并融入大量二里头文化因素而形成，郑州南关外下层等遗存在下七垣文化和二里头文化外又包含明显岳石文化色彩，反映出下七垣文化从豫东初来乍到的情形。二里冈文化继承和发展了二里头文化的青铜器、玉器传统，并有大型的城郭宫室。二里冈文化形成后迅即西拓至原二里头文化核心洛阳地区，再向豫北、冀中南、晋南、关中西部地区扩展，甚至逐渐占据了湖北大部、湖南北部、安徽、山东中西部，只是在距离郑州越远的地方，保留的地方特色越多。②

（三）晚商文化

大约公元前 1250 年，以河南安阳为核心形成晚商文化或殷墟文化，可分四期，绝大部分因素都体现出对二里冈文化的继承和发展，比如陶器绳纹更粗、鬲体及鬲足由高变矮、觚和爵由精致变粗陋等，青铜器种类更多、质量更高，花纹更加细致繁复，有大型宗庙宫殿和王陵。殷墟文化的分布范围较二里冈文化有明显收缩，比如南部从湖北、湖南退缩至桐柏山以北，西部从关中西部退缩至关中东部，北部已从拒马河流域南缩至唐县附近，而且晚商文化各地的地方特色也较前更为浓厚。③

二、商代都城和地方城址

根据《史记·殷本纪》《竹书纪年》等的记载，商朝首都曾多次迁徙，有所

① 唐际根:《中商文化研究》,《考古学报》1999 年第 4 期。

② 王立新:《早商文化研究》,高等教育出版社 1998 年版;袁广阔、秦小丽:《早商城市文明的形成与发展》,科学出版社 2017 年版。

③ 刘绪:《商文化在北方的进退》《商文化在西方的兴衰》《商文化在东方的拓展》,《夏商周考古探研》,科学出版社 2014 年版,第 168—194 页。

谓“前八后五”，即汤以前迁徙八次，汤以后迁徙五次。汤以后的五次迁都，一般认为是汤都亳、仲丁迁隞（嚣）、河亶甲迁相、祖乙迁庇（邢、耿）和盘庚迁殷。这当中殷即殷墟，作为晚商都城没有问题，但到底是从盘庚还是武丁开始，还有疑问，有人认为新发现的洹北商城才是盘庚所迁之殷。“相”或为洹北商城，或在河南内黄，尚无定论。“邢”应在河北邢台，但未发现商城。曾经争论最大的是亳的所在，现在一般认为就是郑州商城。[①] 除了都城，在都城附近还应当存在“陪都”性质的重要城址，在各地应当有属于方国都邑或商朝军事据点的地方性城址。

（一）商代都城

1. 郑州商城

郑州商城位于现今郑州市区的东部，有内城和外郭城。内城平面略呈长方形，东、南、北三边长约 1 700 米，西墙长约 1 870 米，周长近 7 000 米，面积约 3 平方公里。在城墙上发现 11 个缺口，有的可能是城门。墙体夯土分段版筑而成，底宽约 10.6 米，两侧壁面接近垂直，加上内外护坡底宽约 20 米，现存最高处约 9 米，外有护城河。外城墙只发现了南部一段。城内发现有水井、蓄水池、陶水管等供排水设施。

内城东北部为宫殿区，东西长约 750 米、南北宽约 500 米，约占内城面积六分之一。发现几十处夯土基址，大者 2 000 多平方米。其中基址 C8G15 东西长 65 米多，南北宽 13.6 米，是一座周围建有回廊的长方形宫殿建筑（图 4–5）。手工业作坊基本位于内外城之间，主要有南关外和紫荆山北铸铜作坊、铭功路制陶作坊、紫荆山北制骨作坊等，其中紫荆山北制骨作坊中有不少骨料、骨器属于人骨。此外，在内城东北的宫殿区发现有填埋近百带锯痕人头盖骨的壕沟，附近当有制造人头盖杯的作坊。

郑州商城出土的青铜器、玉器、骨器、象牙器、陶器等文物数以万计。最重要的是发现了三处早商偏晚的铜器窖藏。张寨南街窖藏出土铜方鼎 2 件、

---

① 邹衡：《论汤都郑亳及其前后的迁徙》，《夏商周考古学论文集》，文物出版社 1980 年版，第 183—218 页。

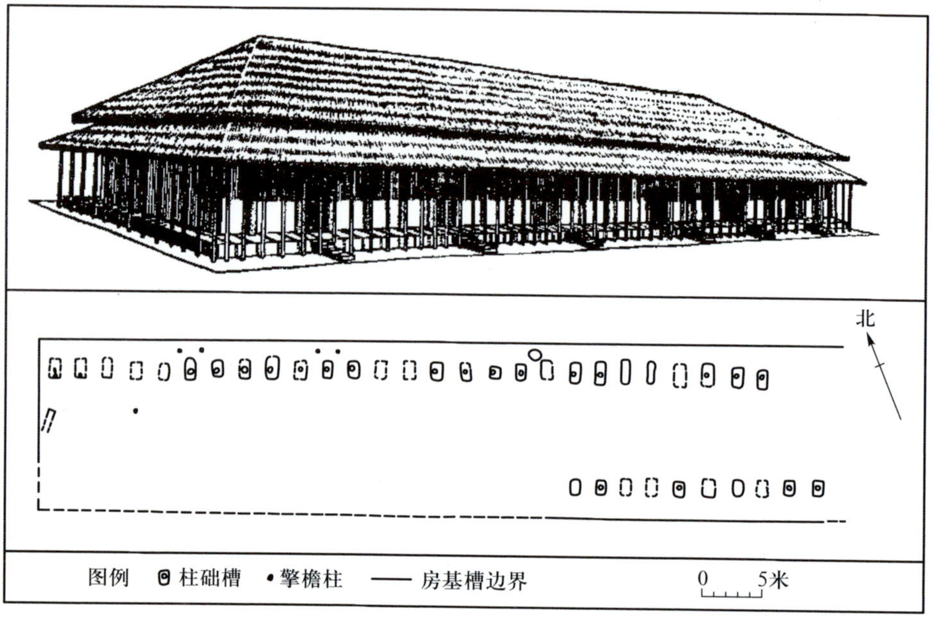

图 4-5 郑州商城 C8G15 基址平面及复原示意图(图片来自《中国考古学·夏商卷》)

铜鬲 1 件,其中一件方鼎高 1 米,重约 86 公斤(图 4-6)。南顺街窖藏出土 12 件青铜器,包括方鼎 4 件。

郑州商城是始建于商代初年的早商时期规模最大的城址,为商汤亳都的可能性很大。

2. 偃师商城

偃师商城位于现今河南偃师市西,有两重城垣,内城始建于商初灭夏之时,外城稍晚。内城或小城呈长方形,南北长约 1 100 米,东西宽约 740 米,面积 81 万多平方米,城墙宽 6—7 米。外城或大城平面呈南窄北宽的菜刀形,城墙东西长 1 700 多米,周长 5 500 米,面积近 2 平方公里。

图 4-6 郑州张寨南街窖藏坑出土青铜方鼎

墙底宽 18—19 米，发现 5 处城门，分别是北墙 1 处、东西墙各 2 处。城外的护城河开口宽约 20 米、深约 6 米。城内外发现多条道路，在其中一条道路上发现有车辙痕迹，城内有木石混合结构的水道（图 4–7）。

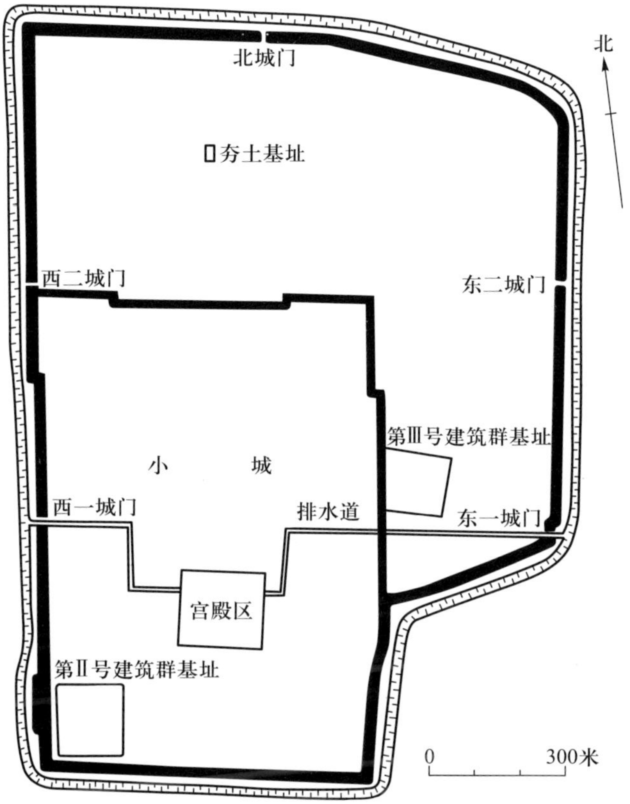

图 4–7 偃师商城平面图（图片来自《中国考古学·夏商卷》）

方形的宫城位于小城中部偏南，面积 4.5 万平方米以上，内有不同时期的多个宫殿建筑，以及池苑遗迹。其中第四号宫殿基址有 1 600 多平方米，坐北朝南，是一座有正殿、庭院和廊庑的建筑，第九号宫殿基址结构和第四号宫殿基址相似，但面积达到 9 000 多平方米，正殿前四处台阶，每处台阶两侧各有一埋狗的小坑，当为奠基性质，或有守门之意。此外，在小城西南角和小城东墙外，还有大规模的武库类遗迹，军事性质突出。该城也有铸铜作坊等。

偃师商城也是始建于商代初年[①]，规模仅次于郑州商城，也应为早商初期都城之一，可能具有镇摄原夏王都的性质。

3. 小双桥遗址

小双桥遗址位于郑州市西北，面积约 150 万平方米，发现夯土建筑基址、祭祀坑、青铜作坊等。出土一平面呈“凹”字形的青铜建筑构件，上饰饕餮纹、龙虎搏象图案。祭祀坑较多，有的埋有尸骨不全的人牲，有的瘗埋牛头牛角、狗等，有的祭祀坑埋牛头达 70 具以上，最值得注意的是祭祀坑所出陶缸残片上见有 20 多个朱砂书写的文字，和甲骨文、金文属于同一文字体系，表明商代早期确有较为成熟的文字。小双桥遗址属于早商晚期，可能与商王仲丁所迁的隞都有关。

4. 洹北商城

洹北商城位于洹河北岸，平面近方形，边长 2 100—2 200 米，面积约 4.7 平方公里。宫城位于城中部偏南，内有数十处夯土基址，其中 1 号宫殿基址面积约 1.6 万平方米，像一个大型的“四合院”，由门塾(包括两个门道)、主殿、廊庑、西配殿(可能还有东配殿)、门塾两旁的长廊组成，台阶下有瘗埋人、猪、羊牲的祭祀坑。洹北商城当与河亶甲所迁相或者盘庚所迁殷有关。

5. 殷墟

殷墟发现于 20 世纪初，1928 年开始发掘。是商代晚期的首都所在地。遗址位于安阳市西北部，洹河从遗址中间东西向流过。遗址总面积近 30 平方公里，以洹河南小屯、花园庄宗庙宫殿区和洹河北西北冈王陵区为核心，周围分布着其他居址、手工业作坊和墓地。[②]

宗庙宫殿区面积约 70 万平方米，发现建筑基址 100 多座，分甲、乙、丙、丁四组(图 4–8)。其中丁组“凹”字形基址由南、北、西三排房屋组成的大型建筑遗迹，面积约 5 000 平方米，当属于武丁时期的宫殿建筑。乙七基址面积约 1 100 平方米。丙三、丙四等小型基址可能是祭坛。此外还有贵族居住

---

① 高炜等:《偃师商城与夏商文化分界》,《考古》1998 年第 10 期。

② 中国社会科学院考古研究所:《殷墟的发现与研究》,科学出版社 1994 年版。

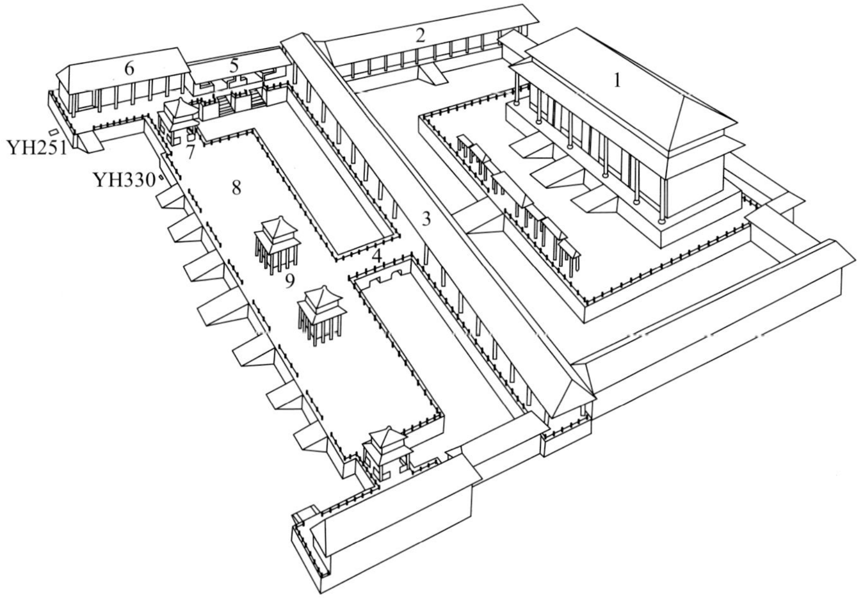

1—9. 乙十一、乙十二、乙十三、乙十五、乙十六、乙十八、乙十九、乙二十、乙二十一

图 4-8 安阳殷墟乙十一至乙二十一宫殿基址复原(石璋如复原,图片来自杜金鹏:《殷墟乙二十一基址等建筑遗存研究》,《考古》2009 年第 11 期)

区和平民居址,平民居址一般是半地穴式建筑。手工业作坊包括多处铸铜作坊、制骨作坊等,制骨作坊以兽骨和人骨为原料。其中苗圃北地铸铜作坊面积超过 10 000 平方米。

(二) 地方城址

商代的地方城址,主要集中在早商时期,包括河南新郑望京楼、焦作府城商城、辉县孟庄商城,山西垣曲商城,湖北黄陂盘龙城商城等,属于商朝的军事重镇或者直接管辖的城邑。仅以盘龙城为例介绍。

盘龙城位于黄陂伸入盘龙湖的一个半岛之上,城垣平面略呈方形,面积 75 000 多平方米,墙基宽约 20 米,和郑州商城一样以分段版筑法夯筑而成,四周各有一个城门,外有城壕。主要建筑位于城北东北部,其中三座建筑建在一大型夯土台基上,其中北侧的 1 号基址东西长 39.8 米、南北宽 12.3 米,为东西四室、周有回廊的寝殿式建筑;南侧的 2 号基址稍短而更宽,或为正殿;二者呈“前朝后寝”布局。城外有铸铜作坊和墓地等。盘龙城当为早商时期设在长江中游地区的军事城邑。

三、商代墓葬与埋葬制度

（一）早商墓葬与埋葬制度

商代早期目前尚未揭露出较完整的墓地，大部分墓葬都是零星分布在居址、手工业作坊以及城墙附近，据此虽不能复原早商时期的墓葬制度，但也能看出存在明显的等级制度。早商墓葬基本都是长方形竖穴土坑墓，有木质的棺椁葬具，墓主人一般仰身直肢葬，常在墓主人身下有腰坑，内有一条殉狗。随葬陶器以鬲、盆、豆、斝、罐、簋为多，铜器逐渐出现觚、爵组合。

早商最大的墓葬理应在郑州商城和偃师商城附近，但尚未发现。已经发现的墓葬可分多个等级，最高级别的以盘龙城李家嘴墓地 M2 为代表，面积约 12 平方米，有 3 个殉人，有红、黑漆棺，上绘饕餮纹、云雷纹等，随葬品仅铜器就有 63 件，包括鼎、鬲、甗、簋、圈足盘、罍、盉、觚、斝、爵等容器(图 4–9)，钺、戈等兵器和工具，还有大型玉戈等，此墓墓主人当为手握地方军权的高

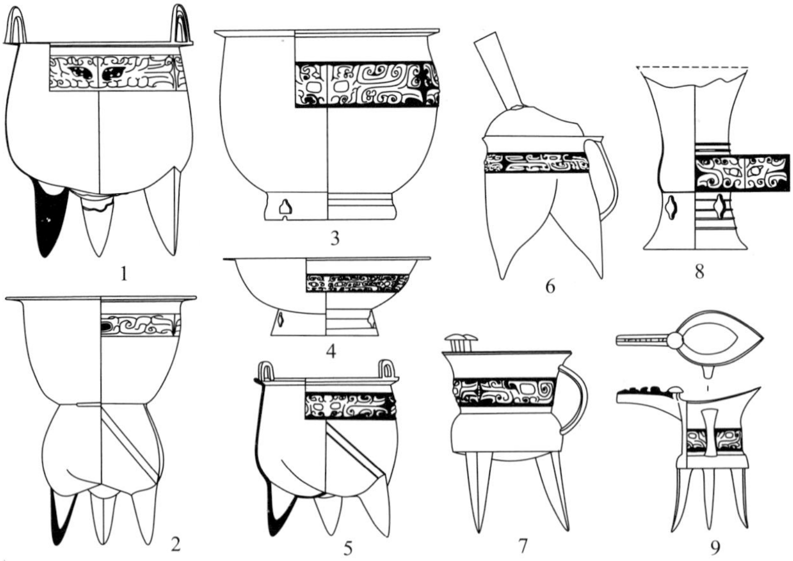

1、5. 鼎 2. 甗 3. 簋 4. 盘 6. 盉 7. 斝 8. 觚 9. 爵

图 4–9 黄陂盘龙城李家嘴 M2 出土青铜器

级贵族。最低级者墓坑仅可容身,无棺椁、腰坑和随葬品,当为底层平民。此外,还有一些灰坑、灰沟等当中埋葬的残缺不全的人骨,多应为战俘或祭祀所用的人牲。

(二) 晚商墓葬与埋葬制度

商代晚期墓葬发现很多,仅在殷墟就已发掘数千座。葬俗和早商接近,较大墓葬有墓道,王陵和高级贵族墓葬,在茔地设陪葬车马坑和祭祀坑,以被屠杀的人牲或狗、羊、牛等动物牺牲献祭。殷墟墓葬常见随葬陶器有觚、爵、鬲、豆、簋、罐、盘等,铜器有觚、爵、鼎、甗、簋、斝等,觚、爵成为随葬品组合的核心。殷墟以外,陶觚、爵的随葬品组合并不流行。

1. 族墓地制度

安阳殷墟晚商墓葬,不仅王陵有着专门的兆域,一般墓葬也在空间分布上形成一个个墓区,其下还可进一步区分出墓葬分区、墓群、墓组等,同一墓葬分区所出青铜器铭文族徽相同,而不同分区墓葬青铜器族徽不同,不同分区在随葬品组合等方面也存在一定差异。这说明这些不同墓葬分区的墓葬,应是以血缘和亲属关系联系在一起的同一“族”的族墓地或者族葬,比如殷墟西区至少可分为 20 多个墓葬分区。从族徽看,这些族人不少来自殷墟以外,他们长期在殷墟“聚族而居、聚族而葬”,当为服务于商王朝的将士、工匠等的墓葬。[①]

2. 墓葬类型与等级制度

晚商墓葬大致可分为级别高低不同的三大类。最高级别的是带墓道的大墓,还可细分为带四条墓道的“亞”字形大墓、两条墓道的“中”字形大墓和一条墓道的“甲”字形大墓三类。“亞”字形大墓有 8 座位于殷墟侯家庄西北冈王陵区(图 4–10),1 座在山东青州苏埠屯。安阳王陵区 8 座王陵墓室面积都在 100 平方米以上,规模之大前所未见,可惜均被掘毁殆尽。其中编号 M1001 的陵墓,墓室东西长 21.3 米,南北宽 18.9 米,深 10.5 米,最长的南

① 中国社会科学院考古研究所安阳工作队:《1969—1977 年殷墟西区墓葬发掘报告》,《考古学报》1979 年第 1 期;韩建业:《殷墟西区墓地分析》,《考古》1997 年第 1 期。

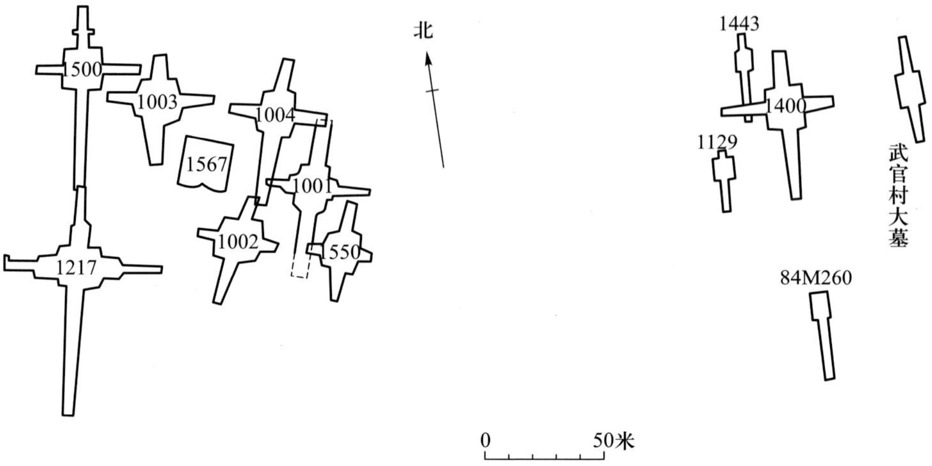

图 4-10 安阳侯家庄西北冈大墓分布图

墓道 30.7 米，墓室面积 260 多平方米，总面积 700 多平方米（图 4-11）。椁室以木板构成，高约 3 米，椁底以柏木铺成，底板之下有 9 个方坑，每坑埋一犬和一持戈人。椁顶有 11 位殉人，有的有棺和随葬品。四个墓道中埋人头骨、无头人骨架等 130 个（具），绝大多数应该是下葬时的牺牲。因被盗毁，仅残存少量铜、玉、石、骨、陶等质料的随葬品。在 M1001 南北墓道东部有 37 个埋有人和动物的坑，其中 22 个埋人的坑里有 68 人，有的坑里有棺椁、腰坑、青铜器，当属商王生前侍从的陪葬墓，属于人殉，就是墓主人的陪臣、妻妾、亲信、侍者等；也有的属于人牲，就是将人像牛羊一样供养给祖先，被杀之人应为战俘和奴隶。山东青州苏埠屯大墓，南北长 15 米，东西宽 10.7 米，面积 160 平方米，木椁下铺有木炭，墓底有腰坑，共有人殉、人牲 48 人。严重被盗，残留随葬品和殷墟的很相似，其中有透雕人面形的大铜钺，上有“亚醜”族徽，有学者推测墓主可能是商末薄姑氏的君主。

“中”字形大墓在殷墟已发现 9 座，山东滕州前掌大发现 3 座。墓主人应该是商王室成员或者高级贵族。以殷墟武官村大墓为例。墓口长 14 米、宽 12 米，深 7.2 米，面积 168 平方米，墓道长 15 米（图 4-12）。椁板可能雕花并涂红漆，椁外二层台上有许多埋人坑，以及随葬的礼器、乐器。墓底有腰坑，内有一持戈人。墓道中有马坑和人坑。这座墓有大量殉人、殉牲和人牲，

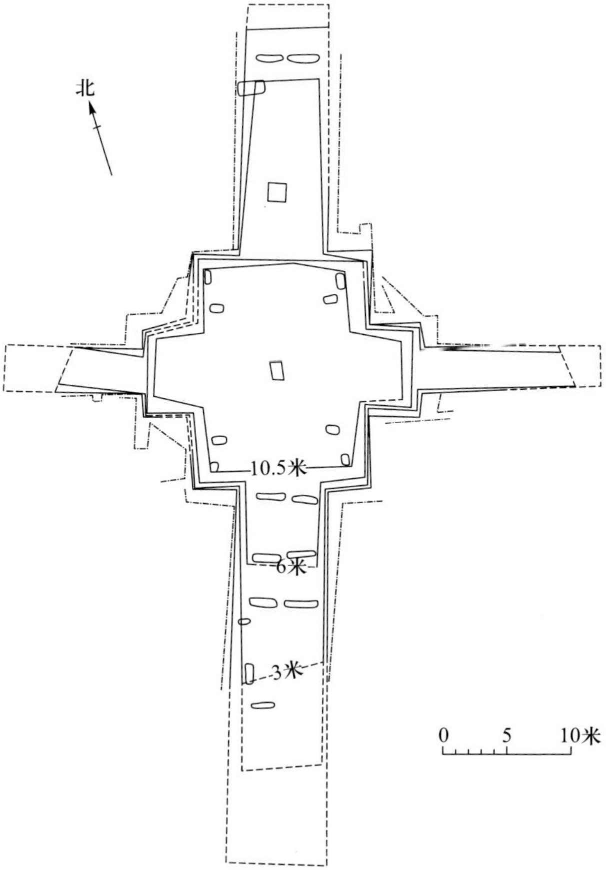

图 4-11 安阳侯家庄西北冈王陵 M1001 平面图

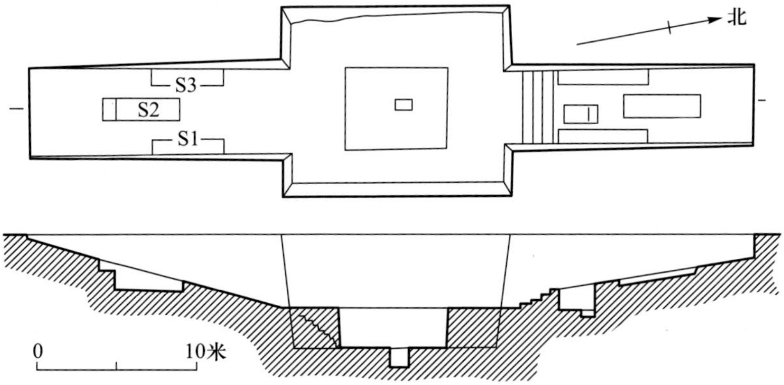

图 4-12 安阳武官村大墓平、剖面图

总计 79 个，还有各种动物骨骼 52 具。虽被盗，还残留不少珍贵的随葬品。

比带墓道大墓低一个级别的，是大型竖穴土坑墓，面积 10 平方米以上，有棺椁、殉人，随葬大量青铜礼器。最著名的就是殷墟妇好墓(小屯 M5)。这座墓长 5.6 米，宽 4 米，深 7.5 米，面积 22 平方米。棺椁已朽坏，可能原涂有红、黑漆。墓地腰坑内有一人一犬。墓室共殉人 16 个，殉狗 6 只。该墓未被盗，随葬品极为丰富，共计 1 928 件，其中铜礼器 200 多件，玉器 755 件。铜礼器异常精美(图 4–13)，上多有“妇好”或“后母辛”铭文，被认为是商王武丁的

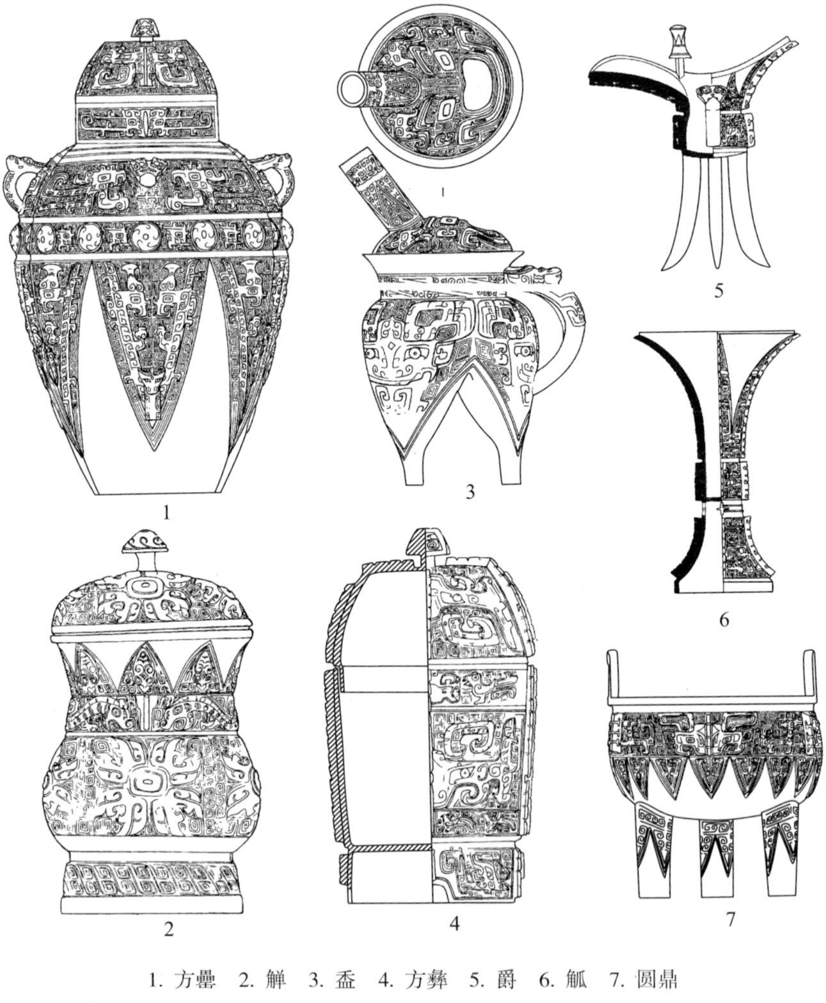

1. 方罍 2. 觯 3. 盉 4. 方彝 5. 爵 6. 觚 7. 圆鼎

图 4–13 殷墟妇好墓出土青铜器

妻子之一妇好的名号和庙号。

更低级别的，还有中型竖穴土坑墓，有棺，多数有椁，一般有青铜礼器随葬，少数有殉人，应该是中下层的贵族墓葬。往下是占大多数的小型土坑竖穴墓，一般有棺而无椁，无殉人，随葬陶器，少数随葬青铜兵器，应该是平民、士兵等。最低级别的是少量的无墓圹墓葬，葬于坑中或者随地掩埋，无棺椁和随葬品，当属于战俘、奴隶或者特殊凶死者。

可以看出，晚商时期存在多个等级的墓葬，反映存在明显的社会阶级。

四、商代的占卜与祭祀

"国之大事，在祀与戎。"（《左传·成公十三年》）商人占卜、祭祀活动非常频繁，尤其晚商时候的占卜和祭祀活动，在考古遗存中多有体现。

1. 占卜

商人占卜主要为骨卜，就是在羊、猪、牛等动物的肩胛骨和龟甲上进行灼烧，以裂纹或者兆纹来判断吉凶的方法。这种卜骨最早出现在史前时期的甘肃中部地区，距今已有 5 000 多年。

早商时期，已经开始对肩胛骨或龟甲进行削平修整，先钻后灼。晚商时期，除了修整、钻孔，还要凿。占卜时以木条烧灼甲骨上钻、凿变薄的地方，使其产生裂纹并做出判断，最后将占卜的经过和结果刻在甲骨上，就成为甲骨文，也叫卜辞（图 4–14）。晚商时期占卜非常盛行，上自国家大事，下至天气疾病，几乎无事不卜，在殷墟发现了大量占卜所用的甲、骨，仅刻有卜辞的甲骨就有 15 万片之多。

2. 祭祀

"殷人尊神，率民以事神，先鬼而后礼。"（《礼记·表记》）商人非常重视祭祀活动，祭祀对象主要是祖先，其他还有上帝、土地（社）、山川、日月，以及其他神祇。根据甲骨文，祭法有伐、燎、沉、埋等。祭祀所用大量人牲主要是俘虏，比如和商人作战的羌人。

早商时期，在郑州商城、偃师商城、小双桥商代遗址和垣曲商城等地方，就有不少祭祀遗存。郑州商城发现一处以 6 块大石为核心的遗迹群，中间除

图 4–14　殷墟占卜龟甲及卜辞正反面（图片来自中国国家博物馆：《中国国家博物馆馆藏文物研究丛书·甲骨卷》，上海古籍出版社 2007 年版）

大石外还有烧土坑和烧土面，周围有 8 个埋有狗牲的祭祀坑，狗坑附近还有 14 个人牲坑，被认为与社祭有关。其他更多的是一些祭祀坑，里面有人、狗、猪、牛等牺牲，常发现在城墙、房屋的底部或附近，属于奠基等性质的祭祀。

晚商时期祭祀更加兴盛，以殷墟宗庙宫殿区和王陵区的祭祀遗存最为丰富。比如殷墟宗庙宫殿区的乙七基址，在基址下面有瘗埋狗或婴孩的奠基坑，基址以南有车马坑和祭祀坑 100 多座，其中仅中组 80 多个祭祀坑就有人牲 390 多具（图 4–15）。王陵区除上述 M1001 和武官村大墓等墓穴内的祭祀，再就是墓穴外祭祀先祖的公共祭祀坑，总数有 2 500 多座，里面埋人牲或者兽牲，以人牲坑占据绝大多数，既有完整人骨架坑，也有头躯分离的骨架坑、无头躯体坑、人头坑，有的全躯坑中还有随葬品。死者绝大多数为青壮年男性，也有少量青壮年女性和儿童。兽坑所埋动物有马、牛、猪、犬、羊、象、猴、狐等，以马最多。殷墟以外，在江苏徐州铜山区丘湾还发现一杀人祭社遗迹，有 20 具人骨架和 12 具狗骨架分布在 4 块大石的周围，这些男女青壮年死者，都是俯身屈膝，双手反绑。经研究，这些祭祀坑中的人来源比较复杂，但都属

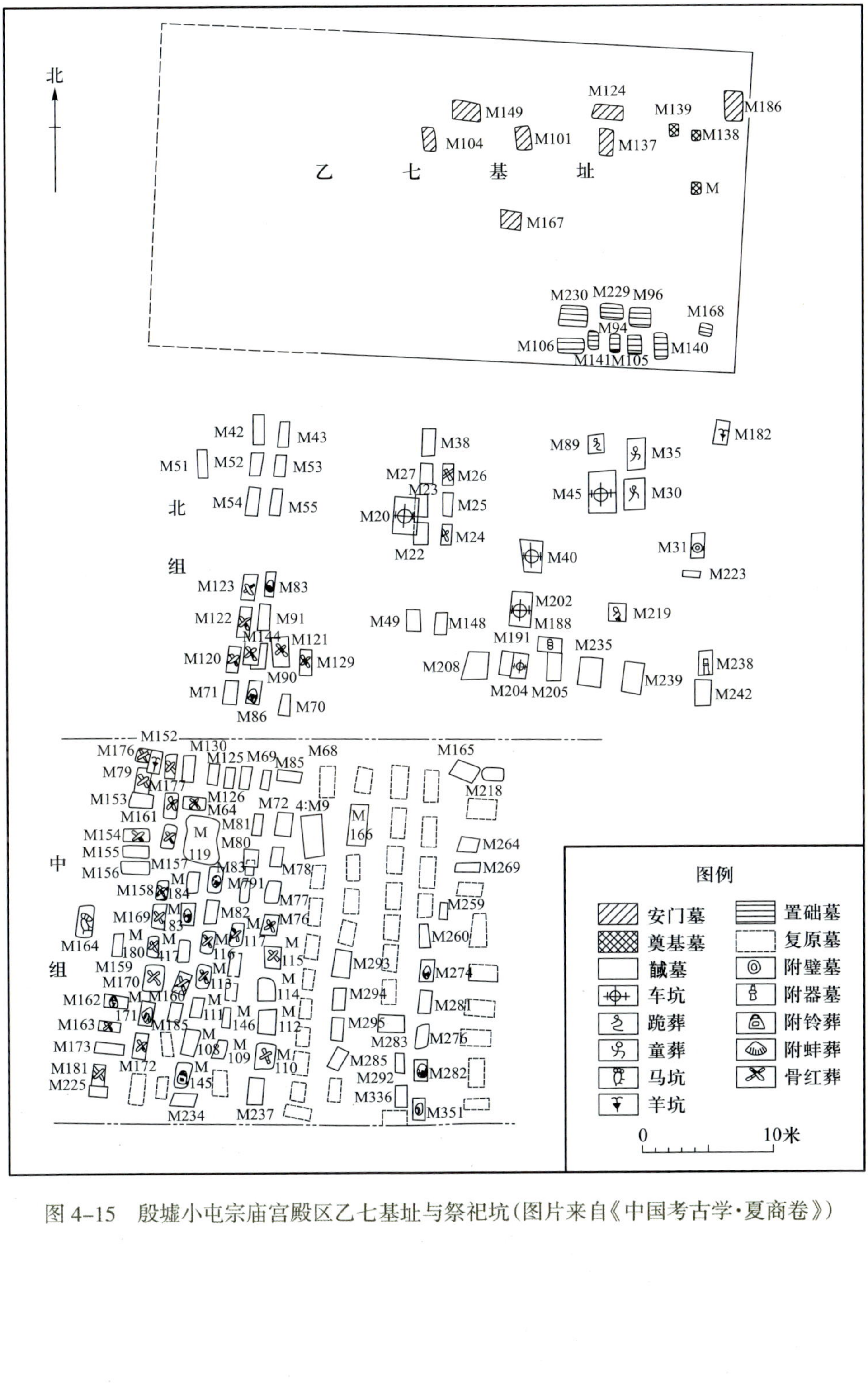

图 4–15　殷墟小屯宗庙宫殿区乙七基址与祭祀坑（图片来自《中国考古学·夏商卷》）

于蒙古人种的不同地域类型。

五、商代的经济和文化

商代在农业、手工业，以及文字、艺术等方面都有高度的发展。生业经济以农业为主，畜牧业也较为发达，种植粟、黍、稻、麦、豆等“五谷”，有猪、马、牛、羊、狗、鸡等“六畜”，还有狩猎采集作为补充。手工业专业化程度较高，尤以青铜铸造业最具代表性。

（一）发达的青铜铸造业

在二里头文化的基础上，商代青铜铸造业逐渐走向成熟，在商文化和周边广大地区普遍有青铜器出土，还发现了一些商代铸铜作坊遗址和铜矿遗址。商代铜器的铸造，是夏代复合泥范铸造技术的发展，要经过制模、制范、熔铜、浇铸、打磨等工序。制模时需要雕刻花纹或文字，熔铜后需要掺杂铅、锡等金属以制作合金。

1. 铸铜遗址和铸铜技术

早商时期以郑州南关外铸铜遗址为代表，面积约 2.5 万平方米，发现有白灰面、铜锈面、硬土台、熔炉残底、窖穴等遗迹，有熔铜的坩埚、铜矿石、铜炼渣、铅块和铸造各种器物的陶范。晚商时期的铸铜遗址，仅在殷墟就有苗圃北地、孝民屯等五六处。苗圃北地作坊规模较大，占地 1 万多平方米，分居住区和生产区两部分，熔铜工具有熔炉、坩埚、鼓风嘴等，铸铜的陶范、陶模有 2 万多块，铸器种类主要是礼器，还发现有铜锭，盛装铜液的“将军盔”，以及各种工具。另外，从王陵区出土的后母戊大方鼎，也可看出晚商时期高超的青铜器铸造技术。这件鼎高 133 厘米，重达 832.84 公斤，是目前已发现的中国古代形体最大和最重的青铜器，也有人释作“司母戊”。后母戊是商王武丁另一位妻子的庙号。据研究，如此庞大的鼎的器身与四足为整体铸造，这在制作模范、合范浇铸等环节，都需要解决一系列复杂的技术问题，需要严密组织和合作。

2. 青铜器种类

商代的青铜器种类相当复杂，可以分容器、兵器、乐器、车马器、工具及生活用具等几大类。容器又分方鼎、圆鼎、鬲、甗、簋等食器，觚、爵、斝、尊、卣、壶、罍、方彝、觯、觥、瓿、缶等酒器，盘、盂等水器。兵器有钺、戈、矛、刀、镞、胄等（图 4–16）。乐器有铙、铃等。车马器有马衔、马镳、节约、车軎、辖、轭等。工具及生活用具有刀、削、斧、锛、凿、锯、铲、臿、镜、勺等。还有人面具、牛面具以及建筑构件等。商代酒器发达，据说纣王“以酒为池，县肉为林，使男女倮，相逐其间，为长夜之饮”（《史记·殷本纪》）。

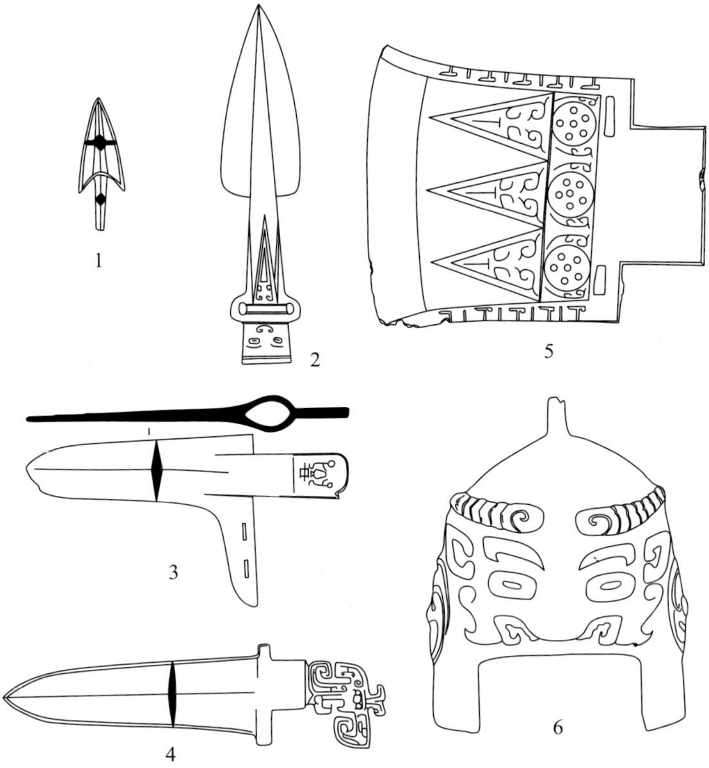

1. 镞 2. 矛 3、4. 戈 5. 钺 6. 盔（胄）

图 4–16 商代青铜兵器

3. 青铜器的演变

商代青铜器从早到晚的演变趋势，总体上是种类越来越繁多、花纹越来越复杂、铸造技术越来越先进。早商时期青铜爵扁体平底，觚、尊、瓿、罍等圈足上都有十字形镂孔，纹饰主要是粗犷的兽面纹，基本不见铭文；晚商时期青铜爵圆体圜底，新出方彝、觯、觥等器物，纹饰明确有主次之分，主纹一般是兽面纹，地纹常为雷纹，铭文少则一二字，多不过三四十字，内容有族徽、人名、父祖名、赏赐、征伐等。

（二）制陶、制玉石、制车等其他手工业

1. 制陶业

商代制陶业水平比夏代有明显提高，尤其是晚商时期。商代陶器分普通陶器、白陶、硬陶和原始瓷四类，普通陶器以易熔黏土烧制，多为灰陶，制作规整，火候较高。白陶、硬陶和原始瓷以瓷土或高岭土烧成，烧制温度可高达 1 200℃，坚硬美观。白陶有豆、簋、瓿、罍的器类，花纹仿青铜器，细致讲究，主要只在殷墟发现，可能比铜器还要珍贵。硬陶和原始瓷的器类和纹饰都比较特别，原始瓷表面着绿釉或黄釉，又称原始青瓷，这两类器物的原产地在南方江浙一带。

2. 玉石器制造业

早商的玉石器和夏代接近，晚商有了很大发展，而且最精美的玉石器主要发现在殷墟，仅妇好墓出土玉石器近千件。玉器有礼玉、工具、用具、装饰品等，最引人注目的是琮、璧、圭、璋、簋、盘、戈、矛、钺、大刀等玉礼器，其中簋、盘等玉质容器对雕琢技术要求很高。还有不少动物造型的玉装饰品或艺术品，有鱼、鸟、牛、羊、马、虎、象、龙等 30 多种。石器主要是生产工具，也有精美的石礼器、动物或人物小雕塑等。

3. 制车业

中国古代有发明车的记载，但现在一般认为车起源于西方。曾经在二里头和偃师商城遗址发现过车辙痕迹，在郑州商城发现过铸造车軎的陶范，表明夏代和早商时期已出现车。但作为实物遗存的车，到晚商才出土于殷墟等地。现在发现的晚商车马坑已有 60 多座，把马和车套在一起埋葬，一般是一个坑里面一车二马二人或一人（图 4-17）。车有战车和乘车两种，战车上有戈、镞、盾牌等兵器。车轮有辐，车厢（舆）有长方形、椭圆形等多种。

4. 骨、角、牙器等其他制造业

早商时期郑州商城内制骨作坊不止一处，多半用人的肢骨和肋骨，也有

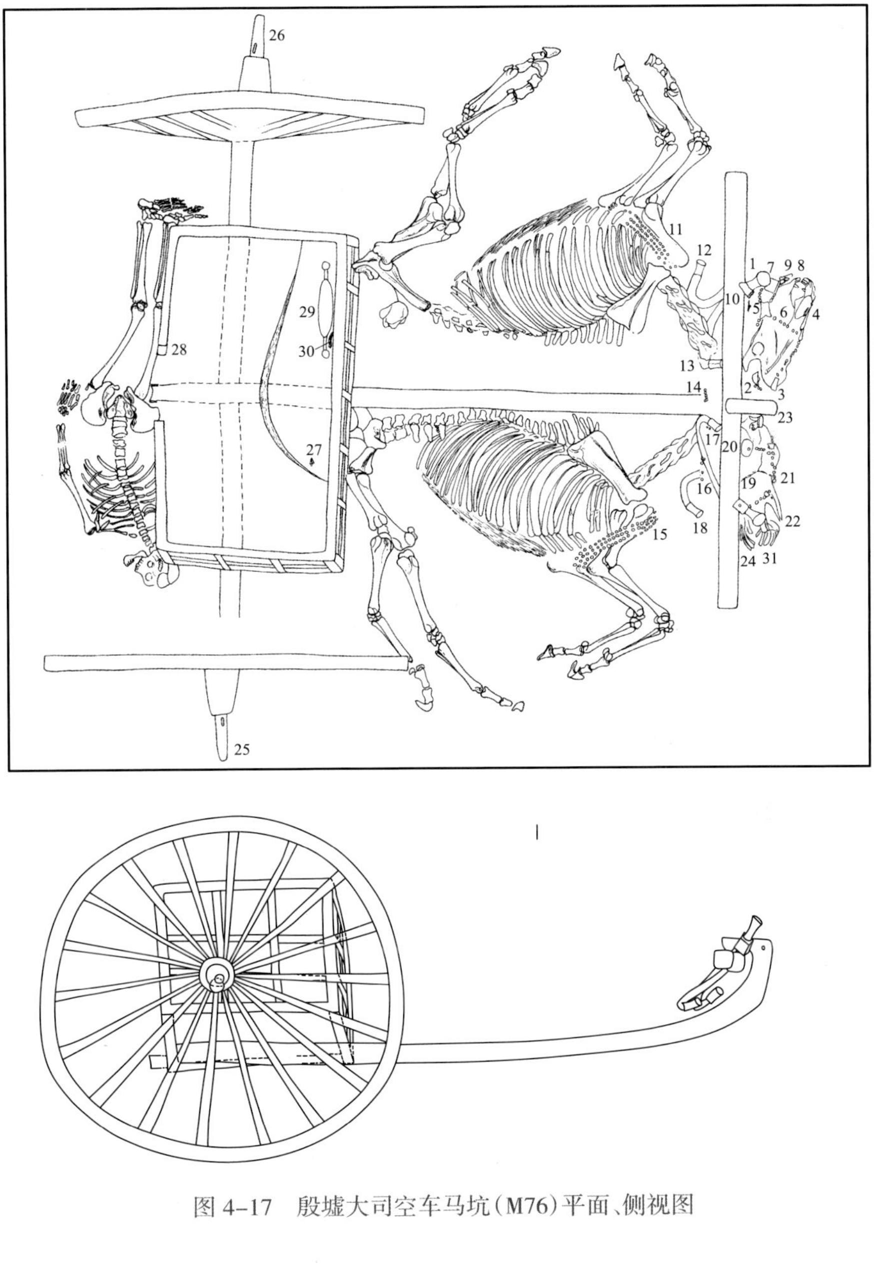

图 4-17　殷墟大司空车马坑（M76）平面、侧视图

不少以头骨作杯的。晚商殷墟有大司空村和北辛庄制骨作坊，制骨材料以牛骨最多。殷墟象牙雕刻发达，有尊、盂、杯等礼器，满身雕刻饕餮纹、夔纹，镶嵌玉、绿松石，异常精美。此外还有蚌器制造业、酿酒业、漆木工艺、纺织

业等。

（三）文字和货币

1. 文字

中国古代文字的起源有很悠久的历史，夏代及以前已经出现了文字，但可能因为绝大部分写在丝帛或简牍等有机质材料上面的缘故，很难保存下来，所以仅发现过零星的刻划或者书写在陶器上的陶文。早商时期在郑州商城、小双桥、藁城台西等遗址，也有少量陶文发现，此外还发现过几件刻有文字的骨片。大量的甲骨文发现于殷墟，自 1899 年发现甲骨文至今，殷墟出土的刻辞甲骨已有 15 万片，考古发现的约 3.5 万片，其中 1936 年在小屯村北一坑（H127）就发现 17 096 片，是考古发掘出土刻辞甲骨最多的一次。据统计，甲骨文中有 5 000 多个单字，公认释出的才 1 000 多个，与今天的汉字一脉相承。从文字结构来看，已经使用了象形、会意、形声等造字法，但主要是象形，因此甲骨文基本是一种象形文字。甲骨文所记载的内容极为丰富，涉及商代社会生活的各个方面。卜辞一般包括叙辞（占卜日期和占卜人名）、命辞（所问之事）、占辞（占卜结果）、验辞（应验结果）等项，如“贞，不其雨。丁酉卜，出贞，五日雨。辛丑卜，出贞，自五日雨。不雨”（图 4–18）。

图 4–18　殷墟甲骨卜辞

2. 货币

商代各类手工业专门化程度较高，手工业内部有细致分工，有的制陶作坊或青铜器作坊仅生产一种或少数几种产品，这些产品除供应王室贵族外，也可能存在商品交换。铜矿石多来自长江中下游，锡、铅可能来自云南、湖南和辽西，还有可能来自新疆和田的玉料，这些原料除商王朝直接控制的以外，不少应该也是贸易而来。贸易的方式，应该主要是物物交换，但可能也已使用货贝作为货币。货贝是海贝的一种,可能来自南海等地,珍稀而又便于携带,很适合作为货币使用。在商代墓葬中随葬贝的现象十分普遍,妇好墓一座墓就随葬贝6 800余枚。此外考古还发现有铜、骨、蚌、石质的仿贝。甲骨文、金文中常见“取贝”“赐贝”多少朋的记录,“朋”是贝的计量单位,多数学者认为一朋为十贝。

六、商文明与王国时代的发展

在社会复杂化程度、国家控制能力以及物质文化和精神文化等各个方面,商文明都比夏文明有了长足的发展。无论是早商首都郑州商城,还是晚商首都殷墟,都是当时中原乃至于整个早期中国范围内最大和最高级别的聚落和绝对中心。郑州商城仅内城面积就有3平方公里,城内有大片宫殿区,城内外有各种专业化程度颇高的较大规模的手工业作坊,出土了高达1米的青铜方鼎等大量珍贵文物。殷墟总面积近30平方公里,发现有大面积的宗庙宫殿和规模宏大的王陵以及各类高规格的手工业作坊,出土了后母戊大方鼎等大量珍贵文物。有证据表明,殷墟的居民除了商人,还有来自周围各方国的民众,来为商朝统治者从事劳役、军事等方面的服务。此外,郑州商城和殷墟都发现了较为成熟的甲骨文字,尤以殷墟为最。

早商的统治范围,应该至少不小于二里冈文化的分布范围,北至冀中南、东达鲁中西、南抵江淮和长江中游、西到关中;早商或者二里冈文化的影响范围,则北至西辽河流域,东至东部沿海,南抵华南,西到新疆。晚商的统治和影响范围比早商缩小,尤其西北方向退缩不小。另外,殷墟的铜、锡、铅等矿料可能来自长江中下游、云南、湖南和辽西等地,部分玉料可能来自甘青和新疆,海贝可能来自南海,可见商王朝控制、影响和进行贸易交流的范围之大。无论是早商还是晚商,都以中原地区为核心,能够对中国大部地区实行统治和施加影响。所以,商代的广幅王权显著增强,仍属早期中国的王国时代,早期中国文明进一步发展成熟。

第三节 周 文 明

据《史记·周本纪》等文献的记载,周人的始祖为弃,即后稷,后历经不窋、公刘、庆节、公亶父等多代先公,至文王实力强大起来,武王推翻商朝,建立周朝。周代本身分西周和东周,公元前770年周平王东迁,史称东周,春秋时期开始,周王室权威日衰;公元前475年战国时期开始,“礼崩乐坏”,周王室徒有虚名,至公元前256年秦灭周。但本节所说周文明或周代,下限延伸到公元前221年秦灭六国、建立秦朝为止。本节对周文明的叙述以考古学资料为主。①

一、先周文化和周文化

周王朝建立前以周人为主体的文化,就是先周文化。以周人为核心的周王朝的文化就是周文化,又可分西周文化和东周文化。

(一)先周文化

传说中周人始祖后稷及其母有邰氏女姜嫄所居住的地方,一般认为在陕西关中和甘肃东部的泾渭河流域,也有认为是在晋南地区。后稷之子不窋等在夏王朝中衰的时候迁徙到“戎狄之间”,或许就是现在的陕北南部、关中北部至陇东一带。之后公刘、庆节等所居住的“豳”也在这一带。公亶父时为摆脱戎狄侵扰,向南迁徙到岐山脚下的岐周,也就是周原,奠定了后来文、武王时期伐商的基业。从后稷到文王时期的先周文化,到底是哪支考古学文化,目前还存在争议。大致来说,晚期的先周文化应该是晚商时期关中地区以高领袋足鬲和连裆鬲为典型陶器的遗存,发现于长武碾子坡、宝鸡斗鸡台、武功

① 李学勤:《东周与秦代文明》,文物出版社1984年版;中国社会科学院考古研究所:《中国考古学·两周卷》,中国社会科学出版社2004年版。

郑家坡和长安沣西等遗址。晚期先周文化之末已经出现鼎、簋等青铜器。[1]至于早期的先周文化，目前还不好确定，有一种观点认为是晋南的陶寺晚期文化。

（二）西周文化

西周文化，以关中和洛阳周王畿区的考古学文化为中心，也包括周围被分封的晋、燕、齐、鲁等各诸侯国的文化，总体文化面貌大同小异，陶器均以鬲、簋、豆、罐为基本组合，连裆鬲从早到晚鬲体及鬲足由高变矮、裆变低、绳纹变粗，青铜器非常发达，有体现宗法制度的都邑和墓葬制度。

（三）东周时期文化

东周时期王室逐渐衰微，对各个诸侯国的控制越来越弱，各地文化的地方性特色逐渐加强，但西周封建以来的统一性并未完全消失，而且由于各诸侯国之间的频繁交流而产生了不少新的共性。就陶器来说，春秋时期大部地区墓葬流行鬲、盆、豆、罐的随葬品组合，战国时期常见鼎、豆、壶组合。城郭越来越多，战国时期有了超大规模的城郭和宫殿建筑。墓葬由遵循一定的制度，到僭越越来越普遍，出现超大规模的墓葬。战国以后铁器逐渐占据重要地位。

二、周王都与列国都城

周王都指西周时期建立的丰都、镐京、东都洛邑，以及先周时期作为根据地、西周时期作为宗庙所在地的周原。列国都城主要指西周封建而来的各诸侯国的都城，也包括东周以后建立的很多新城邑。[2]西周封建，指周建国初期，为巩固政权，防止被征服族人反抗，进行的大规模的“封土建国”或者“分封”活动，实际上有派王室子弟和功臣到各地武装殖民的性质。

---

① 邹衡：《论先周文化》，《夏商周考古学论文集》，文物出版社 1980 年版，第 297—356 页；王巍、徐良高：《先周文化的考古学探索》，《考古学报》2000 年第 3 期。

② 许宏：《先秦城邑考古》，金城出版社、西苑出版社 2017 年版。

（一）周王都

1. 周原

“周原膴膴，堇荼如饴。”（《诗经·大雅·绵》）广义上的周原涵盖整个土肥草美的关中西部，狭义的周原遗址位于陕西省岐山与扶风两县交界处，总面积40多平方公里，是自公亶父以来周人的根据地和宗庙所在地。西周末年犬戎入侵，周原岐邑毁于战火，终被废弃。

周原遗址在凤雏、云塘、齐镇、召陈等村子附近分布有西周宗庙建筑基址，还有铸铜、制骨、制玉石、制陶等的大型作坊，以及大量墓葬。在凤雏甲组建筑基址等处出土多批西周甲骨文。还有庄白、董家村、齐村等上百处青铜器窖藏发现，出土铜器千件以上。以凤雏甲组建筑基址为例，为高台建筑基址，南北45.2米、东西32.5米，面积近1 500平方米。坐北朝南，最南为影壁，然后是东西门房（塾）、中庭，上了三个台阶，进入面阔六间的前堂（最大的单体建筑，正式祭祀庆典之地），再向北为东西小院（后庭）、走廊、五间后室，东西两侧各有八间厢房。屋顶或屋脊用瓦，院内有套管或石砌排水设施（图4–19）。这座中轴对称的封闭性院落，“前朝后寝”或“前朝、后室、东西厢”的布局，体现了中国古典建筑的突出特点，与《周礼·考工记》的有关记载非常吻合。

此外，在狭义周原遗址西北部的岐山周公庙遗址，发现了上万片的甲骨，其中约800片为有字甲骨。发现的一处大型西周墓地，其中仅四个墓道的很高规格的墓葬就有10座，墓地之外环绕围墙。这里可能为周公家族的宗庙所在地。

2. 丰都、镐京

文王为商之西伯，后迁都于丰，武王都镐，丰都与镐京分别在沣河西、东两岸，合称丰镐遗址，在今西安市长安区，从周建立至平王东迁，是西周三百年间的政治文化中心。丰镐遗址发现了多处大型夯土台基，其中四号台基规模比凤雏甲组基址还大，发现陶水管、板瓦、白灰面、大型石柱础等。还有铸铜、制骨、制陶作坊，青铜器窖藏，以及较多墓葬，重要者如张家坡井叔家族墓地。

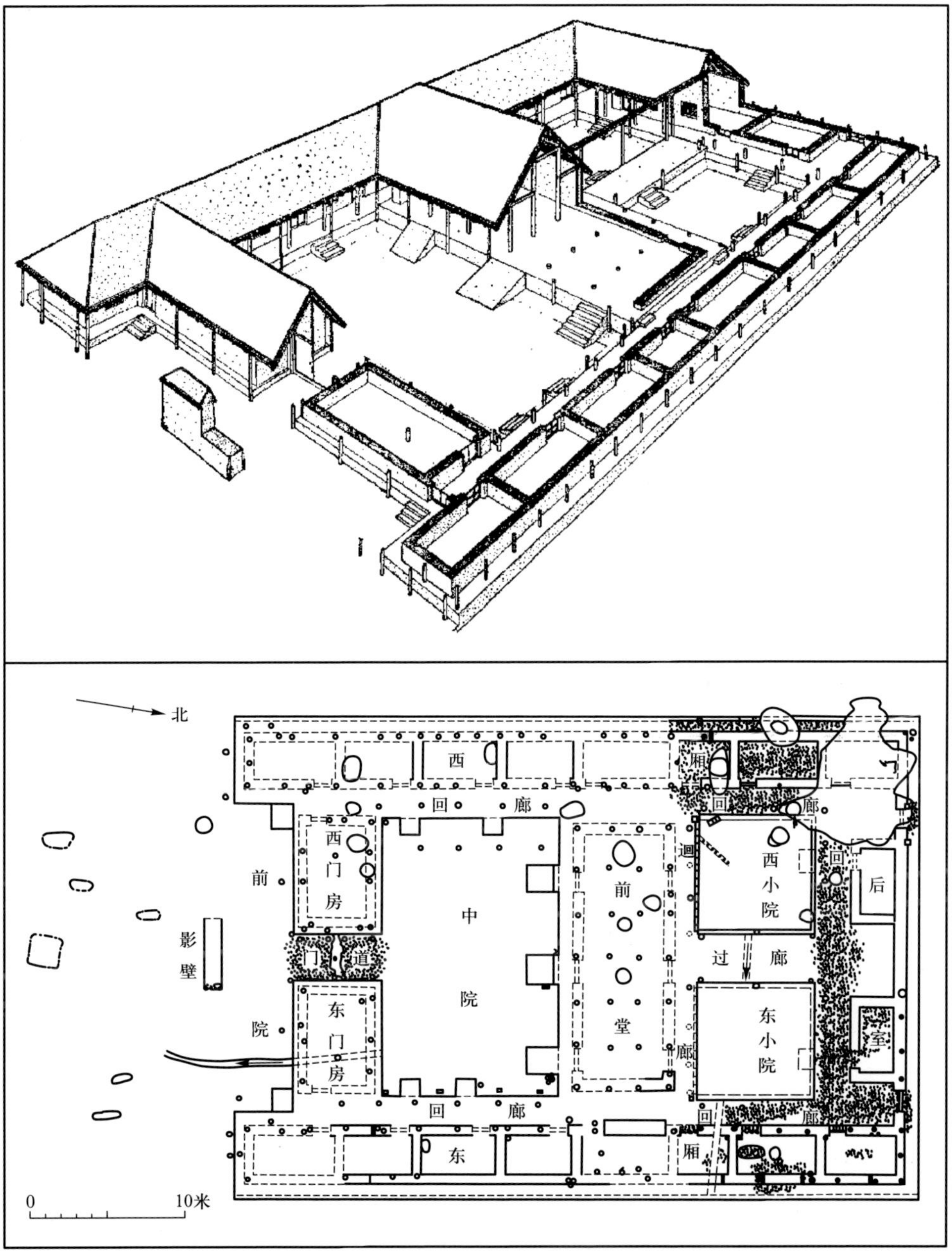

图 4–19 岐山凤雏西周甲组建筑基址平面图及复原示意图
(图片来自《中国考古学·两周卷》)

3. 洛邑和东周王城

周初周公东征平定“管蔡之乱”后，为防范东方商夷遗民，达到居中以经营四方的目的，即在洛邑营建东都成周，又称“中国”。洛邑可能位于洛阳市东北部，横跨瀍水两岸，在北窑村等处发现西周时期的大型青铜器铸造作坊、贵族墓地和祭祀坑等，其中铸铜作坊面积约 20 万平方米，陶范数以万计，不少墓葬属于殷遗民，这些发现可能与洛邑有关。

周平王东迁，定都于王城。东周王城遗址位于洛阳洛河和涧河交汇处。城址为不规则的方形，北垣长 2 890 米，西垣全长约 3 200 米，夯土版筑，城址中南部为宫殿区，发现很多板瓦、筒瓦、瓦当等建筑材料。城里还有粮仓，制陶、制骨、制石、冶铁等手工业作坊以及大量墓葬。在城东北部发现的两处“天子驾六”规格的车马陪葬坑，和在洛阳金村发现的 8 座单墓道大墓，都被认为可能与周王陵有关。

（二）列国都城

西周时期封国数十，考古发现的明确的西周诸侯都城仅北京琉璃河等个别遗址。春秋战国时期礼崩乐坏，权力下移，城邑数量急剧增加，规模空前宏大，多超过 10 平方公里，燕下都甚至达 32 平方公里。防御设施加强，都城多有宫城、郭城双重城墙，宫城一般位于全城最高处，以便防守和监督平民。宫城、郭城内都有手工业区，说明既有官手工业，也有民间手工业，商品交换日益发达，已经明确出现市场。

1. 晋与三晋城邑

周成王之弟叔虞封唐，其子燮父改为晋，战国时分为韩、赵、魏，史称三晋。

西周晋都在山西曲沃曲村和翼城天马村之间[①]，天马—曲村遗址面积约 10 平方公里，是山西境内规模最大的西周遗址，发掘出大面积的周代居址和墓葬，最重要的发现是晋侯墓地，出土的很多铜器上都有“晋侯”二字。

春秋晚期晋国迁都到新田，位于侯马市西北的白店、牛村、台神、平望等

---

① 邹衡：《论早期晋都》，《文物》1994 年第 1 期。

8座小城址，或为新田故城遗址。在这里发现有大规模夯土宫殿基址、盟誓遗址、铸铜作坊和墓葬，其中盟誓遗址发现埋书和埋牲的坑400多个，坑内有写在玉石片上的盟书5 000余件，以及其他玉器和动物牺牲，盟誓内容有宗盟、委质、纳室、卜筮等。铸铜作坊有陶范3万余件。

三家分晋后，韩、赵、魏各自有都邑。其中赵战国晚期的首都邯郸规模巨大，接近20平方公里，分西南的宫城和东北的郭城两部分，宫城即王城，由三小城组成“品”字形结构，里面的夯土台“龙台”，面积近8万平方米，高近20米，是战国时期最大的夯土台基。

2. 燕国城邑

周初封召公奭于燕，因召公在朝廷辅佐周王，故其长子就国。最早的燕国都城在北京房山琉璃河遗址，发现有西周时期的城址和墓地，大型墓葬青铜器上有“匽侯”（燕侯）铭文。其后燕在今北京城区和河北易县，分别建燕上都、下都。燕上都即蓟城，位于北京广安门外一带，那里出土过不少高规格的饕餮纹瓦当和大量水井，总体破坏不清。燕下都位于易县东南，城址东西长约8公里、南北宽约4—6公里，由东、西两个城组成，以东城为主，4座大型建筑基址在东城北部，其中最大的武阳台基址高达11米，还发现大规模的冶铁、铸铜、制兵器、铸钱、制陶、制骨等的手工业作坊，以及大批墓葬。

3. 齐临淄城

齐为周初姜太公封地，自公元前859年以后以临淄为都。齐临淄城位于今淄博市临淄区，有大小二城，小城即宫城，位于大城西南，周长约7 300米，城内有高约14米的“桓公台”等大片夯土建筑基址。大城是官吏和百姓居住活动的地方，周长14 000多米，城壕宽25—30米。全城有至少10条道路，还有石块垒砌的排水系统（图4-20）。有冶铁、铸铜、铸钱等的手工业作坊以及墓地，其中一座春秋晚期的单墓道大墓，其殉马坑中的殉马数量至少有228匹。

4. 楚郢都

公元前689年楚文王自丹阳迁都至郢，郢都即今湖北荆州之纪南城。城大致为长方形，周长15 500多米，城墙底宽30—40米。城外有壕，城内有三

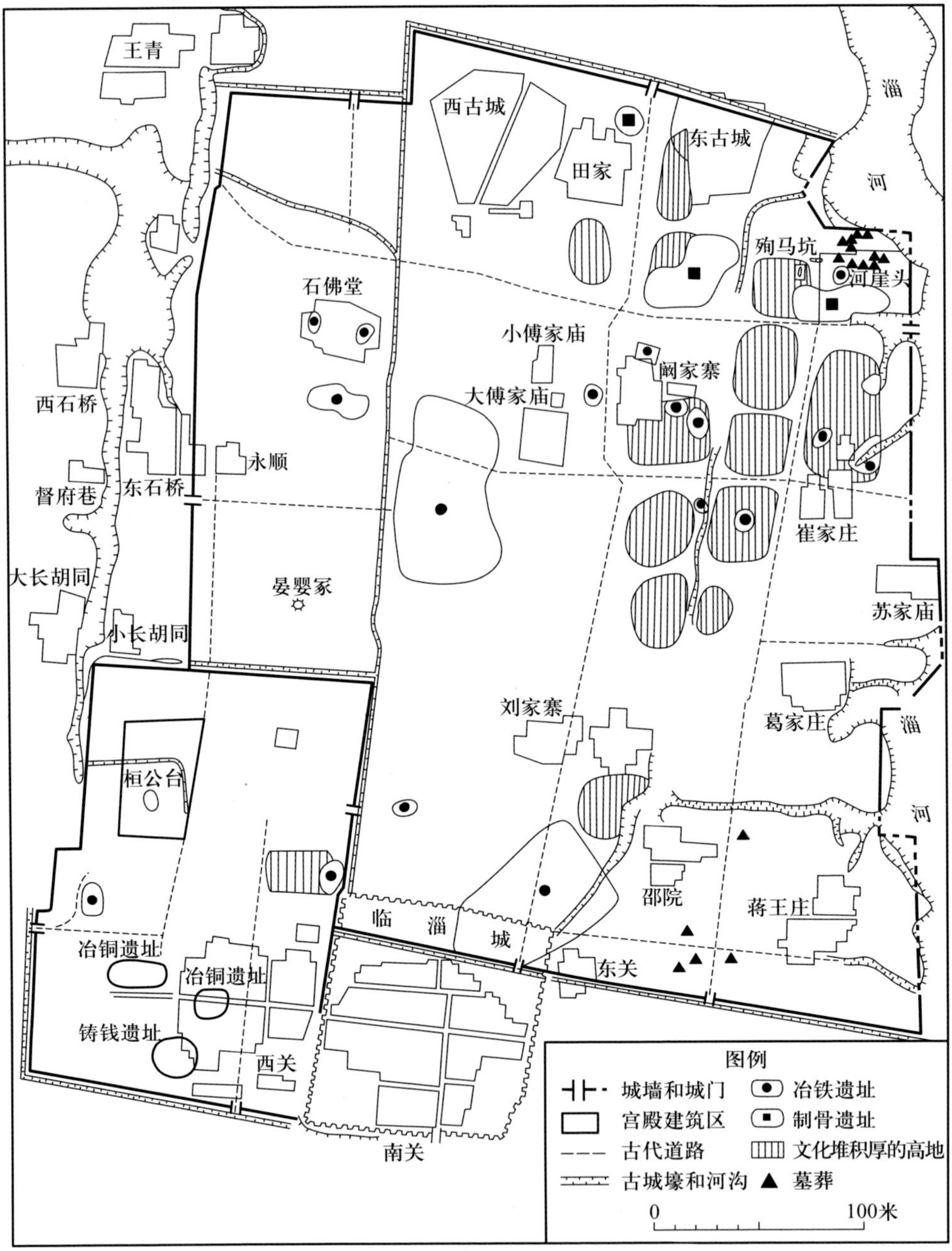

图 4-20　临淄齐国都城平面图(图片来自《中国考古学·两周卷》)

段河流经过。城门8座，每面城墙各有两座，其中南、北、东各设水门一座，水陆城门都是一门三道。水门由四排40根大柱直立而成。城内分布有大小不等的台基80多个，有的是宫殿基址，有的是手工业作坊，以东南部最为密集。在纪南城周围几十公里的范围内，密集分布着大量楚墓，仅有封土堆的大墓就近千处，包括著名的江陵楚墓、包山楚墓、当阳楚墓等，出土了大量珍贵文物，包括青铜器、丝织品、漆器、简牍等。此外，在纪南城东方向还有大规模的楚离宫遗址。

5. 秦咸阳城

公元前350年秦孝公迁都于咸阳城，延续使用至秦朝之末。位于今咸阳市东北的渭河两岸，东西长约12公里、南北宽约6公里，未发现城墙。《史记》记载，秦每破诸侯，便仿其宫室。考古发现，中部偏北为宫殿区，外有夯土宫墙，发掘出3座宫殿建筑基址，其中一号宫殿基址平面成“凹”字形，东西长130米、南北宽45米，高出地面6米，为一组东西对称的多层楼阁式高台建筑，上层正中为主要殿堂，下层为卧室、沐浴室等，底层为回廊，墙壁上有人物、动物、车马、神怪、树木等题材的壁画。三号宫殿的壁画题材有车马出行、仪仗、建筑等（图4-21）。咸阳城里还有制陶、铸铜等宫廷手工业区作坊，城

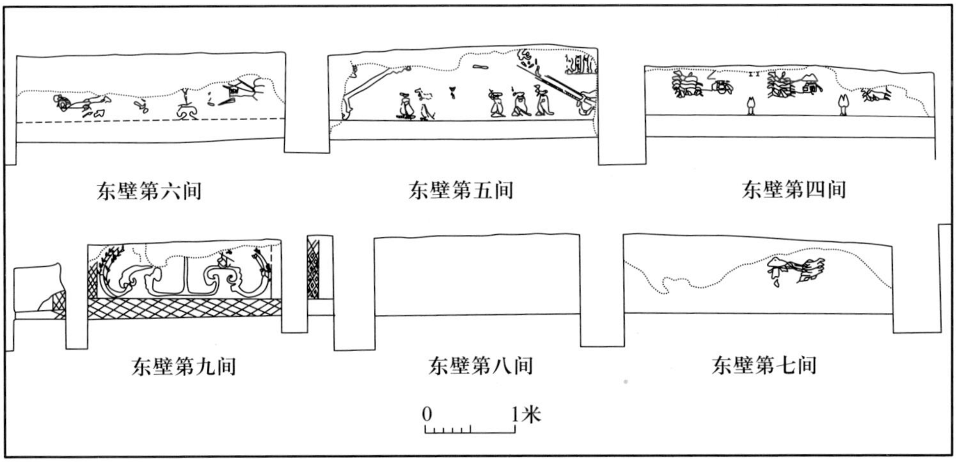

图4-21 秦咸阳宫第三号宫殿长廊壁画（摹本，图片来自中国社会科学院考古研究所编著：《中国考古学·秦汉卷》，中国社会科学出版社2010年版）

外有始皇帝陵等墓葬。此外,秦还在“渭南”建设诸多宫庙和上林苑,上林苑中有阿房宫,史载阿房宫“东西五百步,南北五十丈,上可坐万人”。考古发现阿房宫前殿遗址有大量砖瓦等建筑堆积,未见火烧迹象。

三、周代的墓葬制度

周代为稳固贵族阶级的内部秩序,实行宗法制,也就是以血缘关系建立的等级制度,建立了嫡长子继承制。这种等级制度在考古发现的墓葬中有一定程度的反映,形成了墓葬制度。[①]《礼记》《仪礼》《荀子》等对天子及以下各级贵族的棺椁制度和用鼎制度有一定记载,如“天子棺椁七重、诸侯五重、大夫三重、士再重”,“天子九鼎,诸侯七,卿大夫五,元士三”,认为九鼎配八簋、七鼎配六簋、五鼎配四簋、三鼎配二簋、一鼎无簋等。目前尚未明确发现周天子墓,其余情况在西周晚期和春秋早期的墓葬中有一定体现,如“公”的国君随葬七列鼎、六或八列簋,“侯”的国君随葬五列鼎、四或六列簋。春秋战国“礼崩乐坏”,僭越现象越来越严重。此外,《周礼》中还将族坟墓(家族墓地)分为贵族的公墓和平民的邦墓两类。以下只举大、中型墓葬的例子。

(一) 西周至春秋早期的墓葬和墓葬制度

西周至春秋早期的墓葬比较遵循礼制。

1. 张家坡井叔墓地

位于西安长安区沣西,发现西周中晚期墓葬 1 000 多座,最重要的是一座规格最高的双墓道大墓 M157,为第一代井叔墓,墓室长 5.5 米、宽 4 米,全长 35 米多,深 7.5 米,一椁两棺,椁盖和南北墓道发现大量被拆卸的车辆构件,至少包括 30 个车轮、12 个车厢。该墓严重被盗(图 4-22)。墓葬东西两侧为其妻妾墓。墓室西南为车马坑。

2. 虢国墓地

位于河南三门峡市湖滨区上村岭,占地面积 32 万平方米,发现西周晚期

---

① 俞伟超、高明:《周代用鼎制度研究》,《北京大学学报(哲学社会科学版)》1978 年第 1 期、1978 年第 2 期、1979 年第 1 期。

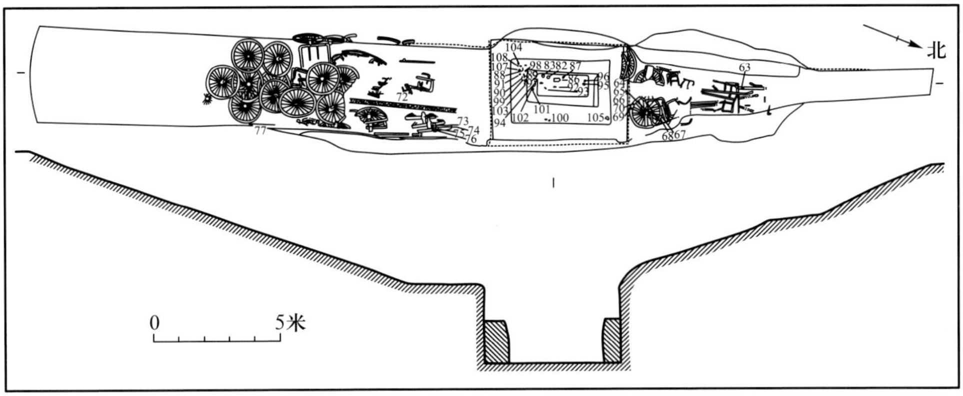

图 4-22 长安张家坡 M157 平、剖面图

至春秋早期墓葬 500 多座，可清楚分为五个等级：第一等随葬七鼎六簋，有车马坑和乐器，为国君墓；第二等五鼎六簋或四簋，有车马坑无乐器；第三等三鼎四簋，有车马坑无乐器；第四等一鼎或二鼎，无车马坑和乐器；第五等无铜礼器。虢国国君的爵位当为“公”，这个级别的墓葬已发现两座，其中 M2001 为长方形竖穴土坑墓，墓室长 5.3 米、宽 3.55 米，深 11 米，一椁二棺，随葬七鼎六簋八鬲，八件一套的编钟、编磬以及精良玉器（图 4-23），衬葬大型车马坑。

3. 晋侯墓地

位于天马—曲村遗址的晋侯墓地，共发现 9 组 19 座晋侯和夫人的异穴合葬墓，以及车马坑、陪葬墓、祭祀坑等，年代从西周早期延续到春秋初期，部分墓葬严重盗毁。除一座“中”字形外，其余均为“甲”字形墓葬。晋侯墓一般五鼎四簋，随葬成套青铜器（图 4-24），有一两套编钟，晋侯及夫人有缀玉覆玉，胸前有成套玉佩。已有敷设青膏泥、积石、积炭等的防潮设施。

（二）春秋中晚期至战国时期的墓葬

春秋中晚期至战国时期的墓葬僭越严重。

1. 固围村魏国墓地

在河南辉县固围村一处有“回”字形陵园的墓地，中心有 3 座东西并列的大墓，以中央的 M2 最大，属于战国中期魏国王室墓地。M2 有南、北墓道，

图 4-23 三门峡上村岭虢国墓地 M2001 墓底平面图

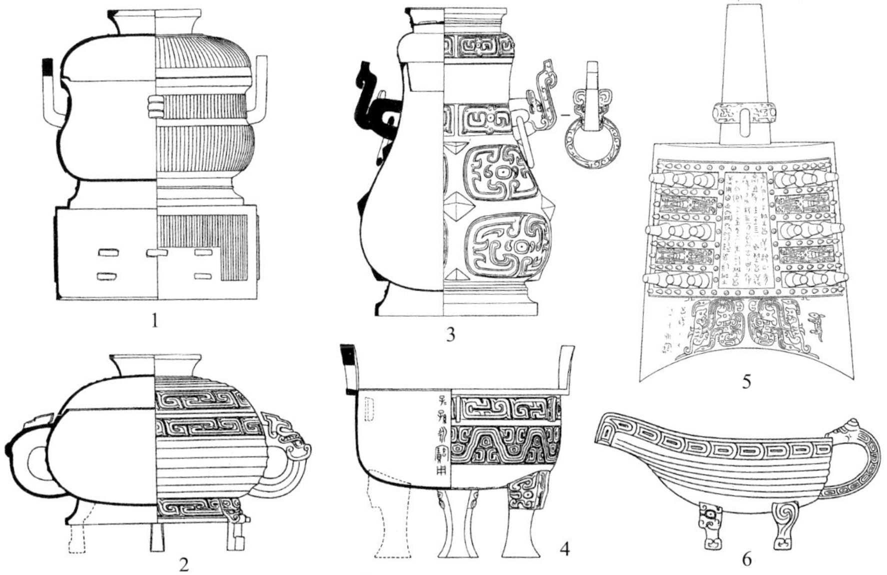

1、2. 簋 3. 壶 4. 鼎 5. 编钟 6. 匜

图 4-24 天马—曲村晋侯墓地 M64 随葬青铜器

方形墓圹，墓地平铺巨石，上用木枋垒砌成边长八九米的大椁室，中有套棺并积炭，椁室两侧以巨石筑墙，内填以细沙。被盗。随葬品中有九件一套的仿铜陶鼎，以及错金银器、玉璜等。墓葬上部有方形享堂建筑基址。

2. 金胜村赵卿墓

在太原金胜村发现的春秋晚期晋国赵卿墓（M251），长方形竖穴土坑，长 11 米、宽 9.2 米、深 14 米，椁室四周积石积炭，葬具一椁三棺，除墓主人外还有殉人 4 名。随葬青铜礼乐器、金器、玉石器等 3 421 件，其中青铜器 1 402 件，包括列鼎 7 件。该墓的车马坑内有 44 匹马和 15 辆车。

3. 秦公陵园和秦公一号大墓

在陕西凤翔秦雍城附近，发现 13 座秦公陵园，周围有隍壕环绕，其中有 18 座双墓道大墓，其中最大的是秦公一号大墓，全长 300 多米，墓室长 59.4 米、宽 38.8 米、深 24 米，墓内有两个柏木椁室，被认为是最早的“黄肠题凑”，椁室四周殉人 166 名，残存金器、青铜器、玉器等 3 000 多件。被认为可能是春秋晚期的秦景公墓。

4. 中山王墓

河北平山县的中山王墓，位于中山灵寿城内西北部和城外西部，城内的已经发掘两座，为积石积炭的“中”字形大墓，上有高大封土，墓上有三层台阶的享堂建筑，周围有车马坑、陪葬墓。M1 四重棺椁，为九鼎级，还随葬铜钮钟、石磬等乐器，以及精美的错金银器（图 4–25），2 个车马坑。其中 174 件鼎、方壶等器物上有文字，字符合计近 3 000 个，属于王𰯼墓。有意思的是，该墓出土了“兆域图”铜版，用文字标出坟茔、宫垣等兆域各部位的名称、位置、大小、间距等，相当于建筑工程图。这座墓的年代约为公元前 310 年。

图 4–25 平山中山王墓错金银虎噬鹿铜器座（图片出自《中国青铜器全集·东周 3》，文物出版社 1997 年版）

5. 包山楚墓

位于湖北省荆门市王场村的包山岗地上，共有 5 座楚墓，其中最大的 M2 有封土，“甲”字形，墓圹长 34.4 米、宽 31.9 米、深 12.5 米，墓道长 32.8 米，墓壁设 14 级生土台阶，墓底中央有腰坑，内殉一小山羊（图 4–26）。两椁三棺，周围裹青膏泥。随葬品 1 900 多件，包括竹简 448 枚，总字数 12 400 多个，内容为文书、卜筮、遣策等。墓主人为楚国主管司法的左令尹，下葬于公元前 316 年。

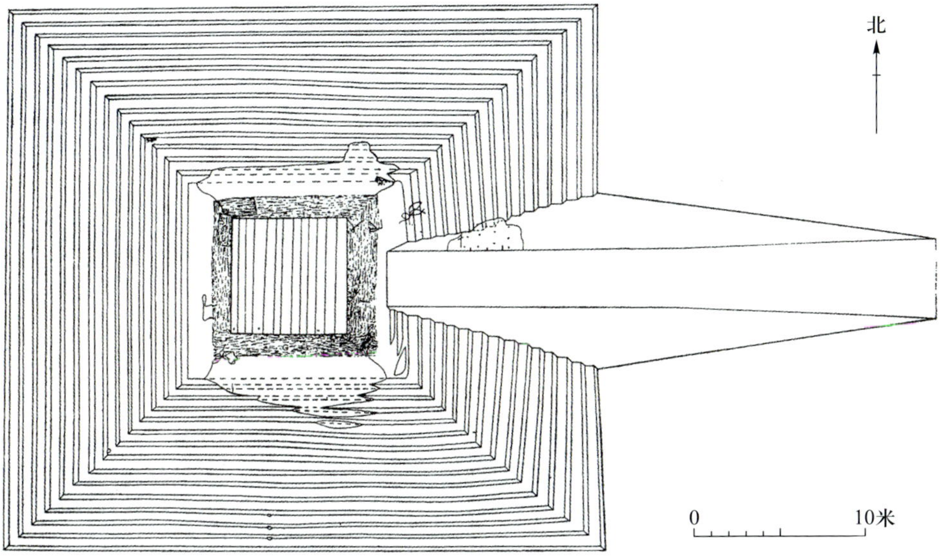

图 4-26 荆门包山 M2 平面图

6. 曾侯乙墓

曾侯乙及其夫人墓葬发现于湖北随州擂鼓墩，为岩坑竖穴木椁墓。曾侯乙墓呈不规则多边形，东西最长 21 米，南北最宽 16.5 米，深约 13 米。椁室外填木炭 6 万多公斤，之上敷设青膏泥。椁室分四室，主棺两重在东室，内外髹漆，上有繁复花纹，男性墓主以多层丝织物包裹。东室、西室有陪葬棺 21 具，均为年轻女性。随葬品 15 400 件，有九鼎八簋，纹饰极为复杂的青铜鑑缶、尊盘等(图 4-27)。中室放置编钟、编磬、鼓、瑟、琴、笙、排箫、篪等乐器，最珍贵的是一套 65 件的青铜编钟(图 4-28)，总重量 2 500 多公斤，石编磬 32 件，共有铭文 4 000 多字。还有大量精美的漆木器以及竹简。

四、周代的经济和文化

周代农业和手工业发展迅猛，尤其东周时期铁制工具逐渐取代石质和青铜生产工具，使农业和手工业发生了重大变革。东周时期金属铸币出现，商品经济发展，社会生活和文化艺术的各个方面也都在发生重大变化。

图 4–27 随州曾侯乙墓随葬的青铜尊盘(图片来自《中国青铜器全集·东周 4》,文物出版社 1998 年版)

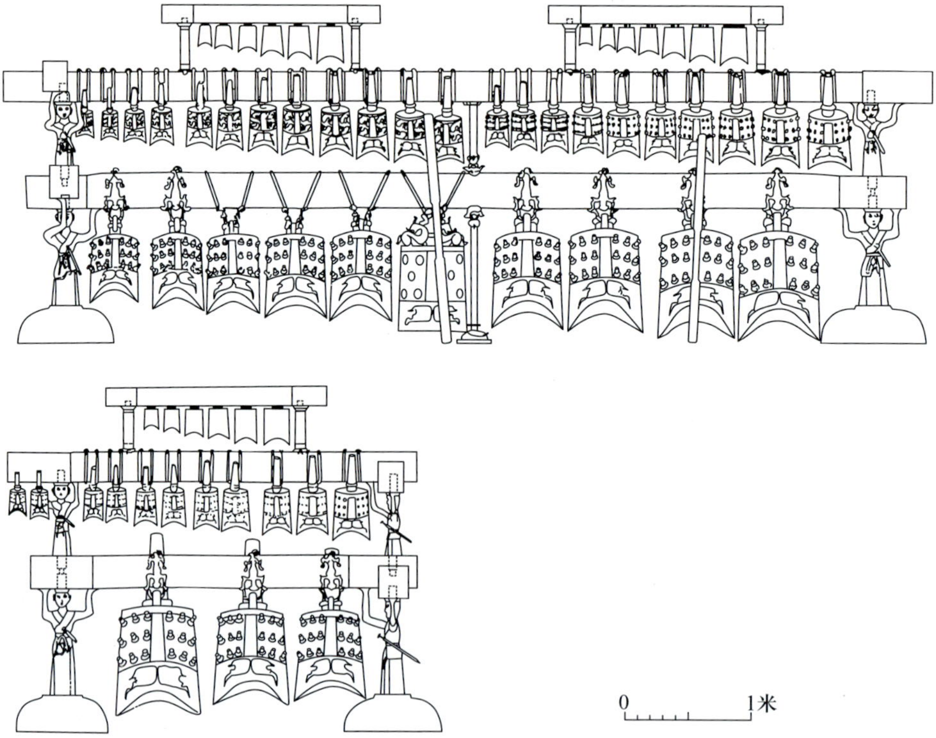

图 4–28 随州曾侯乙墓随葬的青铜编钟(图片来自《中国考古学·两周卷》)

(一) 青铜铸造业的发展和变革

西周前期是青铜铸造业的鼎盛时期,青铜器种类繁多,制作精美,以礼器、乐器、兵器为主。西周后期至春秋战国时期,由官方垄断逐渐发展为官民并举,青铜礼器由厚重向轻薄发展,逐渐增加了镜、带钩等日用器皿,纹饰上出现了宴乐、射猎、祭享、战争等内容。①

1. 青铜矿冶

周代的铜矿采冶遗址主要集中在长江中下游两岸区域,在内蒙古林西等地也有发现。最有代表性的是湖北大冶铜绿山,面积约 1.2 平方公里,年代从西周至两汉,发现冶铜遗址 3 处,竖井、横巷、盲井等采矿井巷近 500 条,还有许多采掘、运载、提升、通风、排水的设备和工具,多座冶炼炉,铜锭、天然铜块、孔雀石、赤铜矿等。炉渣厚 1 米多,总量约 40 万吨。

2. 西周青铜器铸造

西周时期青铜铸造有了新的发展,熔炉有不同形式,存在多个鼓风口的熔炉,陶范种类多而制作精细,冶铸规模大。铜器铸造主要使用浑铸法,少量使用分铸法,以铜、锡、铅三元合金为主。西周中晚期已经出现一模多用,成组铸造完全相同的铜器,效率大为提高。最大的铸铜遗址在洛阳北窑,面积约 14 万平方米,发现上千块熔铜炉残块,熔铜炉可能有坩埚式、小型竖炉式、大型竖炉式三种形式,出土的陶范和陶模数以万计,以礼器陶范居多。

3. 东周青铜器铸造

东周时期传统的浑铸、分铸法技术进一步提高,出现了新的分铸焊接法,在曾侯乙墓铜器等上面有广泛应用。还出现失蜡法、叠铸法、模印范铸法等新技术,曾侯乙墓复杂的尊、盘等,被有的学者认为是失蜡法铸造。东周时期还出现了镶嵌、填漆、错红铜、错金银、包金、贴金、鎏金银、刻纹等装饰工艺(图 4–29),使得青铜器色彩缤纷。锻炼铜的技术也提高了,如荆州出土的越王勾践剑,刃部用青铜、根部用红铜,既锋利又柔韧。东周铸铜遗址发现于

---

① 朱凤瀚:《中国青铜器综论》,上海古籍出版社 2009 年版;王世民等:《西周青铜器分期断代研究》,文物出版社 1999 年版。

图 4–29　铜壶上的宴乐纹(图片来自李夏廷、李劭轩:《晋国青铜艺术图鉴》,文物出版社 2009 年版)

山西侯马、河南新郑、河北易县、山东临淄、湖北荆州等地的城址及其附近,以侯马铸铜遗址规模最大,年代在春秋中期到战国早期,发现房址、水井、烘范窑、熔铜炉、鼓风管、坩埚、陶范、铜锭、铅锭等,出土各种工匠使用的生活用具及工具,陶范达 5 万余块,有礼器、乐器、兵器、工具、车马器、货币等各个种类。

(二) 铁器的兴起和发展

冶铁技术当是从西方传入。中国最早的人工铁器发现于甘肃临潭磨沟墓葬,距今约 3 500 年,是一种块炼铁或者海绵铁,并未融化即还原。至西周晚期,在中原的三门峡虢国墓地等处也出现人工块炼铁器,春秋时期发明生铁,战国时期铁器迅速发展。①

1. 春秋铁器的兴起

春秋时期已经在十多个地方发现铁器,包括锸、锄、铲、镢、耙等农具,斧、锛、凿、刀等工具,以及剑、鼎等,大部分是块炼铁,如陕西宝鸡益门村一座春秋晚期墓葬(M2)出土金柄铁剑等20多件铁器。在春秋早期已经发明了世界上最早的生铁,也就是高温液态还原的铁,发现于天马—曲村遗址,稍晚的长沙杨家山、识字岭墓中的铁鼎也是生铁铸造。

2. 战国铁器的发展

战国时期铁矿大规模开发,铁器大批量生产和广泛应用,铁质的生产工具逐渐取代石器和青铜器(图4–30),是生产力上的一次革命,还出现了大量铁兵器和各种铁用具。如易县燕下都M44出土铁器79件,其中铁兵器50多件,尺寸长大,杀伤力很大。战国冶铸铁器技术有很大进步,出现块炼渗碳钢和铸铁柔化退火工艺,以及使用铁铸范,可以多次使用,如河北兴隆发现一批铁范,42副87块。已在河北、河南、山东等地发现不少战国时期冶铸铁

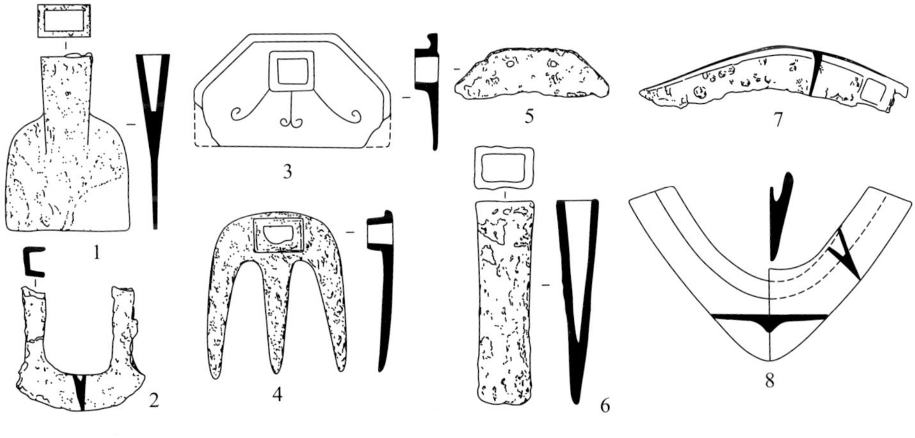

1. 铲 2. 锸 3. 锄 4、6. 镢 5. 铚 7. 镰 8. 铧

图4–30 战国时期铁制农具

① 白云翔:《先秦两汉铁器的考古学研究》,科学出版社2005年版。

器的遗址，如登封阳城的冶铸铁遗址，规模很大，约 23 万平方米，出土大量熔铁炉、烘范窑、退火脱碳炉、鼓风管、模、范、铁器等。

（三）漆器、丝织品

周代在陶器、原始瓷器、玉器、漆器、丝织品，以及骨器、蚌器、牙器、角器等各类物品的制作和生产上，也都有新的发展，尤以漆器和丝织品的生产最具代表性。

1. 漆器制作

西周漆器数量和分布地点明显增多，除关中王畿之地外，在三门峡虢国墓地、北京琉璃河墓地等很多地方都有出土，种类有觚、簋、壶、罍、豆、碗、杯、盘、尊、盒、案、俎等，基本都是木胎，主体花纹类似青铜器纹饰，使用了漆绘、雕花、镶嵌、贴金等工艺。

东周漆器发达，尤其楚、曾等国，如湖北荆州雨台山、望山、马山、天星观楚墓，荆门包山楚墓，河南信阳长台关楚墓，曾侯乙墓等，一墓就出几十上百件。荆州望山 M1 的一个漆屏，上有 51 个凤、鹿、蛇和青蛙等动物追逐嬉戏，巧夺天工。东周漆器种类繁多，有奁、盒、箱、床等生活用品，耳杯、盘、豆、壶等饮食用品（图 4–31），以及乐器、兵器、棺、镇墓兽等。除木胎漆器外，还出现轻巧牢固的夹纻胎，出现描金彩绘技艺。

2. 丝织品生产

丝织品是中国新石器时代的发明，最初为平纹织法。商代青铜器上印的绮类丝织品的痕迹，表明已出现提花工艺。西周有提花织锦残迹，在河南、山东等地春秋时期墓葬发现绣、绢、锦等丝织品。

战国时期的丝织品发现丰富，主要位于楚、曾国地域，丝织品种类有绢、纱、绨、缣、绉、罗、绦、绮、锦、绣等。包山出土的最大密度的绢，经纬密度为每平方厘米 104 根和 47 根。荆州马山一号楚墓规模不大，墓主为成年女性，棺内填满丝绸，5 层衣服外又包裹 13 层，几乎包含了东周丝织品的所有种类。其中锦的纹样以几何形为主，菱形纹富于变化，还有龙凤、麒麟、人物纹等，细致繁复，五彩缤纷（图 4–32）；刺绣用各种颜色的绣线，花纹是变化多端的龙凤题材。

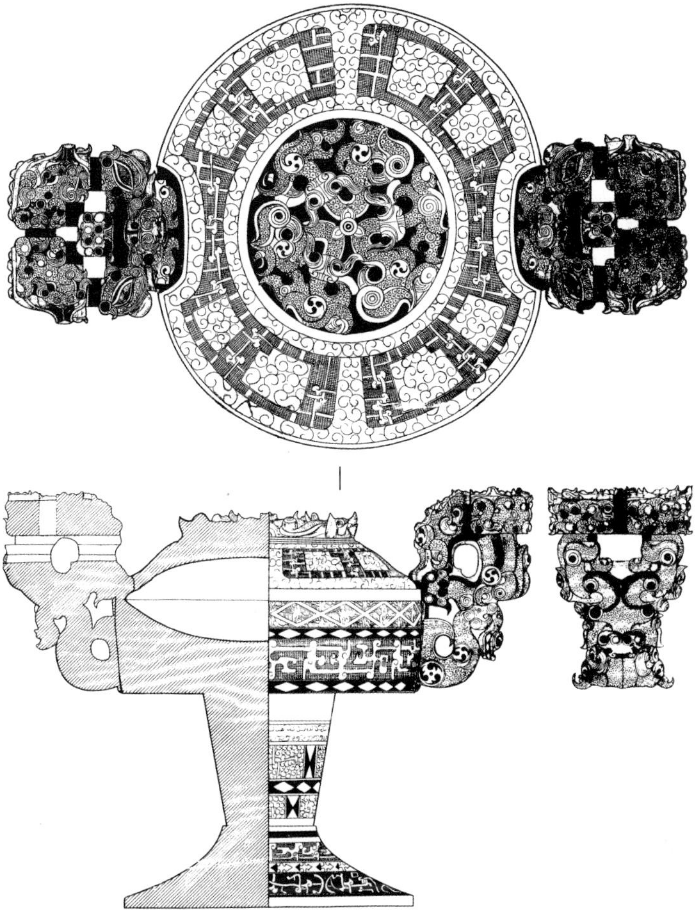

图 4-31 随州曾侯乙墓随葬龙纹漆豆（图片来自湖北省博物馆：《曾侯乙》，文物出版社 2018 年）

（四）文字、钱币

周代文字成熟，文献记载急剧增多，音乐、艺术繁荣，商品经济日趋发达，出现了成熟的度、量、衡制和种类繁多的钱币。以下重点介绍文字、钱币。

1. 金文和简帛文字

西周仍有甲骨文，但数量较少，最重要的是铸造在青铜器上的金文，涉及建都、封建诸侯、世系、土地、征伐、贡纳、册命、赏赐、天文、历谱等各个方面。陕西西安临潼发现的利簋，铭文 24 字，其中有“武王征商，隹（唯）甲子

图 4-32 荆州马山一号楚墓出土的蟠龙飞凤纹、龙凤虎纹丝绣

朝”,被誉为西周第一重器(图 4-33)。陕西宝鸡发现的何尊,铭文 122 字,其中有“宅兹中国”,是“中国”一词在出土文字中最早的出处。陕西扶风发现的墙盘,铭文 284 字,称颂了文、武、成、康、昭、穆、恭诸王的功绩,叙述了微氏家族的功绩。

春秋时期青铜铭文和西周接近,春秋中晚期列国金文在字体上已形成较鲜明的时代特色和地域风格。战国时期金文逐渐衰落,简牍帛书大量出现。现已出土简牍近万枚,主要为楚简和秦简,其中荆门郭店楚简 804 枚,13 000 多字,内容主要为《老子》等先秦典籍;云梦睡虎地 M11 出土秦简 1 000 多枚,近 4 万字,内容有《秦律十八种》《法律答问》《为吏之道》《日书》等。帛书以长沙子弹库楚墓帛书最为知名,是在一块方形缯上,中部写《创世章》《星占章》文字,边缘画十二月神将等及文字。战国文字字体更加多样化,韩、赵、魏、齐、楚、燕等“六国文字”笔画简化,秦国文字接近正统的西周和春秋金文。

2. 金属铸币

金属铸币也就是狭义上的钱币。钱币最早的当是无文铜贝，春秋中晚期流行于中原齐鲁地区。其次是在两周、三晋地区流行的空首布，后来逐渐演变成各种平首布。从春秋晚期开始，在燕、齐等地还铸行各种形态的刀币。圜钱或有孔圆钱出现较晚，至战国中晚期才开始流行，主要盛行于秦，兼及黄河流域各国，至秦统一中国，圆钱成为中国的法定钱币样式，延续使用了 2 000 多年。在南方的楚国，还铸行过有文铜贝（蚁鼻钱）和称量金币（金版）（图 4–34）。此外，当时的金属货币还当包括金饼在内。总之，先秦时期的金属铸币形态多样、艺术性强，对后世钱币的发展有着深远的影响。

图 4–33 利簋铭文

五、周文明与王国时代的由盛而衰

西周实行宗法制度和封建制度，王室统辖诸侯，诸侯拱卫王室，对“天下”根据空间远近实行不同层次的管理，其国家控制的空间范围和有效性，文化的统一性，都达到了前所未有的程度。周文明是早期中国文明的极盛时期，但各诸侯国在政治、经济和军事上有一定的独立性，因此仍属早期中国的王国时代。春秋以后，王权日衰，至战国时期王权名存实亡，政治上呈现出群雄并立的状态，“王国时代”由盛而衰，但各地社会、经济、文化等都还是在以前的基础上继续发展，并因频繁的相互交往而形成新的统一性特征，作为整体的周文明或者周代的中国文明仍然存在。秦汉以后进入中央集权的官僚制政体时代。

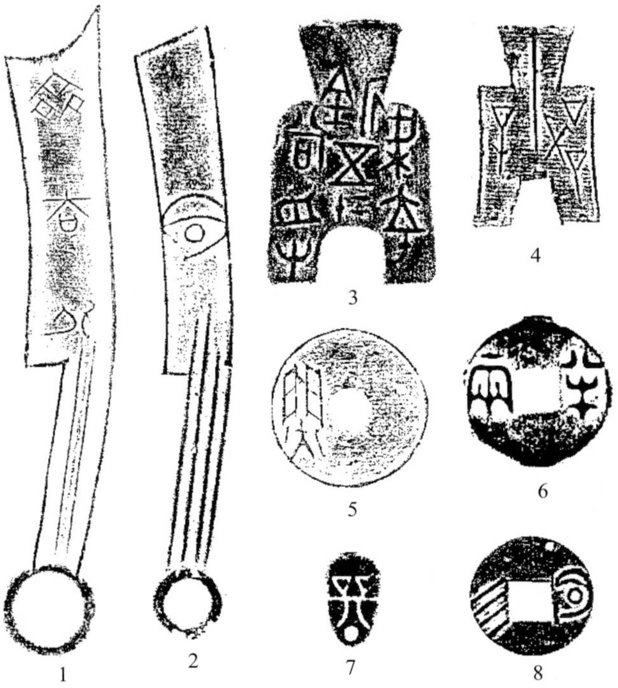

1. 齐刀币　2. 燕刀币　3、4. 魏布币　5、6、8. 赵、秦、燕圜钱
7. 楚蚁鼻钱

图 4–34　春秋战国时期钱币

思考题：

1. 如何看待关于夏代和夏文化的争论？
2. 三代文明取得的主要成就有哪些？
3. 商周城市和墓葬的演变脉络是什么？
4. 如何看待夏商周时期多元一体的早期中国？

第五章　夏商周王朝周边地区文化

夏、商、周考古学文化的分布地区，应该大体就是夏、商、周王朝的统治范围，再向外就属于周边地区文化了。[①] 这些周边地区文化，多数情况下都深受夏、商、周王朝文化的影响，大部分也属于文化上早期中国的范围（图 5–1），

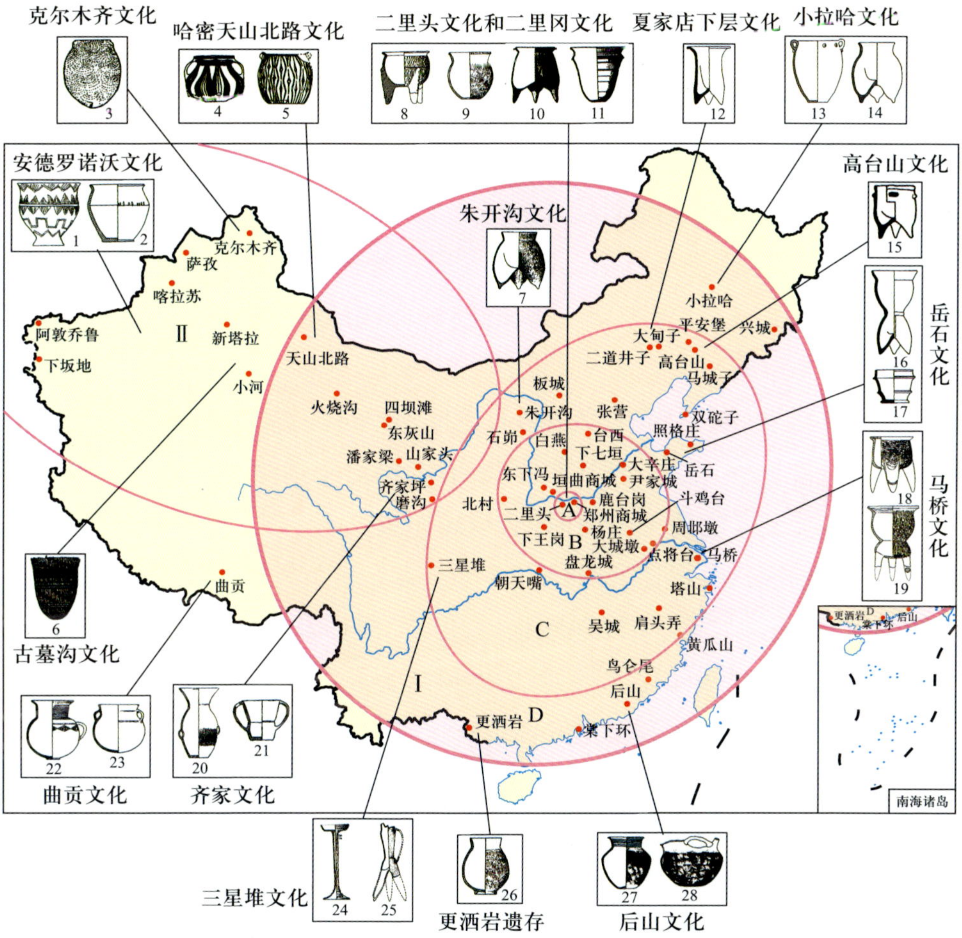

图 5–1　二里头—二里冈时代文化意义上的早期中国（公元前 1800—前 1300 年）

① 中国社会科学院考古研究所：《中国考古学·夏商卷》，中国社会科学出版社 2003 年版；中国社会科学院考古研究所：《中国考古学·两周卷》，中国社会科学出版社 2004 年版。

其族属可能是戎、狄、氐、羌、夷、百越等。

第一节 黄淮下游和长江流域

黄淮下游和长江中下游地区夏、商时期的部分土著文化，与夏、商王朝的文化区别较大，西周以后则基本纳入广义周文化的范畴。长江上游地区土著文化的地方性特征早晚都比较显著，战国以后发生变化。

一、黄淮下游地区

中原地区进入夏代晚期或者二里头文化以后，黄淮下游地区文化也发生较大转变，山东附近形成岳石文化，安徽江淮地区形成斗鸡台文化。商朝建立以后向东扩展，逐渐取代土著文化，晚商以后继续东进，至西周早期才占领整个山东半岛。

岳石文化发现于山东平度东岳石遗址，分布在山东及邻近地区的苏北、皖北、豫东，北向强烈影响到辽东半岛南端，绝对年代约在公元前1700—前1400年，相当于夏晚期至早商时期，当属东夷文化，是龙山文化的后继者。岳石文化的鼎、豆、尊形器、深腹罐、子母口罐等绝大多数陶器都和龙山文化一脉相承，少量绳纹鬲、绳纹深腹罐、大口尊、爵、斝以及云雷纹、回纹等，属于夏商系统的二里头文化、下七垣文化和二里冈文化因素，另有少量镞、刀、凿、锥、镯等青铜器。岳石文化发现有章丘城子崖古城等中心聚落。半月形双孔石刀、大穿孔三刃石锄形器等工具颇具有特色，经济形态与龙山文化大致相似，粟作比重加大而稻作比重有所降低。

二、长江中下游地区

夏、商时期长江中下游地区的土著文化，主要有太湖地区的马桥文化，宁镇地区的湖熟文化，鄱阳湖及赣江中下游的吴城文化，荆州地区的周梁玉桥文化，以及出土四羊方尊、人面方尊等的洞庭湖南部地区土著文化。

吴城文化以江西樟树吴城遗址为名，年代从早商偏晚到晚商[①]，是在当地土著文化基础上受到商文化强烈影响而形成。其分裆鬲、甗、假腹豆、斝、爵等大部分陶器都基本属于商文化因素，联珠纹、方格纹、云雷纹等印纹，以及硬陶、釉陶、原始瓷等特征则又属当地传统。发现较多青铜礼器、工具和武器。有段石锛、双孔近背部的凹背弧刃刀等很有特色。当以稻作农业经济为主，兼有较大渔猎成分。

吴城文化发现有60多万平方米的吴城古城，其中有居址区、制陶区、青铜冶铸区、祭祀区、墓葬区等，在城壕出土了数十具可能与奠基有关的人头骨。新干大洋洲大墓有随葬品1 900多件，其中铜器480多件，玉器750多件，鬲、甗等青铜礼器类似殷墟器物，但器耳上的虎却有浓厚地方特色，还有双面神人头像、立鸟双尾虎等青铜器（图5–2），以及神人兽面形玉饰等。有江西瑞昌铜岭铜矿冶遗址。

三、长江上游地区

长江上游夏商周时期为巴蜀人群所占据，其中西部成都平原的古蜀文化，有夏代晚期至商代的三星堆文化，西周至春秋的十二桥文化。战国以后随着巴文化、楚文化、秦文化陆续进入，成都平原出现船棺葬、石棺葬、悬棺葬等。

三星堆文化最具代表性的是广汉三星堆[②]和成都金沙遗址。其凸肩罐、高领罐、大口尊、矮柄豆、细高柄豆等陶器与宝墩文化有继承关系，盉、鬶、曲柄豆等为中原文化因素，个别圈足印纹壶为华南因素，新出豆形器、觚形杯、长体壶、瓶、鸟首形柄勺等器类。

三星堆古城面积约12平方公里，主要遗存从夏晚期延伸至早商阶段。

---

① 李伯谦：《试论吴城文化》，《文物集刊·3》，文物出版社1981年版，第141页。

② 孙华：《试论广汉三星堆遗址的分期》，《南方民族考古》（第五辑），四川科学技术出版社1993年版，第10—24页。

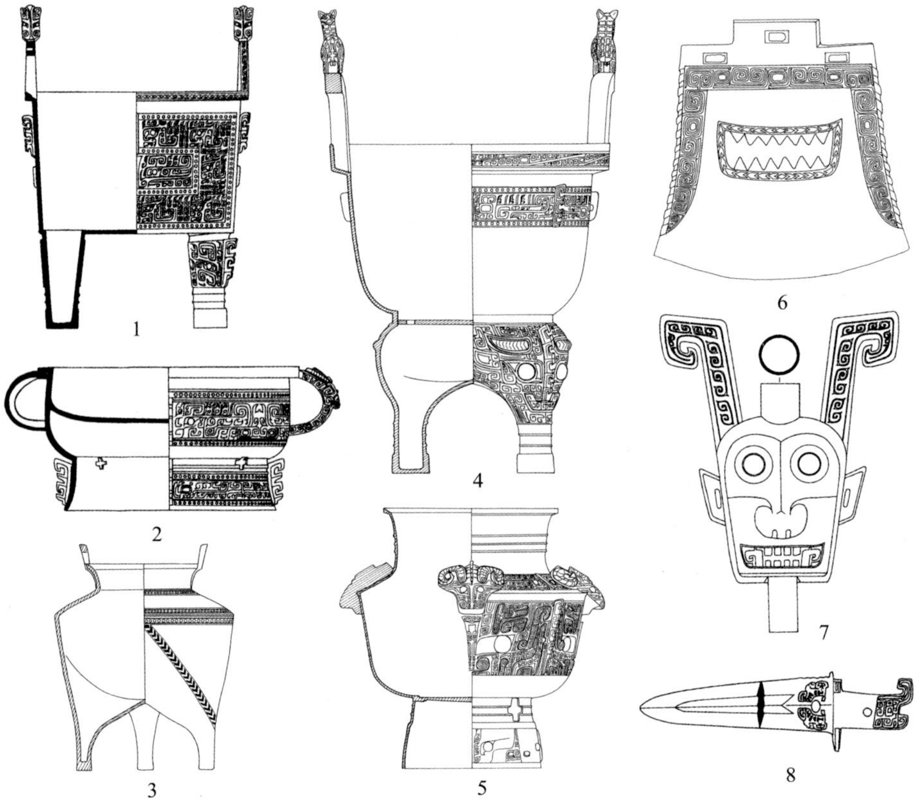

1. 虎耳方鼎 2. 盘 3. 鬲 4. 虎耳四足甗 5. 罍 6. 钺 7. 双面神人头像 8. 戈

图 5-2 新干大洋洲商代大墓随葬青铜器

城内有房址、作坊、祭坛、墓葬等。最重要的是已经发掘的两座大型祭祀坑，共出土金、铜、玉、石、陶、贝、骨等珍贵文物 1 700 多件，其中铜器 900 多件，还有大量象牙。青铜的人头像、人立像、跪坐人像、人面像、兽面像、神树，黄金的杖、面像等都极富特色。青铜面像眼球凸出，巨耳大口；青铜人像最高 260 厘米，青铜神树高 350 厘米，树上挂有许多飞禽走兽、铃和各种果实；金杖长 142 厘米，上刻有鸟、鱼和高冠人像。但尊、罍、戈、牌饰等青铜器，还有璋、戈、璧等大量玉器，基本属于夏商文化风格（图 5-3）。

金沙遗址范围约 5 平方公里，以晚商至西周阶段的祭祀遗存为主，已出土各类文物一两万件，其中青铜器 1 300 多件，金器 260 多件，玉器 3 000

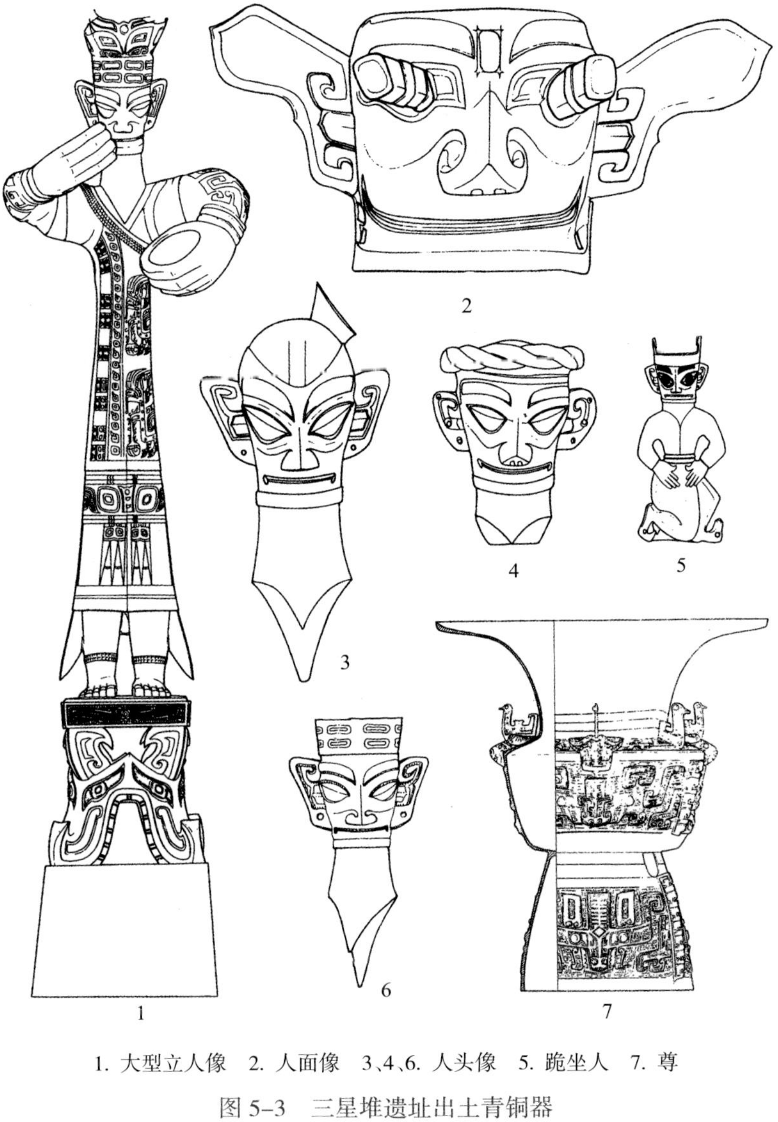

1. 大型立人像　2. 人面像　3、4、6. 人头像　5. 跪坐人　7. 尊

图 5-3　三星堆遗址出土青铜器

多件，也有大量象牙。最吸引眼球的是人面像、“太阳神鸟”圆形饰等金器(图 5-4)，琮、璋、璧、戈、钺、圭等一大批玉器也非常重要。

图 5-4 金沙遗址出土金人面像和“太阳神鸟”

第二节 华南、西南地区

华南、西南地区距离中原遥远，土著文化特色浓厚，但夏商周时期也受到中原一定影响。

一、华南地区

广东、广西、福建等地的土著文化，夏商时期仍有较多绳纹圜底釜、矮圈足盘、罐等陶器，这属于新石器时代的土著传统，但偏东区域逐渐开始流行几何形印纹硬陶，常见有段石锛，出现盉、牙璋、戈等中原因素。代表性的文化遗存，如闽江下游及闽东沿海地区夏至早商时期的黄瓜山文化，闽江下游晚商时期的黄土仑文化。西周至战国时期，在粤东、闽南、闽西南等地为浮滨文化，在广西东北部发现战国时期的青铜器墓葬。华南地区文化的族属主要为百越范畴。

黄土仑文化发现于福建闽侯黄土仑遗址，陶器以夹砂的几何形印纹硬陶为主，流行凹圜底和圈足，有甗形器、鬶形器、觚形杯、尊、豆、壶、罐等(图 5-5)，与长江流域夏商时期的马桥文化、吴城文化等有一定关系。

浮滨文化发现于广东饶平浮滨镇，陶器以泥质釉陶为主，有瓶、尊、壶、

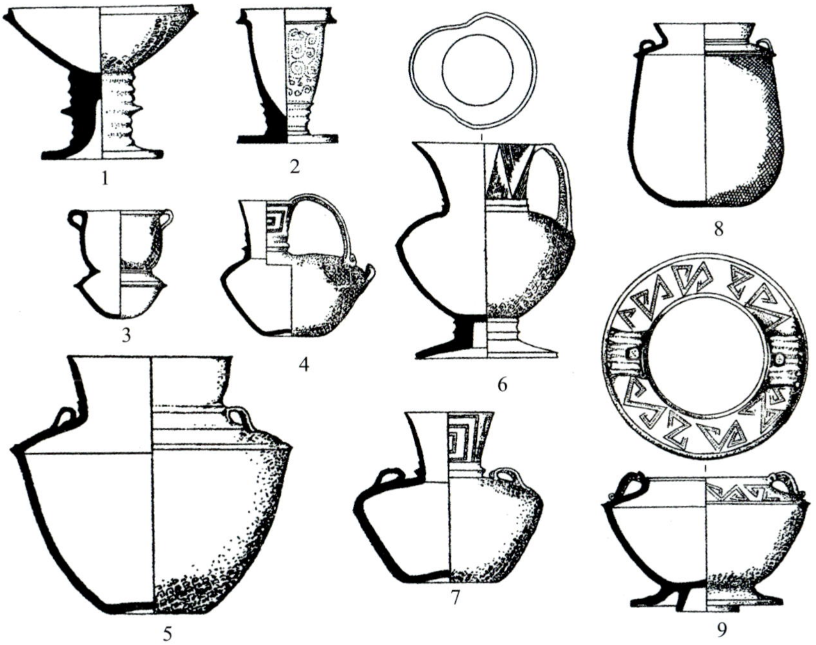

1. 豆　2. 觚形杯　3. 甗形器　4、6. 鬶形壶　5. 尊　7. 细颈壶　8. 垂腹罐　9. 圈足罐

图 5–5　黄土仑文化陶器

豆、罐等,以瓶和尊最多,有较多石戈,以及个别铜戈,与长江中游乃至于中原文化有一定关系。墓葬为长方形竖穴土坑墓,有的有二层台和腰坑。

广西平乐银山岭战国墓,为带腰坑的竖穴土坑墓,随葬剑、矛、戈、镞、斧、鼎等青铜器,也有斧、锛、锄等铁器,以及硬陶器,扁茎剑、有钮矛、靴形钺等很有特色,可能为古越人墓葬。

二、西南地区

夏商周时期在贵州、云南、西藏等地区,也都分布着土著文化,如夏代前后西藏拉萨的曲贡文化,西周和春秋战国时期云南洱海、滇池地区的青铜器墓葬,战国时期贵州西部地区的青铜器墓葬和铜器铸造遗址等。

云南洱海以东的楚雄万家坝墓地,发现 79 座墓葬,中间为 13 座大墓,大墓长约 5 米,墓穴边上立有边桩,墓底有枕木,有的还有二层台和腰坑,多有棺,随葬品主要有锄、斧、凿等青铜农具和工具,也有剑、矛、钺、镞等兵器,鼓、铃、羊角钮钟等乐器(图 5-6),以及铜镯、玉镯等装饰品。祥云大那波墓葬为一竖穴土坑木椁铜棺墓,铜棺似两面坡长条形房屋,外有鹰、燕、虎等装饰。曲靖八塔台和横大路墓葬随葬剑、戈、扣饰等青铜器。推测他们的族属为靡莫或昆明等。

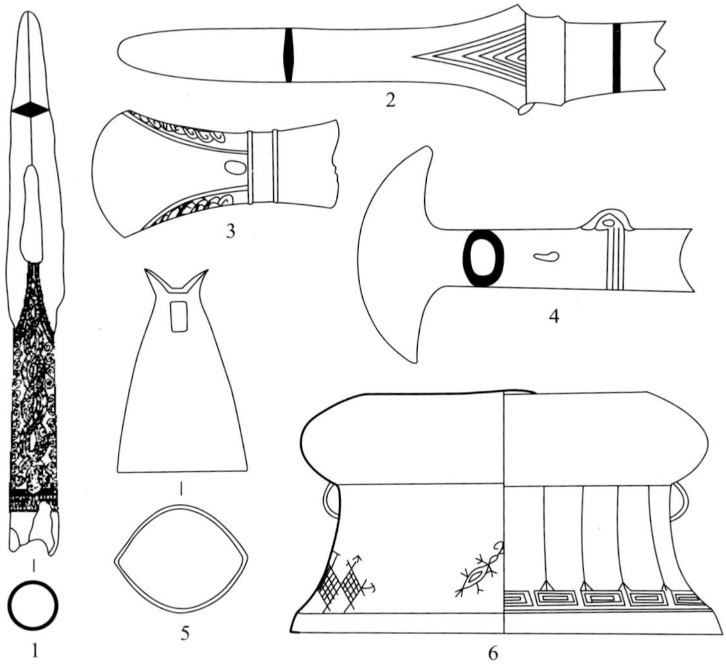

1. 矛 2. 戈 3、4. 钺 5. 羊角钮钟 6. 鼓

图 5-6 楚雄万家坝墓地出土铜器

贵州赫章可乐墓地,有数十座战国时期的土著墓葬,土坑竖穴,有用铜釜、铁釜、铜鼓套头,或用铜洗垫头、垫足、覆面等特殊葬俗,族属可能与夜郎有关。

第三节 北方地区

夏商周时期,在中国北方长城沿线兴起了一系列半农半牧或者畜牧经济的文化，它们主要植根于当地传统，也和西方畜牧文化有诸多交流。它们和夏商周王朝存在明显的碰撞和融合的关系[①]，战国中晚期以后随着中原文化的强势西拓北进，这些北方地区文化逐渐退出历史舞台[②]。

一、甘青宁地区

甘青宁地区的土著文化，在夏代晚期为齐家文化晚期和四坝文化，商和西周时期为辛店文化、卡约文化、寺洼文化[③]，春秋以后有杨郎文化、沙井文化等。族属大抵属于羌、氐、戎系统。

1. 齐家文化晚期

齐家文化以甘肃广河齐家坪遗址为名，分布于甘青宁大部地区，可分早、中、晚三期，晚期已进入夏代。齐家文化晚期的陶器既有花边绳纹罐、双大耳罐、大口折肩罐等当地传统因素，也有彩陶圜底罐等来自新疆的因素，较多有銎斧、矛、刀、人面匕首、月牙形项饰、喇叭口耳环等青铜或红铜器主要源自西方，背面有三角形等纹饰的铜镜则可能为其新创。在临潭磨沟墓地还发现中国最早的人工铁器。齐家文化晚期实力较强，东部已分布到关中、商洛，并对二里头文化青铜技术产生影响，同时，二里头文化的陶盉、青铜牌饰等影响到齐家文化。墓葬发现很多，成人合葬墓流行男性仰身直肢、女性侧身屈肢的形式，体现男尊女卑观念。齐家文化晚期当属于半农半牧经济。[④]

2. 四坝文化

四坝文化以甘肃山丹四坝滩遗存为名，分布在河西走廊中西部，和齐家文化晚期同时。[⑤]陶器主要是继承马厂类型而来的双耳罐、单耳罐、四耳罐

---

① 林沄：《商文化青铜器与北方地区青铜器关系之研究》，《考古学文化论集》（一），文物出版社 1987 年版，第 129—155 页。

② 乌恩岳斯图：《北方草原考古学文化研究——青铜时代至早期铁器时代》，科学出版社 2007 年版；杨建华：《春秋战国时期中国北方文化带的形成》，文物出版社 2004 年版。

③ 水涛：《甘青地区早期文明兴衰的人地关系》，《中国西北地区青铜时代考古论集》，科学出版社 2001 年版，第 168—186 页。

④ 韩建业：《齐家文化的发展演变：文化互动与欧亚背景》，《文物》2019 年第 7 期。

⑤ 李水城：《四坝文化研究》，《考古学文化论集》（三），文物出版社 1993 年版，第 80—121 页。

等，豆、四足方盘、多子盒、人形罐等有特色，彩绘陶发达，多为紫红陶衣上绘浓黑彩（图 5-7）。有较多源自西方的弧背环首刀、有銎斧、泡、联珠饰、喇叭口耳环、羊首权杖头等铜器，也有金、银装饰品。四坝文化流行较大规模的氏族公共墓地，墓葬为竖穴土坑墓、偏洞室墓等，常见殉牲，应为半农半牧经济，种植小麦、粟等农作物，养猪、羊、牛、马。

1—5、7. 罐 6. 豆

图 5-7 甘肃民乐东灰山墓地四坝文化彩陶

3. 辛店文化、寺洼文化、卡约文化

辛店文化、寺洼文化和卡约文化分别以甘肃临洮辛店、寺洼和青海湟中卡约遗址为名，年代相当于商和西周时期。这三个文化大同小异，源头都在齐家文化，主要器类双大耳罐、双小耳罐、花边绳纹罐、彩陶罐、豆等都与齐家文化一脉相承，其中辛店文化流行彩陶，寺洼文化流行马鞍口双耳罐。彩陶上常见羊首形纹、垂须纹以及羊、狗、鹿等动物形图案。

青铜器比齐家文化晚期更多，有弯背刀、管銎斧、矛、耳环、指环、扣、泡等，其中立犬杖首、立鸟杖首、管銎斧等铜器很有特色（图 5-8）。西宁鲍家寨

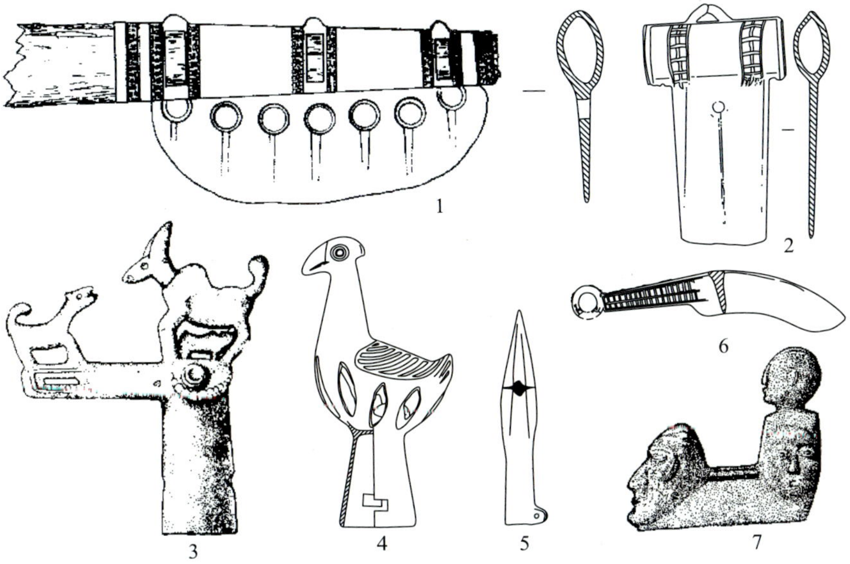

1、2. 管銎斧 3. 立犬杖首 4. 立鸟杖首 5. 矛 6. 刀 7. 人头像饰

图 5-8 卡约文化青铜器

卡约文化中的铜鬲应当来自郑州早商文化。墓葬以长方形竖穴土坑墓为主，也有少量偏洞室墓，殉牛、羊、马、狗，个别殉人。生业模式类似于齐家文化，畜牧业成分更重。

4. 杨郎文化和沙井文化

杨郎文化主要分布在宁夏中南部及甘肃中东部，沙井文化分布在河西走廊中部，典型遗址有宁夏固原杨郎马庄墓地、甘肃民勤沙井遗址等。有少量罐、鬲等粗陋陶器，铜器占据主体，偏晚铁器也较多，主要有短剑、矛、鹤嘴斧、有銎斧、镞等兵器，刀、锛、凿等工具，车軎、马衔、马镳、节约等车马器，牌饰、带扣等装饰品，流行各种动物纹装饰，这些都常见于欧亚草原。也有中原春秋战国时期流行的戈等器物。流行洞室墓，有殉葬马、牛、羊等家畜的习俗，很少有居址发现。这类畜牧或者游牧性质的文化，和欧亚草原文化有广泛而深入的联系。

另外，在甘肃张家川马家塬还发现一处战国中期的高规格西戎墓地，随葬数十辆车，流行殉牲。该墓地中心部位最大的墓葬 M6 有斜坡墓道，竖穴木椁墓，墓口面积近400平方米，深14米多，被盗，墓道内残存3辆装饰华美的车(图5-9)，车体髹漆，装饰虎、狼、鹿、大角羊等各种形态的镂空花纹的金、银、铜、铅饰件，以及各色彩珠，随葬大量金、银、铜器、玻璃、珠宝等，既有周秦礼器，也有浓厚的草原畜牧人群风格，甚至和哈萨克斯坦等地有联系。

图5-9 张家川马家塬墓葬出土车复原图(图片来自甘肃省文物考古研究所：《西戎遗珍——马家塬战国墓地出土文物》，文物出版社2014年版)

二、内蒙古中南部、陕北等地区

内蒙古中南部和陕北等地，也就是狭义的北方地区，在夏代晚期至早商时期为朱开沟文化，晚商至西周早期为李家崖文化、西岔文化等，春秋以后有桃红巴拉文化等。族属大抵属于狄、戎系统。

1. 朱开沟文化

朱开沟文化以内蒙古伊金霍洛旗朱开沟遗址为名，分布于整个内蒙古中南部、陕北、晋中北地区，高领鬲、花边鬲、甗、三足瓮、盉、斝等大部分陶器和老虎山文化一脉相承，蛇纹鬲很有特色，青铜戈、鼎、爵属于早商的二里冈文化因素，环首有格短剑、环首刀等最早的“鄂尔多斯式青铜器”，与欧亚草原文化存在关联。有半地穴式或窑洞式房屋建筑。生业经济当属半农半牧，饲养绵羊、牛等,甚至有殉羊习俗。①

2. 李家崖文化

李家崖文化以陕西清涧李家崖古城遗址为名,分布在陕北、晋西北黄河两岸地区,花边鬲、蛇纹鬲、甗、三足瓮等陶器承继朱开沟文化,陶簋为商、周文化因素。在李家崖石城城内有一院落式夯土建筑,面积达 1 000 多平方米,有左右门塾、庭院和后部大室,地位较高。在这一地区的墓葬和窖藏当中,曾出土过很多特色鲜明的青铜器,主要应该属于李家崖文化。这些青铜器既有觚、爵、鼎、甗等来自晚商的青铜礼器,也有当地特色的銎内戈、管銎斧、兽首刀、环首刀、铃首剑等典型的北方式青铜器(图 5–10)。这些当地制造的青铜兵器、工具等大部分与欧亚草原存在密切关系,条形有穿带孔刀、半月形有

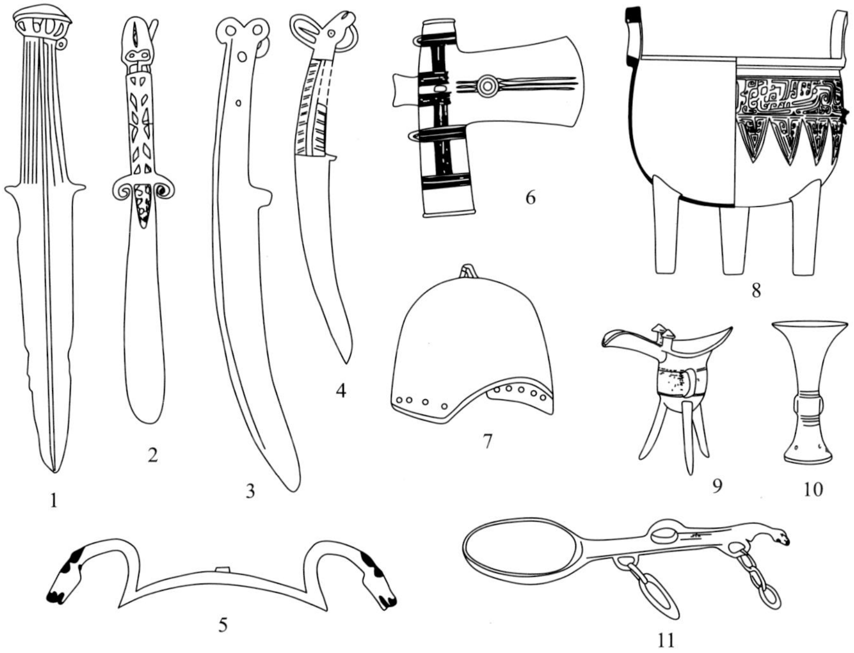

1. 铃首短剑 2. 蛇首匕 3、4. 兽首刀 5. 弓形器 6. 管銎斧
7. 盔 8. 鼎 9. 爵 10. 觚 11. 勺形马镳

图 5–10 李家崖文化青铜器

① 田广金、郭素新:《鄂尔多斯式青铜器的渊源》,《考古学报》1988 年第 3 期。

銎斧等还与青海甚至西亚地区有关。

3. 桃红巴拉文化

桃红巴拉文化以内蒙古杭锦旗桃红巴拉墓葬得名，分布于内蒙古中南部，陶器很少，铜器为主体，也有铁、金、银、骨器等，总体上类似杨郎文化，晚期阶段新出大量立体动物和浮雕动物形象，流行浮雕装饰的金银动物纹装饰，如鹰顶金冠饰（图 5–11），虎豕咬斗纹、虎牛咬斗纹金饰牌等，饰牌中的后肢翻转动物、斑条纹虎、怪兽格里芬母题，应当与来自阿尔泰地区的影响有关。墓葬多为长方形竖穴土坑墓，也有洞室墓，随葬各种装饰品和武器、工具，普遍殉牲。几乎不见居址，当属游牧或畜牧经济。

图 5–11 杭锦旗阿鲁柴登墓地出土鹰顶金冠

三、东北至燕山地区

西辽河流域至燕山地区，在夏代晚期至早商时期为夏家店下层文化，晚商时期为魏营子文化、潍坊三期文化等，西周以后为夏家店上层文化、玉皇庙文化等。族属可能与狄、东胡等有关。夏商周时期东北其他区域还有高台山文化、小拉哈文化、兴城文化、双坨子三期文化、庙后山文化、双房文化、西团山文化、白金宝文化等。

1. 夏家店下层文化

夏家店下层文化以内蒙古赤峰夏家店遗址下层得名，分布于西辽河、凌河流域至燕山南北地区，典型陶器筒腹鬲、鼓腹鬲、侈口甗、鼓肩瓮、折腹尊等源于中原文化系统的雪山二期文化和后冈二期文化，蛇纹鬲、花边鬲、厚背弯身石刀为朱开沟文化因素，铜喇叭口耳环、铜指环、金耳环等属于欧亚草原因素，爵、鬶、盉、假腹豆体来现自夏、商文化的影响。聚落分布很密集，既有赤峰大甸子、二道井子这样建在山前坡地的夯土城或大型聚落，也有大量建在山上的防御性很强的石城。墓葬有一定分化，如大甸子墓地的较大墓葬有二层台和木棺，随葬精美彩绘陶（图 5-12）。当以农业经济为主，有一定的畜牧业。

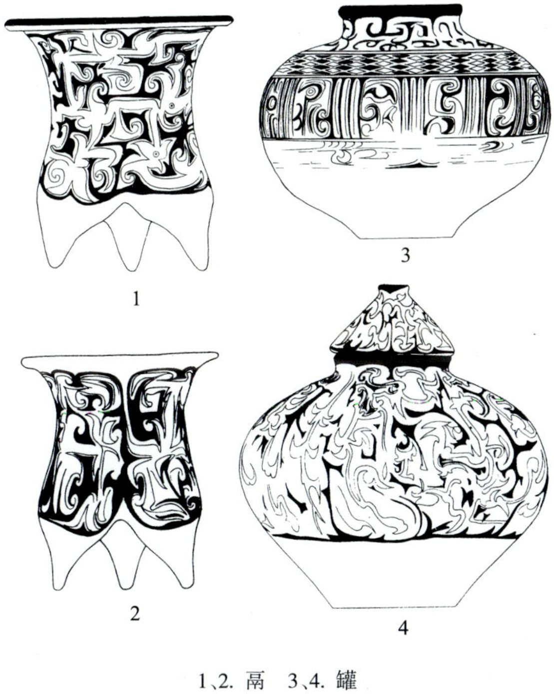

1、2. 鬲　3、4. 罐

图 5-12　赤峰大甸子墓地随葬彩绘陶器

2. 夏家店上层文化

夏家店上层文化以内蒙古赤峰夏家店遗址上层得名，分布于西辽河流域至燕山东部地区，陶器有素面的筒腹鬲、甗、锥足鼎、罐、豆等，青铜器为大宗，包括銎柄直刃剑、曲刃剑、管銎斧、戈等兵器，刀、斧、锛等工具，马衔、马镳、銮铃等车马器，双联罐、四联罐、鼎、鬲等生活用具，动物纹牌饰等装饰品，各类青铜器上流行动物纹饰，已具备马具、兵器和“野兽风格纹样”等所谓“斯基泰三要素”（图 5-13）。夏家店上层文化有山城、居址、矿业遗址和祭祀遗址，墓葬有石板墓、石椁墓、土坑竖穴墓。宁城南山根、小黑石沟的一些大型石椁墓，随葬铜器多达数百件，还有中原西周的鼎、簋等青铜礼器。当属半农半牧经济。

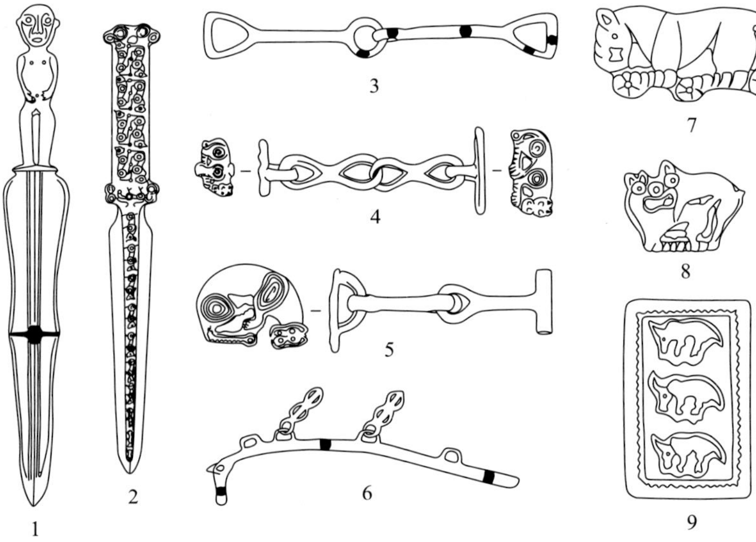

1、2. 短剑 3—5. 马衔 6. 马镳 7—9. 动物纹牌饰

图 5-13 夏家店上层文化青铜兵器、马具、装饰品

3. 玉皇庙文化

玉皇庙文化以北京延庆玉皇庙墓地为名，分布在燕山山地，和杨郎文化、桃红巴拉文化面貌类似，与当地畜牧文化和夏家店上层文化都有渊源关系。流行各种形态的短剑、刀、牌饰、带钩等北方式青铜器，也有燕文化的鼎、

罍、盘、匜等礼器,盛行各种动物纹装饰。未发现居址,墓葬为土坑竖穴墓,多数有木椁,流行敷面、殉牲习俗,存在明显的等级差别,其中大墓殉马、牛、羊、狗等数十,随葬品近千,包括中原式青铜礼器以及月牙形项饰、虎形牌饰、螺旋状耳环等珍贵金饰。当属游牧或畜牧经济。

第四节　新疆地区

夏商周时期,在中国西北边陲新疆地区也有很多半农半牧、畜牧、游牧经济的文化,它们既有当地基础,又受到西方、东方和北方文化多次影响冲击,体现出显著的多元文化交汇融合的特点。战国以后,新疆接受河套、中原等东方文化影响越来越大,汉朝在新疆设立西域都护府实施统辖。

一、北疆和东疆地区

北疆和东疆地区的土著文化,在夏代至早商时期或者青铜时代,为哈密天山北路文化、切木尔切克文化、阿敦乔鲁文化、吉仁台沟口文化;晚商以后或者早期铁器时代,为焉不拉克文化、苏贝希文化、伊犁河流域文化等。[①]

1. 哈密天山北路文化

哈密天山北路文化以哈密天山北路墓地(又称雅林办墓地)为名,年代约为公元前2000—前1300年,和四坝文化面貌近似,占主体的彩陶双耳罐、单耳罐等源自马家窑文化马厂类型,刀、剑、矛、斧、锛等铜器属于西方文化因素。在东天山巴里坤地区发现许多石筑居住、祭祀遗址,有的石墙房屋面积达数百平方米。墓葬以石块或土坯垒砌,流行殉牲。应为半农半牧经济。

① 韩建业:《新疆的青铜时代和早期铁器时代文化》,文物出版社2007年版;郭物:《新疆史前晚期社会的考古学研究》,上海古籍出版社2012年版;邵会秋:《新疆史前时期文化格局的演进及其与周邻文化的关系》,科学出版社2018年版。

2. 切木尔切克文化

切木尔切克文化，以阿勒泰地区为中心，涉及周边的塔城、昌吉等地，以阿勒泰喀依纳尔墓葬为代表，年代约在公元前 2500—前 1500 年。常见平底陶罐或石罐，也有圜底罐，有矛、斧等青铜器。未发现居址，墓葬常见石块围砌的方形坟院，坟院前立人像石碑，石棺墓壁有彩绘图案。比如喀依纳尔 1 号墓地坟院前立有 5 尊人像石碑（图 5-14）。该文化和米努辛斯克盆地的奥库涅夫文化面貌接近，应为畜牧经济。

图 5-14 阿勒泰喀依纳尔 1 号墓地坟院前人像石碑

3. 阿敦乔鲁文化、吉仁台沟口文化

阿敦乔鲁文化和吉仁台沟口文化，一北一南分布在西天山地区，年代约在公元前1700—前1500年，属于以哈萨克斯坦为中心的安德罗诺沃文化系统。陶器流行大口折腹或鼓腹罐，晚期的带圈足，有斧、镰、刀、铲、喇叭口耳环等青铜器。在温泉县阿敦乔鲁、呼斯塔和尼勒克县吉仁台沟口等地发现居住址、青铜冶铸遗址等，有的石墙大房子面积约400平方米，吉仁台沟口遗址还存在大量使用燃煤的现象（图5-15）。墓葬多以石板或石块围砌墓室。吉仁台沟口发现的一座方形坟冢大墓，坟冢边长达120米，规模之大前所未见，坟冢中有很多石条带汇聚到中央的石椁，与太阳崇拜有关。当以畜牧经济为主。

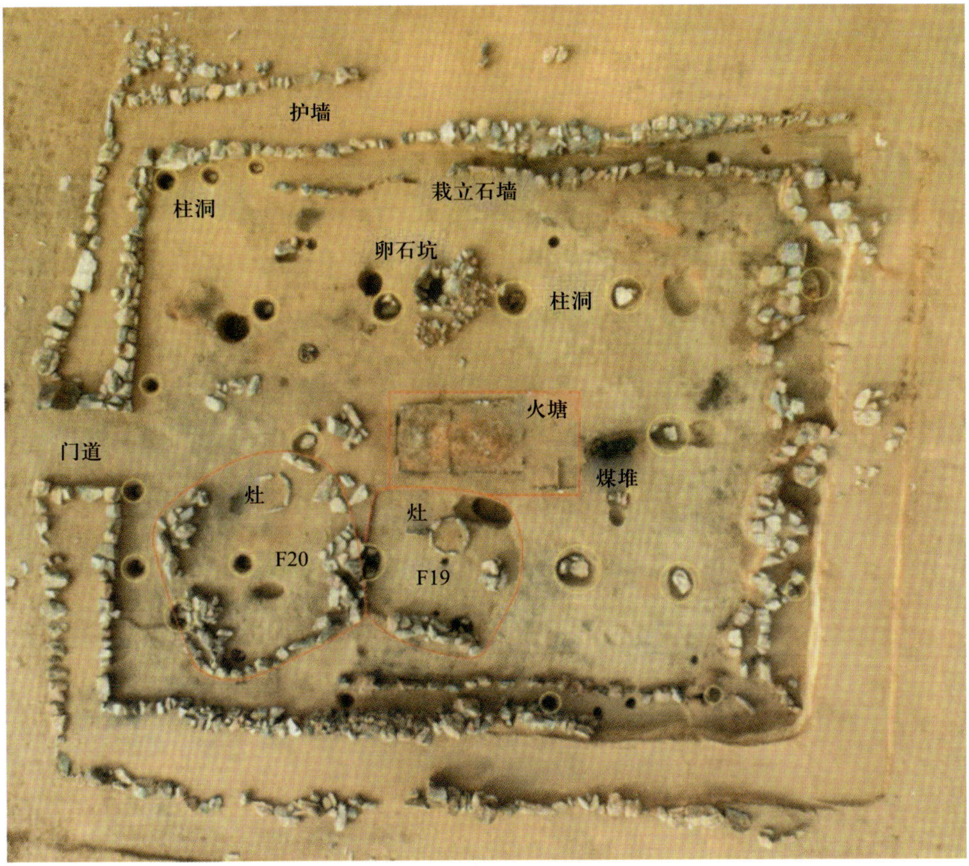

图5-15 尼勒克吉仁台沟口遗址大房子F6

4. 焉不拉克文化、苏贝希文化、伊犁河流域文化

焉不拉克文化、苏贝希文化、伊犁河流域文化由东向西分布在天山北麓

沿线[①]，以哈密焉不拉克、鄯善苏贝希和洋海、尼勒克穷科克和索墩布拉克等墓地为代表，年代约在公元前1300—前200年。流行高颈壶、单耳罐、单耳钵等彩陶器，除平底外还有不少圜底器。有斧、刀、镞、马衔等青铜器，天山中东部墓葬中还保存有不少皮具、木器和羊毛衣物，其中包括源自西方的竖

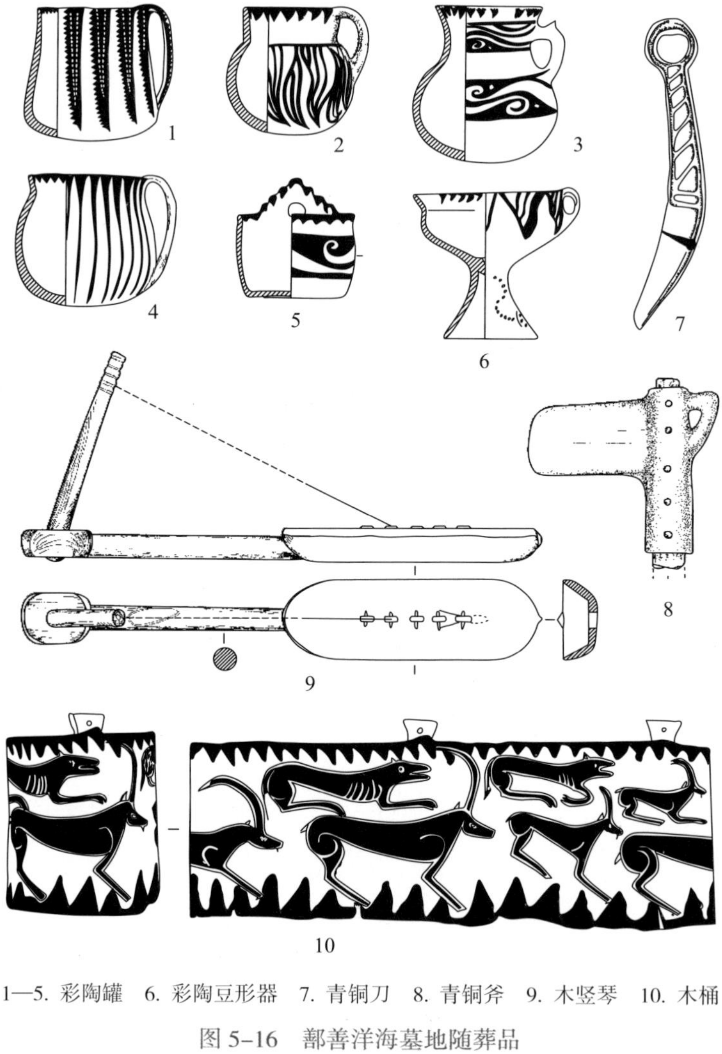

1—5. 彩陶罐　6. 彩陶豆形器　7. 青铜刀　8. 青铜斧　9. 木竖琴　10. 木桶

图 5-16　鄯善洋海墓地随葬品

① 陈戈：《略论焉不拉克文化》，《西域研究》1991年第1期；陈戈：《新疆伊犁河流域文化初论》，《欧亚学刊》（第二辑），中华书局2000年版，第1—35页。

琴。居址发现不多，有土坯垒砌的城堡和房屋，也有简陋的石墙房屋。墓葬上有坟冢，常见殉牲，偏晚阶段出现一些大墓，西部伊犁河流域文化有的大墓的圆形坟冢直径上百米，中部苏贝希文化的有些大墓随葬虎形金牌饰、对虎纹金箔带、鹰嘴怪兽搏虎金牌饰等珍贵物品，有斯基泰风格的“后肢翻转动物”形象，也有漆器、丝织品等中原物品。这些文化当为半农半牧或畜牧经济。

二、南疆地区

南疆地区的土著文化，在夏代至早商时期或者青铜时代，为小河文化，西周以后或者早期铁器时代，为察吾乎沟口文化、流水文化、吉尔赞喀勒文化等。

1. 小河文化

小河文化位于从罗布泊至克里雅河流域的塔里木盆地，绝对年代约在公元前2100—前1450年，以若羌小河和古墓沟墓地为代表。小河墓地的墓葬，在墓室两端各有一根立木或箭杆（图5-17），古墓沟墓地地表有7圈比较规整的环列木桩，之外为呈放射状展开的列木，当与太阳崇拜有关。墓室均为竖穴沙室，有胡杨木拼合而成的船形无底木棺，木棺之上覆盖牛皮，两端置立木加以固定：男性立木似船桨，女性立木呈尖头柱形，象征女阴和男根。部分死者的面部涂画红色线条。随葬品有裹尸毛毯、毛织斗篷、尖顶毡帽、皮靴、草编小篓等，部分墓葬还随葬木质或石质人像、大鼻木雕人面像、涂彩牛头、木祖、木弓箭，以及细石器镞、小铜卷、小铜片等。

2. 察吾乎沟口文化

察吾乎沟口文化以和静县察吾乎沟墓地得名，分布在塔里木盆地北缘。[①] 文化面貌和苏贝希文化等近似，有彩陶，以陶带流罐、带流杯最具代表性（图5-18），还有桶、盘、杯、竖琴等木器。有铜、铁质地的镰、刀、剑、斧、马衔、马镳、节约等工具、马具或武器，以及铜镜、骨梳、化妆棒等各种装饰用

① 陈戈：《新疆察吾乎沟口文化略论》，《考古与文物》1993年第5期。

图 5-17 若羌小河墓地南区第二层墓葬(图片来自新疆维吾尔自治区文物局:《新疆文化遗产——全国重点文物保护单位》,文物出版社 2015 年版)

图 5-18 和静察吾乎沟口墓地随葬彩陶带流罐

品。毛皮衣物时有发现。居址发现很少,有简单的石墙房屋。公共墓地有的墓葬多达数百,墓葬地表有石围标志,有殉牲和焚烧墓口棚木的习俗,有的分层合葬,多者一墓数十人。马衔、马镳、节约等马具,殉马坑、卷狼纹、卧驼纹、格里芬纹、翻转后肢动物等因素,与欧亚草原游牧文化相关;偏晚阶段出现的丝织品和漆器等属于中原文化因素。

3. 吉尔赞喀勒文化

吉尔赞喀勒文化以帕尔米高原上的塔什库尔干县吉尔赞喀勒墓葬为

名，年代约在春秋晚期到战国早期。墓葬附近地表被黑白鹅卵石构成的石条带所覆盖，十分醒目，墓葬本身在地表有圆形坟冢和石圈，内有残留炭、烧骨等的火烧棚木的现象，墓穴有的带墓道，有的多层埋葬，有殉牲。随葬陶器多为圜底的罐、钵等，还有铜镜、铜镯、铁刀、玛瑙珠、天珠、琉璃珠、木梳、竖琴等，最奇特的是一种里面被灼烧过的臼形木器，被认为与火崇拜有关。

思考题：

1. 从考古发现来看，夏商周王朝和周边地区是什么样的关系?
2. 如何看待夏商周时期周边地区对早期中国的主要贡献?

第六章　汉唐都城平面布局的演变

通过考古工作了解城市的平面布局、功能分区和重要建筑的属性以探索城市的发展历史，是城市考古的重要任务。中国古代城市遗迹规模大、内涵丰富，但由于多是土木建筑，保留在地面的城市遗迹极其稀少，而且晚期城市往往在前代城市基址上改建和扩建，极少易址而建，所以历代遗迹层层叠压，这些为我们探索古代城市的形态增加了难度。从中国考古学诞生之初，考古学家就尝试通过地面调查、重点解剖的方法，结合传世文献、出土碑志等了解古代城市的形态。中国古代城市不同于西方因工商业发展而兴起的城市，主要是政治中心和宗教礼仪的中心，至少在宋代以前，工商业属性并不占主导地位，这种城市特质决定了中国古代独特的城市格局与形态。汉唐时期的各个都城是中国城市考古研究的重点，通过数十年来的考古研究，西汉长安城、东汉洛阳城、北魏洛阳城、东魏北齐邺城、六朝建康城、隋唐长安与洛阳城等的形态已大致清晰，从汉至唐逐渐形成了坐北朝南、宫殿居北、中轴对称、规划严整的城市格局，城市形态的演变在一定程度上体现了中古政治与社会的变迁。

第一节　汉魏晋南北朝都城

一、西汉长安城

西汉建国之初，在今西安市西北郊的龙首塬上建立新都长安。高祖刘邦在秦兴乐宫基础上建长乐宫，又在其西侧建未央宫，北侧建造北宫。东西并列的长乐、未央二宫成为长安城的主要宫殿。惠帝时为了抵御来自北方的匈奴骑兵，开始增设城墙，将宫殿围护起来。长安城的大规模建设是在武帝时期，先是扩建了汉高祖时修筑的北宫，又在西侧新建桂宫，在长乐宫的北面新建明光宫，在西墙外营建了建章宫，以凌空阁道与城内的未央宫相连。并扩充了皇家苑囿上林苑，还开凿昆明池以提供城市水源。由于长安城不是一次建成，而是先有宫殿而后筑城墙，加上北部和西部受渭河及支流河道的影响，所以城墙多曲折，形成了不规整的城市轮廓。

西汉长安城是中国城市考古工作最充分的古城之一，根据数十年来的考古工作，结合《三辅黄图》《水经注》等历史文献，城市的平面布局已大致清晰，主要宫殿、城门、礼制性建筑也进行了考古解剖。根据实测，城墙周长约 25 700 米，残垣最高 10 米左右，城内总面积约 36 平方公里。每面城墙各开 3 座城门，共计 12 座城门，每座城门各有 3 个门道，中间的一条是专供皇帝使用的御道，这是中国都城“十二城门、一门三道”之制的开端。值得注意的是，东面的三座城门外都发现了门阙建筑遗迹，表明长安城是朝向东面的，这与以后城市的南向是不同的。城内 8 条垂直相交的大街分别通向 8 座城门，将全城分为大小不等的多个功能分区。长乐、未央二宫是朝会之所和太后所居，位于全城制高点龙首塬上，二宫东西并列，中间夹以武库。北部的北宫、桂宫、明光宫是后妃之宫。每座宫殿各有宫墙围绕，内设多所殿阁，形成一组组的宫殿建筑群，占据了全城面积的一半以上。衙署和贵族府邸位于未央宫的北阙附近和城东北的宣平门内，故有“北阙甲第”“宣平贵里”的说法。东北部地势最低处是平民居住的闾里，设有许多里巷，受到官府的严格管理（图 6–1）。

据文献记载，长安城南郊有圜丘、明堂、辟雍、王莽九庙、社稷、太学、灵台等礼制性建筑群，是祭祀天地、祖先和伦理教化的场所。考古工作已确认了部分建筑的位置和平面布局，如安门与西安门南出 1 公里的平行线内，有 12 组建筑基址被确认为西汉末年的王莽九庙遗址。每组建筑的平面皆为“回”字形，四面开门，正中是方形主体建筑，由中央的“太室”和四隅的“夹室”组成 5 个室，象征木、火、土、金、水的五行运转，九庙遗址是考古发现的中国古代规模最大、最完整的一处帝王宗庙。除了南郊的礼制性建筑外，西汉还在城里建有皇室的太上皇庙、高祖庙、惠帝庙，在帝陵的陵园也建有陵庙，只有部分遗址经过了考古发掘。

西汉长安城的布局大致与《周礼·考工记》所记的都城规划理念相符：

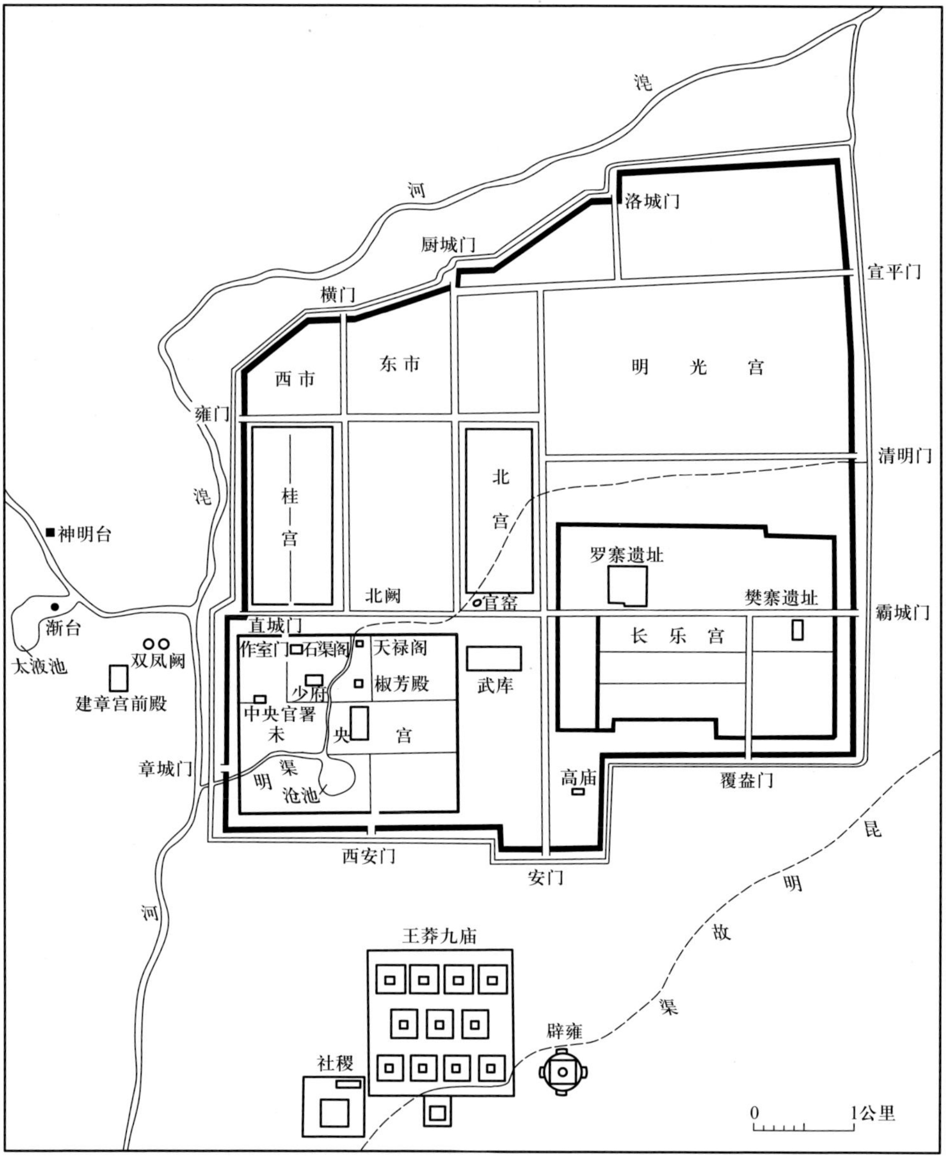

图 6-1　西汉长安城平面图(采自《中国考古学·秦汉卷》)

"匠人营国,方九里,旁三门。国中九经九纬,经涂九轨。左祖右社,面朝后市,市朝一夫。"虽然长安城并非规整的方形城市,但四面各三门、一门三道的做法,以及城内经纬交错的街道、宫殿区位于南部、礼制性建筑位于南郊等特点,大致体现了《周礼·考工记》的都城模式。西汉长安城以宫殿和宗庙为主体,将宗庙置于宫城之前的做法是对商周城市“宫庙一体”做法的变革。商周宫、庙杂处,而长安城将宗庙分离出来,置于次要位置。汉长安城未央宫东侧有太上皇庙、高祖庙、惠帝庙,从文帝开始将庙建在陵园附近。东汉又在都城内立世祖庙,实行集中庙制,开启了后世太庙之先。多宫制是汉长安城的又一个突出特点,宫殿较分散,并无一个明确的城市中心,也没有中轴线,这种都城模式进入魏晋以后才发生改变。

二、汉魏洛阳城

东汉依据五德终始说,以火德王,改洛为雒,故东汉都城称雒阳(曹魏开始复称洛阳),是光武帝刘秀在周代至西汉洛阳城基础上建立的新都,位于今洛阳市东。雒阳地处中原腹地,背靠邙山,面临洛河,地理位置十分重要。与西汉都城相比,雒阳城平面形态上最大的改变是将宫殿集中于南、北二宫,呈现出一种由分散宫制向集中宫制转变的过渡形态。汉末董卓烧毁雒阳宫庙,都城沦为废墟。曹魏文帝即位后修复了北宫的一些殿阁,明帝时大兴土木,在北宫旧址上新建太极殿作为朝会之所,又在北宫之北增饰芳林园,并模拟曹操在邺城修筑“三台”的做法,在洛阳城西北角建造了坚固的军事城堡金墉城。西晋没有大规模的城市建设,西晋末年的战乱中洛阳城再次毁于战火。北魏孝文帝太和十九年(495)正式从平城迁都洛阳,对洛阳城进行了大规模的扩建,洛阳成为一座规模宏大的繁华都市,但北魏末年再次沦为废墟。在东汉到北魏时期的几次兴废过程中,洛阳城都没有易址,只是改建和扩建,因此从地层上是东汉至北魏遗迹重叠的城市遗址,故被称作汉魏洛阳故城。北魏以后不再被新的城市建设所破坏,因此北魏遗迹保存状况较好,城市形态相对完整。根据 20 世纪 50 年代以来的考古工作,结合《洛阳伽蓝记》等传世文献及出土石刻资料,已可大致复原汉魏洛阳故城的平面布局。

1. 东汉至魏晋洛阳城

东汉雒阳城的平面呈长方形,南部被北移的洛河冲毁。经实测,北城墙长 2 700 米、南城墙长 2 460 米、东城墙长 4 200 米、西城墙长 3 700 米,城墙皆夯筑,墙基宽度 14—25 米。文献记载东汉雒阳城有 12 座城门,已探明 8

座门址，其中东西墙各3门，北墙2门，推测被冲毁的南墙有4座城门，这种城门设置不同于西汉长安城的四面各三门之制。城内主要宫殿有北宫和南宫，是两处由宫墙围绕的独立宫城，以复道相通。南宫是主要宫城，南北长约1 300米，东西宽约1 000米。城内东北部有武库和太仓，西北部是皇家宫苑濯龙园。南宫的西北有大市（金市），是为宫殿服务的商业区。南宫的东南部设有太尉府、司空府、司徒府等中央衙署。另在城外东郊设马市，南郊设南市以及辟雍、明堂、灵台和太学等礼制性建筑（图6–2）。

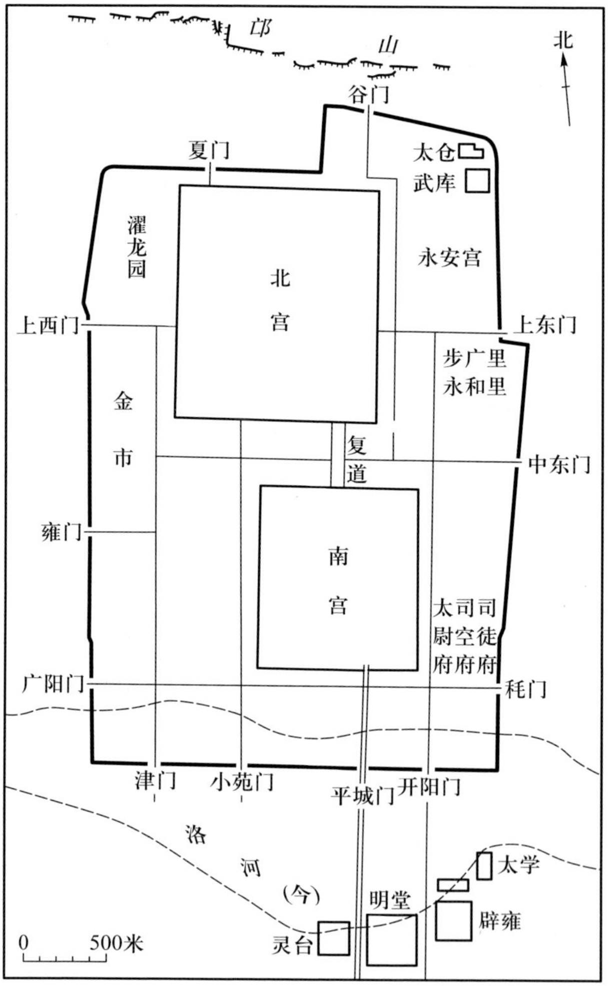

图6–2 东汉雒阳城平面复原图（采自《中国考古学·秦汉卷》）

曹魏对东汉雒阳城的改造主要是修建了太极殿和金墉城。以宫城正门阊阖门外的铜驼街作为全城的中轴大街，将宗庙、社稷设于大街东西两侧。这种将主要宫殿集中于北部的做法、中轴线的设计源自曹魏邺城，是对汉代多宫制的变革。西晋沿袭曹魏之旧，无大的城市建设。

2. 北魏洛阳城

北魏在迁都洛阳之前，以平城（今山西大同）为都将近百年（398—495 年），根据文献记载，平城曾有过大规模的城市建设，城市由宫城和外郭城组成，在郭城内规划了安置居民的里坊，在南郊建有礼制性建筑群。目前考古工作仅揭露了南郊的明堂遗迹及少部分宫殿遗存，具体的城市形态不是十分清晰，但平城的布局必定对迁都后的洛阳产生了很大的影响。北魏迁都洛阳是一项重要的政治改革措施，大部分的平城人口都被迁往洛阳。由于统治者的到来和人口的增加，北魏在魏晋洛阳城的基础上进行了大规模的城市改造，主要有如下几个变化：

首先，彻底废除了东汉以来的南北两宫制度，以汉魏时期的北宫为基础建立了单一宫城。宫城位于全城的北部，四面筑墙，南北长 1 400 米，东西宽 660 米。宫城正门仍为阊阖门。太极殿仍为正殿，位于宫城的前部，正对阊阖门（图 6–3）。

其次，以汉和魏晋洛阳城为基础形成内城，布置百官衙署、太庙与太社、皇家寺院永宁寺、皇家苑囿华林园等，这些建筑设施既是皇室的工作、生活区域，又起到拱卫宫城的作用。内城共设 13 座城门（已勘探出 10 座），已发现东西向和南北向道路各五条。其中东西向的横道中，有三条贯穿内城，最南面的横道（青阳门至西明门）与宫城前的南北大街铜驼街交汇，道路南北两侧布置着左祖、右社等礼制建筑；中间的横道（东阳门至西阳门）从宫城南面穿过，与铜驼街在阊阖宫门前呈“T”字形相交，是内城最重要的东西向交通干道，两侧分布重要官署、贵戚宅第；最北面的横道（建春门至阊阖门）直对宫城的东门万岁门和西门千秋门，是内城东西两侧进入宫中的御道。南北向纵街中，最重要的是中间御道阊阖南街或铜驼街，北端起于宫城南门阊阖门，残长 1 650 米，宽 40—65 米，是全城的中轴线。内城西北角

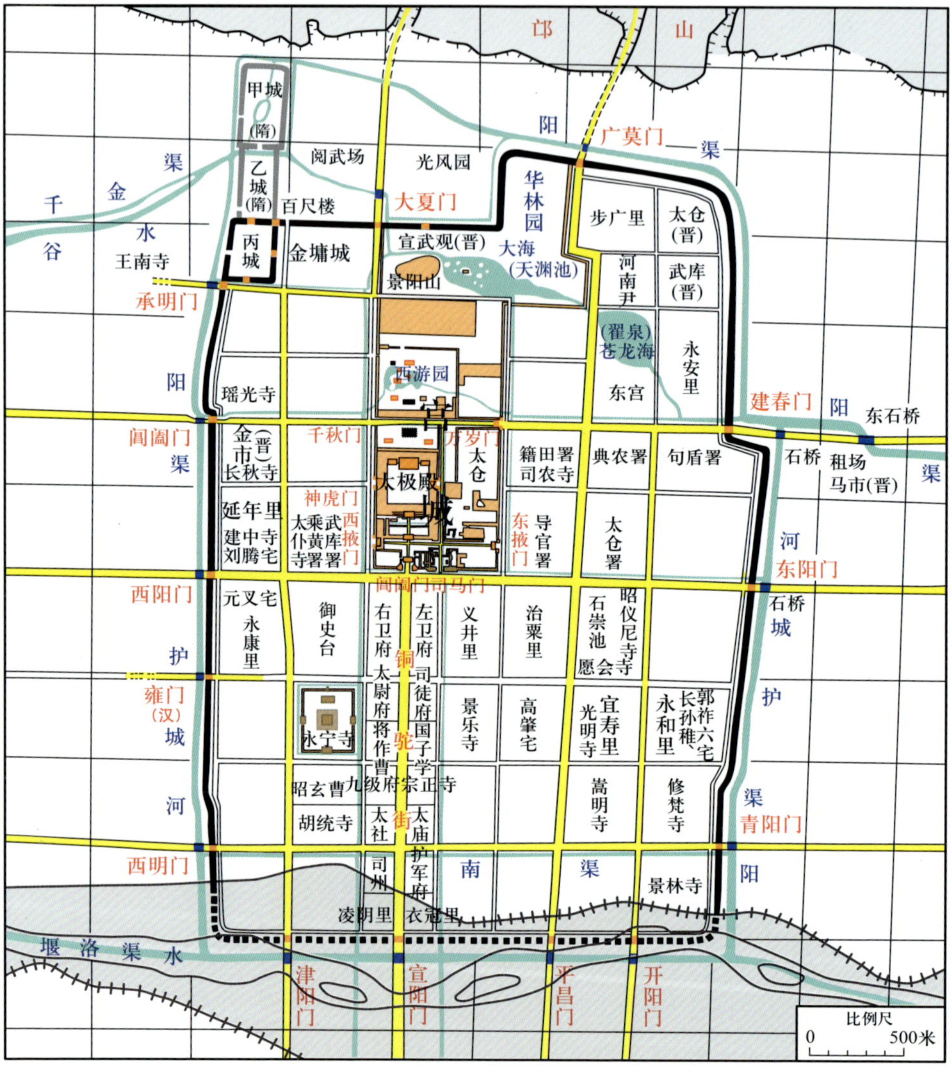

图 6-3 北魏洛阳内城复原图(采自钱国祥:《北魏洛阳内城的空间格局复原研究——北魏洛阳城遗址复原研究之一》,《华夏考古》2019 年第 4 期)

的金墉城是一座军事性的城堡,现存遗迹可能是魏晋时始建、北魏重修后留下的。

北魏宣武帝时在洛阳又营建了外郭城,使得洛阳成为一座“东西二十里,南北十五里”(《洛阳伽蓝记·城北》)的宏大都城(图 6-4)。外郭城以三条东西向的干道横贯全城,其中横穿内城和郭城的东阳门和西阳门之间

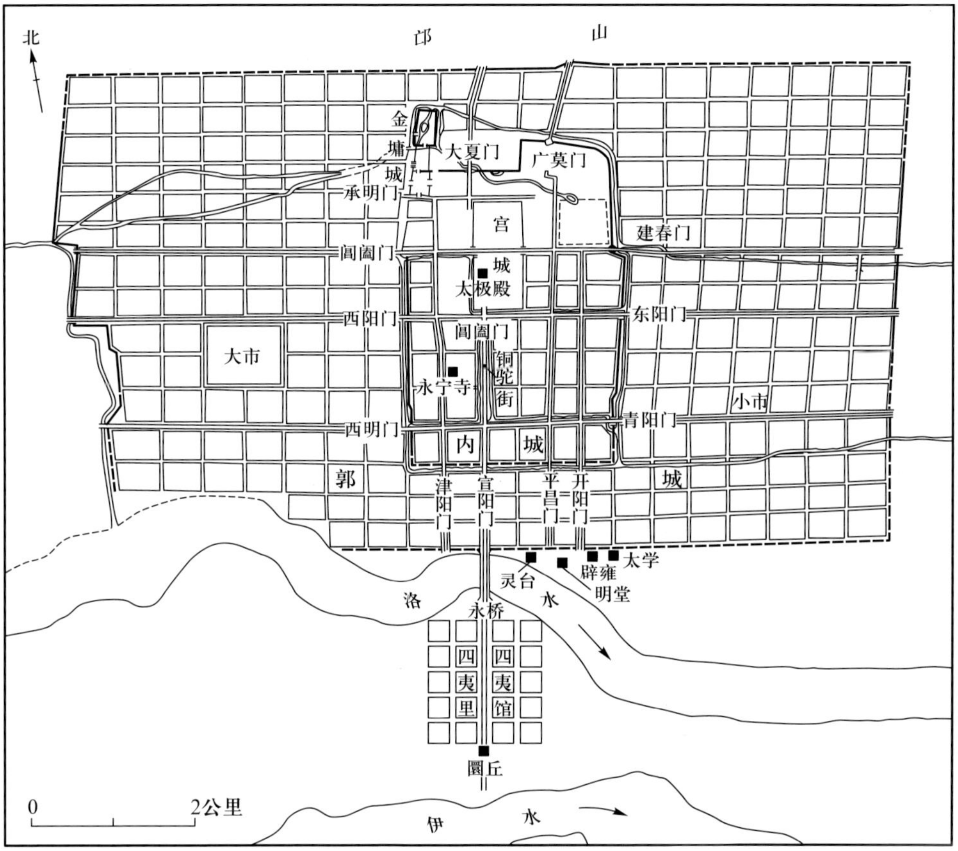

图 6–4　北魏洛阳城平面复原图（采自中国社会科学院考古研究所：《中国考古学·三国两晋南北朝卷》，中国社会科学出版社 2018 年版）

的大街最宽，宽约 40 米，位于宫城之南，将城市分为南北两部，北部为宫城和皇家苑囿，南北是里坊区。南部铜驼街成为纵穿内城和郭城的城市中轴线。

文献记载洛阳郭城内设有 320 个坊，三大市场和众多寺院分布其中。里坊是北魏洛阳郭城的重要特征，皆是边长 500 米左右的方形居民区，四周设坊墙，四面辟门，内设十字街道。里坊居民根据身份不同被严格区划，西部里坊主要是鲜卑皇室居住区，东部里坊主要是汉族官僚和一般士庶居住区，南部是周边少数民族和外国人居住区。洛河以南的四夷馆、四夷里和四通市可能是因外国人兴起的管理机构和商业区，西部的大市和东部的小市则分别是为当地居民服务的商业区。

北魏洛阳城的单一宫城居北、以里坊制安置居民的做法当来自平城，最早可追溯到曹魏邺城，是一种影响深远的都城规划新模式，此后的东魏北齐邺城、隋唐的两京等都是在此基础上的进一步规范化。

三、曹魏与东魏北齐邺城

东汉献帝建安九年(204)，曹操平袁绍之后营建邺城，以之为王都。曹魏在邺进行了全新的城市规划，其中著名的铜雀三台即曹操的一个重要创建，今地表尚存高台遗迹。曹丕称帝定都洛阳(220)后仍以邺城为北都，十六国时期的后赵、冉魏、前燕和北朝后期的东魏、北齐五个北方政权相继以此为都，直至北周大象二年(580)毁于兵火。

邺城遗址位于河北省临漳县西南约 20 公里，包括南北毗邻的两个城址：曹魏十六国时期的邺北城和东魏北齐时期的邺南城。历史文献《魏都赋》《水经注》《邺中记》《邺都故事》等有很多关于邺城宫室的记载，是了解邺城城市面貌的珍贵史料，但对邺城平面布局的了解是从考古工作开始的。自 20 世纪 50 年代至今，考古工作者陆续探明了城市的平面布局和重要遗迹，对一些关键节点和重要宫殿进行了发掘。

1. 曹魏邺北城

曹魏时期的邺北城平面大致呈横长方形，东西长 2 400—2 620 米，南北宽 1 700 米，城墙宽度 15—18 米。根据考古勘探和文献记载，已大致确定邺北城的 7 座城门位置：南墙三座门址，北墙二座门址，东西墙各一座门址。城内发现 6 条大道，其中连接建春门与金明门的大道长 2 100 米、宽 13 米左右，是一条贯穿全城的东西大道，将全城划分为南北两区，它不仅是宫殿区与居民区的分界，还具有礼仪的含义，与南北中轴大街相交处是举行重大礼仪活动的场所(图 6-5)。这种设计为以后的都城所继承，逐渐发展为兼具政治和礼仪含义的宫前广场。

北区是宫殿区和中央衙署区，发现了 10 座大型夯土建筑基址。北区的中央是东西并置的外朝和内朝，外朝以文昌殿为中心，是礼仪性朝会之所。

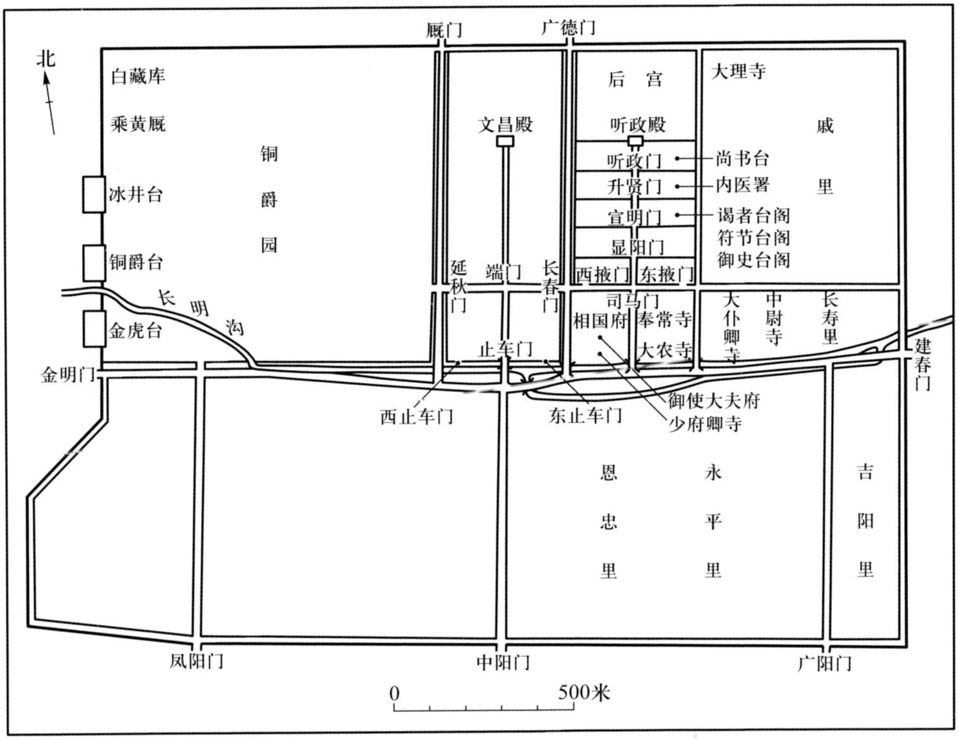

图 6-5　曹魏邺北城平面复原图（采自徐光冀：《曹魏邺城的平面复原研究》《中国考古学论丛》，科学出版社 1993 年版）

内朝以听政殿为中心，是真正的权力中枢，各主要中央衙署皆置于内朝。北区的东部是贵族和官吏的府邸区——戚里，西部是铜爵园的位置，发现了四座夯土基址，但不能确认是曹魏还是后赵遗迹。铜爵园的铜爵、金虎、冰井三台遗址基本可以确认，其中铜爵台、金虎台基址现仍保存于地面上，是宫城区的军事防卫设施。金虎台夯土基址南北 120 米，东西 71 米，高 12 米，铜爵台基址南北 50 米，东西 43 米，高 4—6 米。邺北城将主要宫殿置于北部居中的做法上应北极星，体现了中央集权的意识。

东西大道以南的区域分布着一般衙署及里坊，文献记载的长寿、吉阳、永平、思忠等里坊应都位于这个区域，但考古勘探未发现里坊遗迹。南区共有三条南北大道，其中中阳门大道长 730 米，宽 17 米，是全城的中轴大道，北端与东西横街相交，构成了“T”形的道路骨架。这种街道设计改变了汉代都城的分散式布局，形成了一种规整、对称、以北为尊的都城新模式，被后来的魏晋洛阳、北魏平城、北魏洛阳城、东魏北齐邺南城、隋唐长安和洛阳所继承和发展。①

2. 东魏北齐邺南城

东魏天平元年(534)，北魏分裂后的一支从洛阳迁都邺城，次年开始在曹魏邺北城的南部兴建宫室，四年后新都建成，与邺北城以漳河相隔。经过考古勘探，主体部分位于漳河南岸，北墙已被漳河冲毁。根据文献记载，邺南城"东西六里，南北八里六十步"，这与实测结果有一定差距。经实测，邺南城平面大致呈纵长方形，东西最宽处 2 800 米，南北约 3 460 米。四面城墙的墙体都在今地面以下，呈不规整的弧形，保存较好的部位高 0.8 米，墙基宽度 7—10 米。其中北墙沿用了邺北城的南墙，城墙的东南角和西南角呈圆角弧形，与略弧形的城墙一起构成了所谓"龟形城"，这种特殊形制与《邺中记》"掘得神龟，大逾方丈，其堵堞之状，咸以龟象焉"的记载是相符的。这是利用"河出图、洛出书"的图谶以附会政权合法性的设计，也有出于军事防御的考虑。文献记载邺南城有 14 座城门，东西墙各四门，南北墙各三门。考古勘探确认了其中 11 座，仅东墙北部的 3 座城门因位于沙层之下而未能确认。除了北墙外，其他三面城墙的外侧共发现了排列有规律的 50 座"马面"(墩台)，这是一种重要的城防设计，秦汉时即已有之，十六国时期的大夏统万城发现了明确的马面遗迹。城墙外还发现了护城河遗迹，一般宽约 20 米，深 1.8 米以上(图 6-6)。②

邺南城内的街道已探明纵横交错的南北大街和东西大街各三条。东西向的西华门大街现长 1 320 米，宽 5—8 米，是一条通过宫城南侧横贯东西、与三条南北大街相交的横街。南北向的朱明门大街连接宫城的南门和南墙的朱明门，是城南部的中轴大街，现存长度 1 920 米，宽 38.5 米，两侧设有排

---

① 徐光冀：《曹魏邺城的平面复原研究》，《中国考古学论丛》，科学出版社 1993 年版。

② 徐光冀：《东魏北齐邺南城平面布局的复原研究》，《宿白先生八秩华诞纪念文集》，文物出版社 2002 年版；朱岩石：《东魏北齐邺南城内城之研究》，巫鸿主编：《汉唐之间的视觉文化与物质文化》，文物出版社 2003 年版。

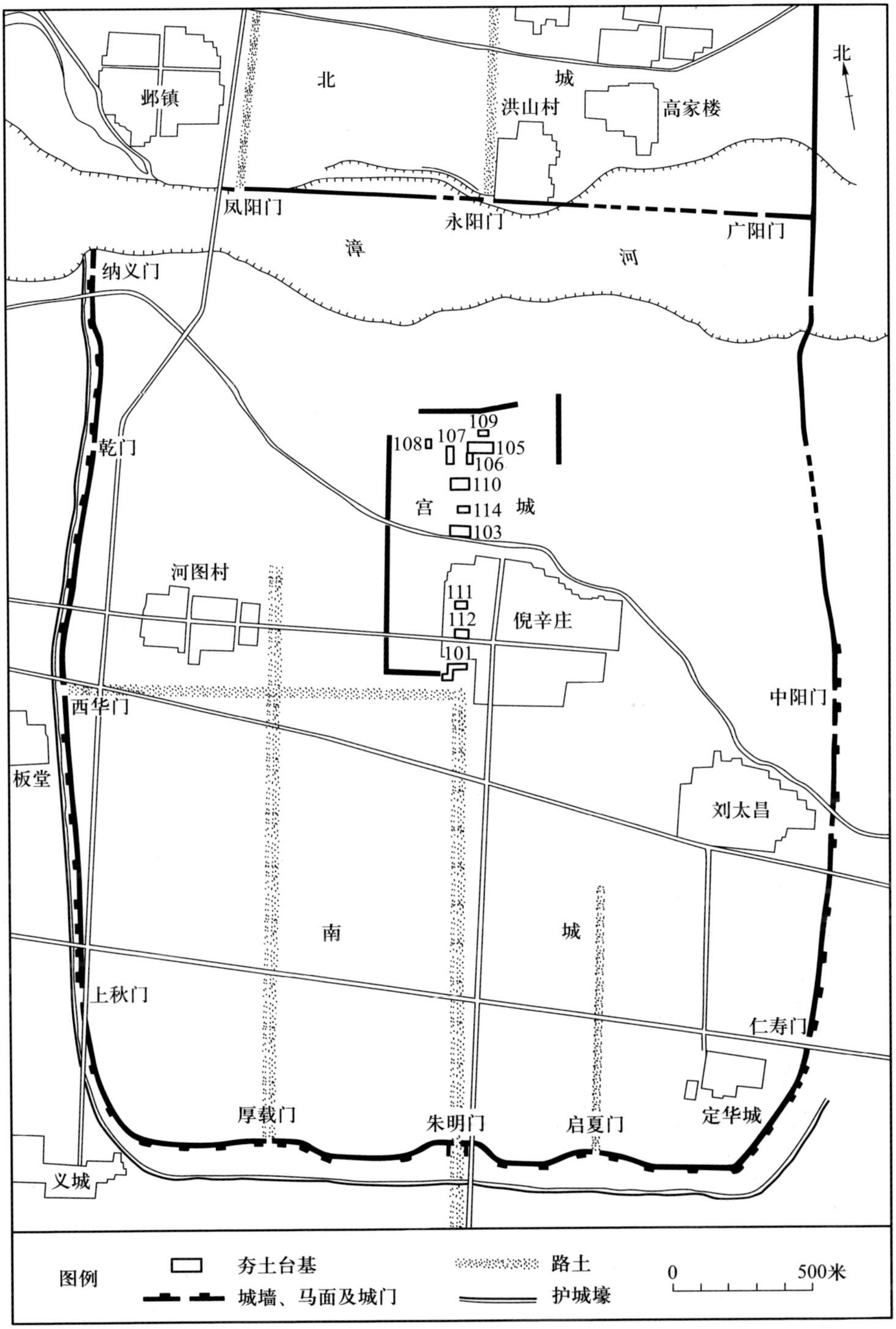

图 6-6 东魏北齐邺南城平面复原图(徐光冀:《东魏北齐邺南城平面布局的复原研究》)

水沟。显然，邺南城也像邺北城一样，以“T”形的街道骨架进行功能分区，将宫城置于横街以北的中央。

宫城是一个由宫墙围绕、略呈长方形的小城，考古发现了 14 座夯土建筑基址，应是当时的主要宫殿遗迹。横街以南可能是贵族府邸、衙署、太庙和里坊区，在朱明门大街两侧发现了多处夯土基址，但无法确认其属性。文献记载邺南城有四百余里坊，散见于史传、志石的坊名也有 20 余处，但考古勘探还没有发现里坊遗迹。邺南城曾有大量佛寺，历年的邺城考古工作中发现了多处北朝时期的佛寺和佛像窖藏，出土了大量工艺精湛的石造像，与响堂山石窟等佛教遗迹一样体现了北朝时期佛教活动的兴盛。

邺南城的规划和营建主要是由原北魏洛阳时期的官吏实施的，城市设计理念“上则宪章前代，下则模写洛京”（《魏书·李业兴传》），从城市平面布局上看，它是汉唐都城形态演变中的重要环节。

四、十六国都城

西晋永嘉之乱后，北方地区被“五胡”等北方少数民族所占据，他们建立的各个割据王朝大多沿用汉晋旧城，由于游牧民族的生活习惯以及经济条件等的限制，大多没有进行大规模的城市建设，留下的文献资料和考古遗存都较稀少。但也有几个十六国都城值得重视，近年也做了一些考古工作，如十六国至北朝时期的长安城、大夏的统万城、北魏的平城。

1. 长安城

西汉末年的战争中，长安城受到严重破坏，但并没有被完全废弃，至十六国北朝时期又成为前赵、前秦、后秦、西魏、北周的都城。通过考古工作，我们对十六国北朝政权更替时期的长安城情况有了一些初步了解，这一时期的长安城基本沿用了西汉长安城的城墙。城市的规模可能没变，但实际使用面积大大缩小了，不再将长乐、未央二宫作为城市中心，而是在东北部建立了东西并列的两个宫城，其他部位没有发现这个时期的建筑遗存。西宫为皇宫，东宫为太子宫。西宫呈东西长方形，有四面城墙，其中北墙利用了汉城的北墙，长 1 214 米，西墙长 974 米，东墙长 972 米，南墙长 1 236 米，部分城墙尚存于地表。城内探明了十字交叉的两条街道，中部偏西发现一座大型夯土台基，由大殿、东西阁、廊道和阙组成。东宫平面略呈方形，面积略小，城内也发现东西、南北街道各一条。东西宫城之间的隔墙上发现了北朝时期使用的宫城门遗址。二宫的南部和西部发现了北朝时期的陶窑和大量佛教造像，应分别是提供建材的地点和佛寺。

虽然十六国北朝时期的长安城保持了西汉长安城的规模，但仅东北一隅得到有效利用，这可能与十六国北朝时期关中的汉族人口急剧减少有关。

2. 平城

位于今大同市的平城遗址是北魏前期的都城，自天兴元年（398）道武帝拓跋珪从盛乐（今内蒙古和林格尔）迁都于此，至太和十九年（495）孝文帝迁都洛阳，拓跋鲜卑以此为都近百年，是 4 世纪末至 5 世纪末北方地区最大的政治、经济、军事和文化中心。在北魏诸帝的东征西讨中，各地的士族、工匠、百姓和战俘被大量迁至平城，尤其是太武帝拓跋焘时期的移民达到了空前规模，这些移民促进了平城实力的积聚，也使得大规模的城市、石窟和陵园建设成为可能。由于北魏平城完全被今天的大同市所叠压，使得我们对平城格局的探索相当困难，只能依据《水经注》等文献及基建考古工作对个别遗迹有所了解。

北魏平城主要由道武帝时期建的宫城和明元帝时期建的外郭城组成，文献记载外郭城“周回三十二里”，但郭城的城垣遗迹和城内街道布局还极为模糊。据零星发现的考古遗存，推测平城的中心——宫殿和衙署区——可能位于明代大同城的北墙以北。今大同市区操场街发现的北魏一号建筑基址可能是一处重要的宫殿遗迹，这是一座建在长方形高台上的大型建筑，面阔七间、进深五间，坐北朝南，遗址内发现了带有“大代万岁”等字样的文字瓦当和大量建筑构件，应是一处皇家建筑。

平城考古最重要的收获是明堂辟雍遗址的揭露。遗址位于明代府城南，是一座体量巨大、环以水渠的正方形夯土建筑，边长 42 米。正方形建筑应为明堂遗迹，环形水渠应为辟雍遗迹，外缘直径 289—294 米，宽 18—23 米，内侧的东西南北四个方向各有一座“凸”字形夯土台（图 6-7）。遗址内发现大

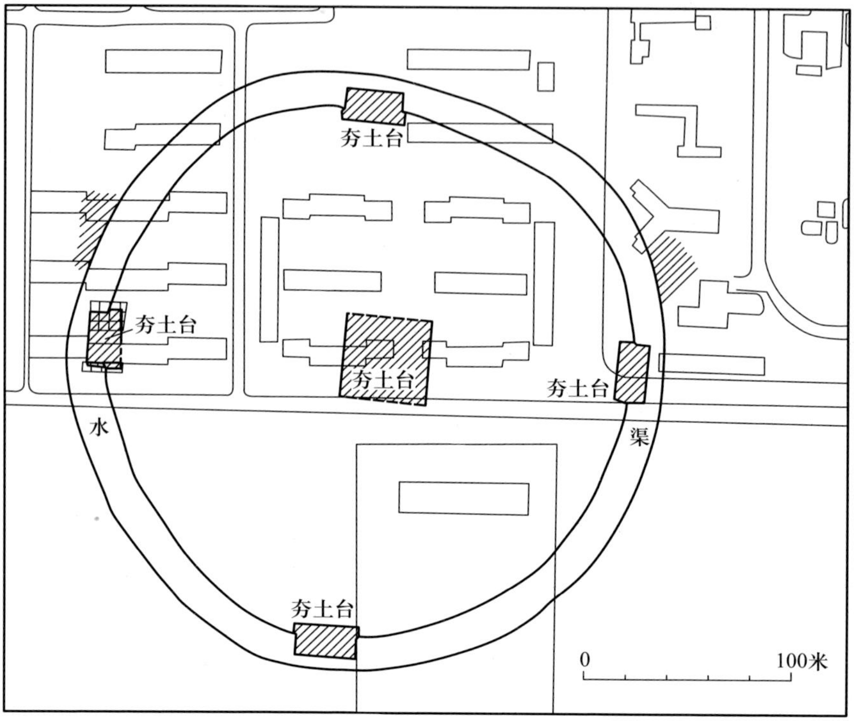

图 6-7 北魏平城明堂辟雍遗址平面图(采自王银田、曹臣明、韩生存:《山西大同市北魏平城明堂遗址 1995 年的发掘》,《考古》2001 年第 3 期)

量北魏时期的瓦当、筒瓦、板瓦等建筑构件。《水经注·㶟水》记载:“明堂上圆下方,四周十二堂九室,而不为重隅也……加灵台于其上,下则引水为辟雍。”遗址中央的夯土台上建有上圆下方的明堂和灵台,下方是方形的明堂,上方应就是观测天象的灵台。辟雍本指周代的太学,一般做成璧的外形,以水渠环绕,象征教化流行。明堂和辟雍都是设立于都城的重要礼制性建筑,是在将作大匠李冲的主持下建造的,也是北魏平城时期的最后一批城市建设,不久就迁都洛阳了。

平城的城市遗存虽然极其稀少,但在郊外发现了丰富的平城时期遗迹。平城以北的方山是一处重要的皇室陵园,山顶有冯太后的永固陵和孝文帝的“虚宫”,这是一座将墓葬、佛寺和陵庙合一的陵园,是在复古东汉陵园制度基础上的创新。西郊是宏伟的佛教中心云冈石窟。东郊和南郊的御河两岸是贵族官吏和普通百姓的墓葬区。在近年大同市的城市建设中常出土制作精美的大型石质和陶质建筑构件,可以想见当时都城建设之盛。

3. 统万城

统万城遗址位于陕西靖边县北部的毛乌素沙漠南缘,毗邻内蒙古乌审旗,是十六国时期的大夏国都城,大夏灭亡后历经北魏、西魏、北周、隋唐一直沿用。统万城是匈奴贵族赫连勃勃修建的一座极其坚固和奢华的城池,以叱干阿利为将作大匠主持修建,“蒸土筑城,锥入一寸,即杀作者而并筑之”(《晋书·赫连勃勃载记》),建成后“高十仞,基厚三十步,上广十步,宫墙高五仞。其坚可以厉刀斧,台榭壮大,皆雕镂图画,被以绮绣,穷极文采”(《资治通鉴·宋纪二》)。

通过考古勘探与发掘,可知统万城由外郭城和东西并列的二小城组成。外郭城呈不规则的曲尺形,面积 7.7 平方公里。郭城内东南部有东西并列的两个小城,四周皆有墙垣,墙外有护城壕,墙上设有马面。马面除了城防功能外,内部空间还兼作储存粮草和武器的仓库,在西城城门处还发现了瓮城,可见统万城的军事防御性质十分显著。永安台是统万城的主要宫殿,位于西城南部中央的高台上,现存高度近 19 米,是全城的制高点。

五、六朝建康城

建康城是东吴、东晋、宋、齐、梁、陈六朝的都城,遗址位于今南京市区。东吴孙权在武昌(今湖北鄂州)称帝后不久迁都建业,取武昌宫室木材浮江而下,开始了建业城的建设。东吴时期先后建造了太初宫、昭明宫和其他一些建筑。永嘉之乱(311)后晋室南迁,仍以建业为都,为避愍帝司马邺讳而改称建康。东晋开始了大规模的建康城建设,奠定了建康城的基本格局,经过东晋南朝的历代修建,逐步形成了由宫城、内城和外郭环绕的三重城格局。到梁代时达到最盛,“梁都之时,城中二十八万余户”(《太平寰宇记》引唐《金陵记》),加上一些不在籍的荫户、僧尼、兵户及流动商贩,建康人口当在百万以上。梁朝开始在部分城墙和城门的夯土上包砖,并在城内建造了大量佛寺。侯景之乱后建康城衰落,陈代虽有恢复,然规模远非前比。隋灭陈后对建康城"平荡耕垦",宫城和苑囿均遭到严重破坏。

六朝以后,建康城一直被沿用和改建,但城市的中心区没有太大的变动,造成了六朝建康城被后来的历代城市所叠压,成为一座典型的古今重叠式城市遗址,这给六朝建康城的考古复原研究造成了相当大的难度。目前对建康城平面的复原主要还是依赖历史文献,唐许嵩《建康实录》和《景定建康志》等宋元方志中保留了很多珍贵的建康史料,结合这些史志材料和基建考古资料,可以对建康城作出初步的复原。[①]

根据复原研究,可知建康城的外郭没有城墙,而是以自然山势及一系列的军事性城邑作为防御措施。沿淮水自东向西分布的东府城、丹阳郡城、越城、西州城,以及临长江的石头城和白石垒等都是拱卫建康城的军事性城堡。外郭内以一条南北向的御街作为中轴线,它是城市营建的基准线,很多重要建筑皆在其两侧展开。御街总长七里,在东侧设社稷、太庙等礼制性建筑和士大夫居住区,西侧设居民闾里及市场、手工业作坊。佛寺是南朝建康城最常见的建筑,史载南朝四百八十寺,很多可能都位于外郭内,如梁武帝时著名的瓦官寺就位于淮水南岸的外郭内(图 6-8)。

御街的北端是四面筑墙的内城,呈南北长方形。城内以一条东西横街(连接建春门至西明门)将全城分为南北两部分,北部置宫城、苑囿,南部御街两侧置官署。这种布局方式显然模拟了中原魏晋都城的南北分区、以北为尊的做法。

宫城亦称台城,是建康城的核心,是一座四面由宫墙环绕的正方形城,边长二里,开有五门,南墙的大司马门以御街与内城的宣阳门相连,一直往南通向外郭的朱雀门。宫城的中心建筑是朝会之所太极殿,左右有东西二堂,北有帝后寝宫,显然沿袭了前朝后寝的传统。

依据文献进行的建康城复原有时会与考古发现相冲突,这种情况下应以考古发现的遗存为准。以台城的探索为例,以前主要根据文献和地面遗迹认为,台城位于今南京市鸡鸣寺一带,这一带甚至被地方政府列为重点文物

① 张学锋:《六朝建康城的研究、发掘与复原》,《汉唐历史与考古研究所》,生活·读书·新知三联书店 2013 年版,第 283—309 页。

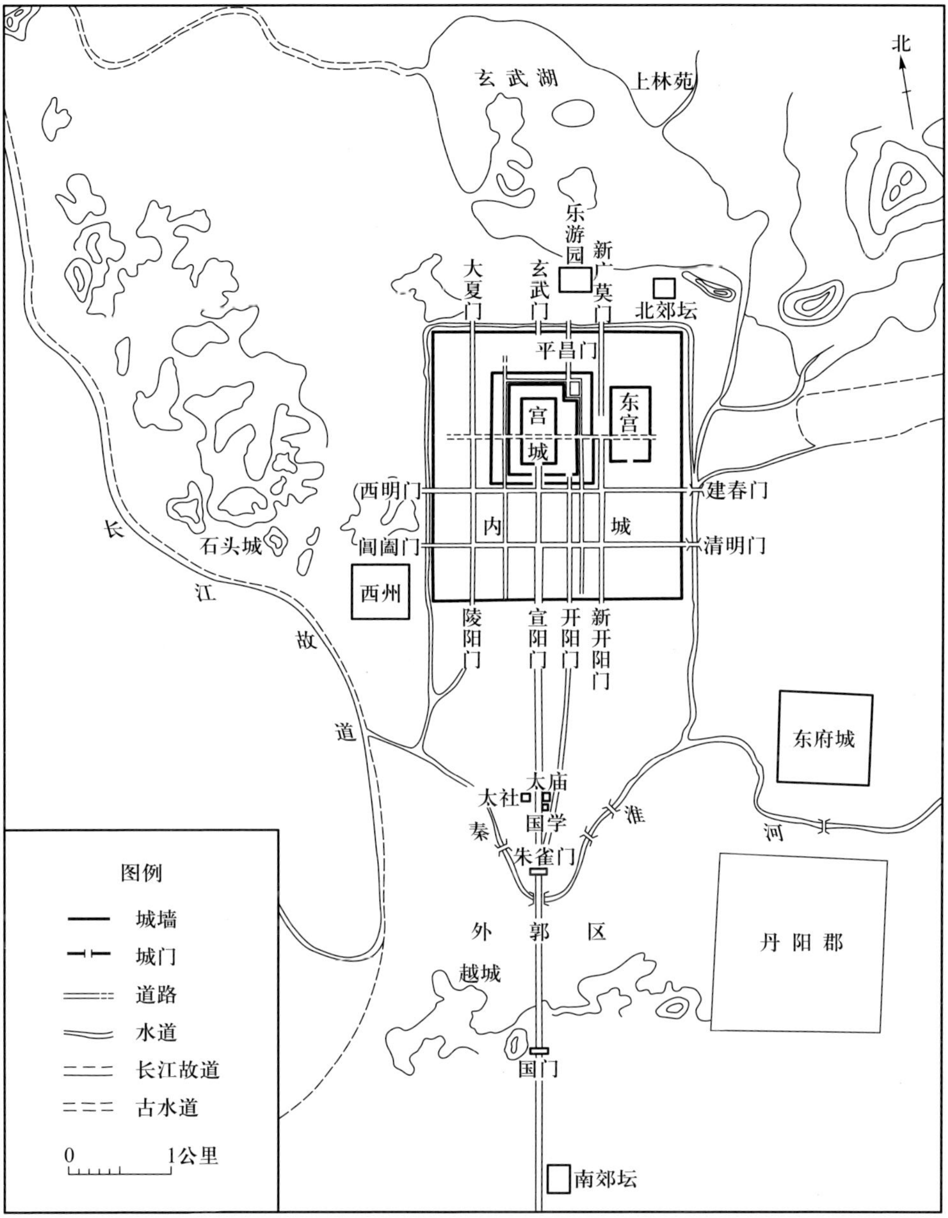

图6-8 东晋南朝建康城平面复原图(采自《中国考古学·三国两晋南北朝卷》)

保护区。但近年的考古发掘表明，这个地区并没有与六朝建康城有关的重要遗迹和遗物，显然台城应到他处寻找。21 世纪初南京考古工作者在大行宫地区进行了大面积的勘探和发掘，发现了大量六朝时期的遗迹和遗物，如高等级的道路遗迹、城墙、城壕、木桥、大型夯土建筑基址，以及建材、彩绘青瓷器等精美器物，也出土了与台城有关的砖铭，显然大行宫地区的遗存更有可能是台城所在。不过台城的四至及城内布局仍很模糊，还有待未来进一步的考古探索。[①] 除了对台城遗迹的发掘外，考古工作者还发现了南朝佛教造像、水井、木栅、道路、古河道等重要遗存，这些为全面了解建康城补充了新的资料。

六朝建康城的城市格局基本定型于东晋时期，它改变了东吴建业城宫殿分散的特点，而继承了中原魏晋的集中宫殿模式。前者是与汉代都城类似的多宫制，是“古代都城”模式，而东晋南朝的集中宫殿模式属典型的“中世纪都城”，主要特征是：有明显的城市中轴线，宫城位于中轴线北端、衙署位于宫城之南的中轴线两侧，宫城之北设有苑囿，宫城东、西、南部规划着整齐划一的里坊，城市施行严格的宵禁管理。这种都城模式与魏晋南北朝时期的社会变迁密切相关，有一种观点认为是中国古代都城观念与北方草原民族居住形式相结合的产物。[②] 从这一点来说，东晋南朝时期的建康城与北方都城保持了同步发展，同属中古都城模式演变中的重要环节。

第二节 隋唐两京

一、大兴—长安城

隋文帝开皇二年(582)命高颎、宇文恺等人在汉长安城东南的龙首塬上

---

① 王志高:《六朝建康城遗址考古发掘的回顾与展望》,《南京晓庄学院学报》2008 年第 1 期。

② 张学锋:《所谓“中世纪都城”——以东晋南朝建康城为中心》,《社会科学战线》2015 年第 8 期。

另建新都,因文帝初封大兴公,故以大兴为名。唐初改名长安,太宗贞观八年(634)在隋太极宫东北的高地另建永安宫,次年更名大明宫,自武则天听政开始,大明宫成为主要的朝会之所。唐韦述《两京新记》、北宋宋敏求《长安志》、南宋程大昌《雍录》、元李好文《长安志图》、骆天骧《类编长安志》、清徐松《两京城坊考》等历史文献保留了大量关于大兴、长安城(以下统称隋唐长安城)的史料,结合考古勘探发掘情况,我们对该城布局已有了较清晰的了解。

隋唐长安城是一座规模宏大、规划严整的都市,全城面积 84 平方公里,由郭城、宫城和皇城组成(图 6–9)。郭城东西宽 9 721 米,南北长 8 651 米,以夯土版筑城墙,墙外有深 4 米、宽 9 米的城壕。东、西、南三墙各开三门,以南墙中间的明德门最大,有五个门道,各宽 5 米,其余各门皆为三门道。郭城内有南北大街 11 条,东西大街 14 条,其中通往南面三门和东西六门的六条大街是主干大道,朱雀大街是全城的中轴线,宽达 150—155 米。纵横交错的街道将郭城划分为 108 坊,以安置居民。官署、佛寺、道观错落其间,以朱雀大街为界分属大兴县、长安县管辖。各坊皆以高大的坊墙环绕,形成封闭管理的居民区。朱雀大街两侧的四列坊面积最小,坊内仅设东西横街,皇城两侧的六列坊面积最大,内设十字形街道。皇城南部的郭城内对称设置东、西二市,各占两坊之地,是手工业和商业区,每个市的面积约 1 平方公里,四面筑墙,各开两门。市坊内四条街道正交为"井"字形,将市坊分为九区,市场管理机构设在中央,周围为店肆。西市及附近聚集了大量来自域外的胡人,建有波斯胡寺、火祆祠、景教寺等外来宗教场所。

皇城位于东西横街以北,东、西、南面设城墙,北面无墙,以一条横街与宫城相隔。南墙设三个城门,东西各设一座城门。南面正中为朱雀门,经朱雀大街与郭城的正门明德门相通。皇城内设东西横街七条、南北纵街五条,其间布置中央衙署机构。

皇城之北为宫城,以太极宫为中心,两侧分别安置太子所居的东宫和宫人所居的掖庭宫,太极宫是隋代的主要朝会之所。宫城之北是皇家苑囿,起到北面的防卫作用。唐代新建的大明宫平面呈梯形,四面有宫墙和城门,北

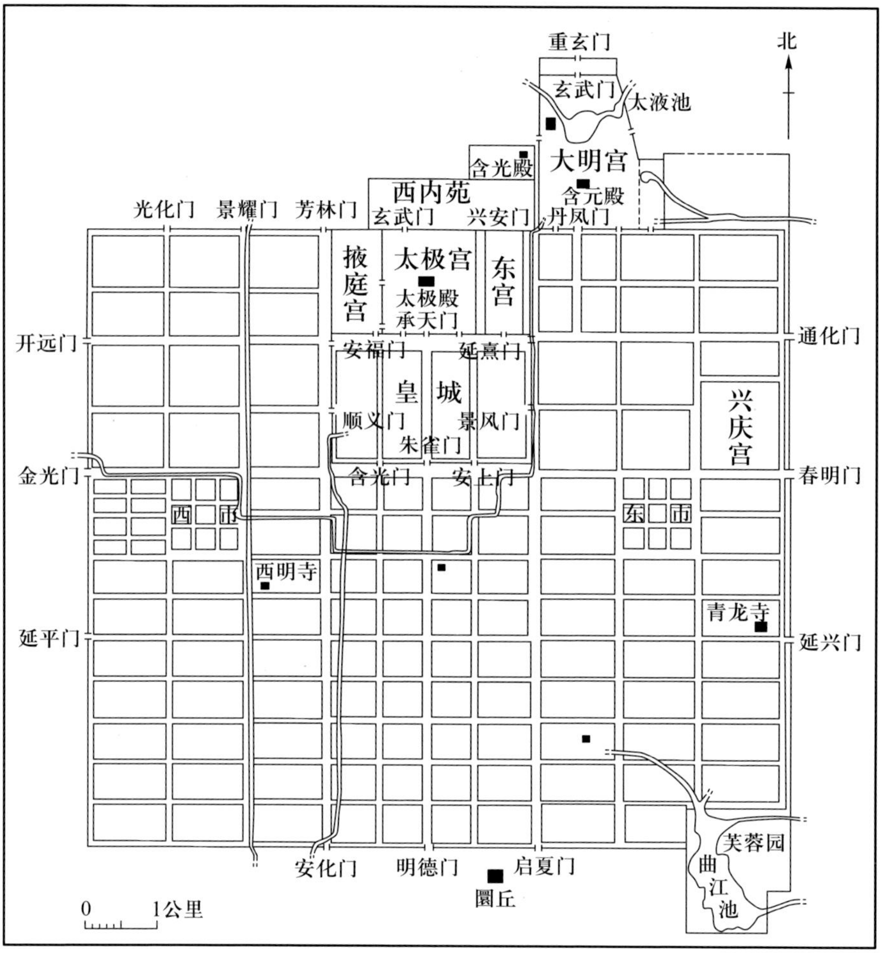

图 6-9　隋唐长安城平面复原图(采自钱国祥:《中国古代汉唐都城形制的演进——由曹魏太极殿谈唐长安城形制的渊源》,《中原文物》2016 年第 4 期)

墙之外有夹城。大明宫的北部发现建筑基址 30 余处,已发掘大明宫的正殿含元殿和宴会群臣的麟德殿。含元殿是一座面阔十三间、进深六间、左右设高阁的宏伟宫殿。

在皇城东部的郭城内发现了重要的皇家建筑基址——兴庆宫遗址,兴庆宫是开元以后唐玄宗的听政之所,是一座比大明宫更为奢华的宫殿,遗址内发现了多处建筑基址。兴庆宫沿东郭的城墙开有北通大明宫、南通曲江芙蓉池的复壁,是专为皇帝修建的夹城。

二、洛阳城

隋炀帝为了加强对关东和江南的控制，于大业元年（605）诏杨素、宇文恺营建东都，一年而成，入唐即废。唐贞观年间恢复宫城与皇城，重建郭城。武则天时迁徙了大量关中人士充实洛阳，洛阳成为李唐政权在长安以外的另一个政治中心。对隋唐洛阳城记载较详的文献除了《两京新记》和《两京城坊考》外，还有徐松从《永乐大典》辑录的《河南府志》二卷，保留了大量西周以来洛阳城的珍贵史料。

隋唐洛阳城与长安城一样，也是由宫城、皇城和外郭城组成的里坊制城市，但将宫城、皇城置于郭城西北的地势高亢之地。宫城北设曜仪城、圆壁城，又建东、西隔城，起到共同拱卫宫城的作用。宫城南面是皇城，皇城东有东城，北有含嘉仓城，是存储来自河北、河南诸道的官粮之所，考古发现了大量的粮窖。外郭城共设八座城门，城内街道纵横相交成棋盘式的布局，设有103坊。里坊周围有坊墙，墙正中开门，坊内设十字街。郭城内设三个市坊，北市在洛水北岸，西市、南市在洛河以南（图6-10）。

隋唐长安与洛阳是魏晋南北朝以来都城模式的发展与定型，主要特征是：坐北朝南、以北为尊、以“T”字形街道区划城市功能、以封闭的里坊安排居民区等，是典型的“中世纪都城”。这种都城规划模式对当时国内地方城市以及唐朝势力所及的周边国家城市都产生了深刻影响。唐代的州城大多是根据两京里坊的十字街模式而设计的，如南方的益州城、扬州城，北方的幽州城、云州城等，较小的州县城也是如此。里坊的数量因城市的等级而有差别，一般大型州府城有十六坊，普通州府城有四坊，小型州府城和县城仅有一坊之地[①]。这种十字相交的街道模式也影响了中亚、渤海国及日本的城市规划。

封闭的里坊制是城市商业经济不发达时期的产物，唐代中叶以后随着

---

① 宿白：《隋唐城址类型初探》（提纲），《纪念北京大学考古专业三十周年论文集》，文物出版社1990年版。

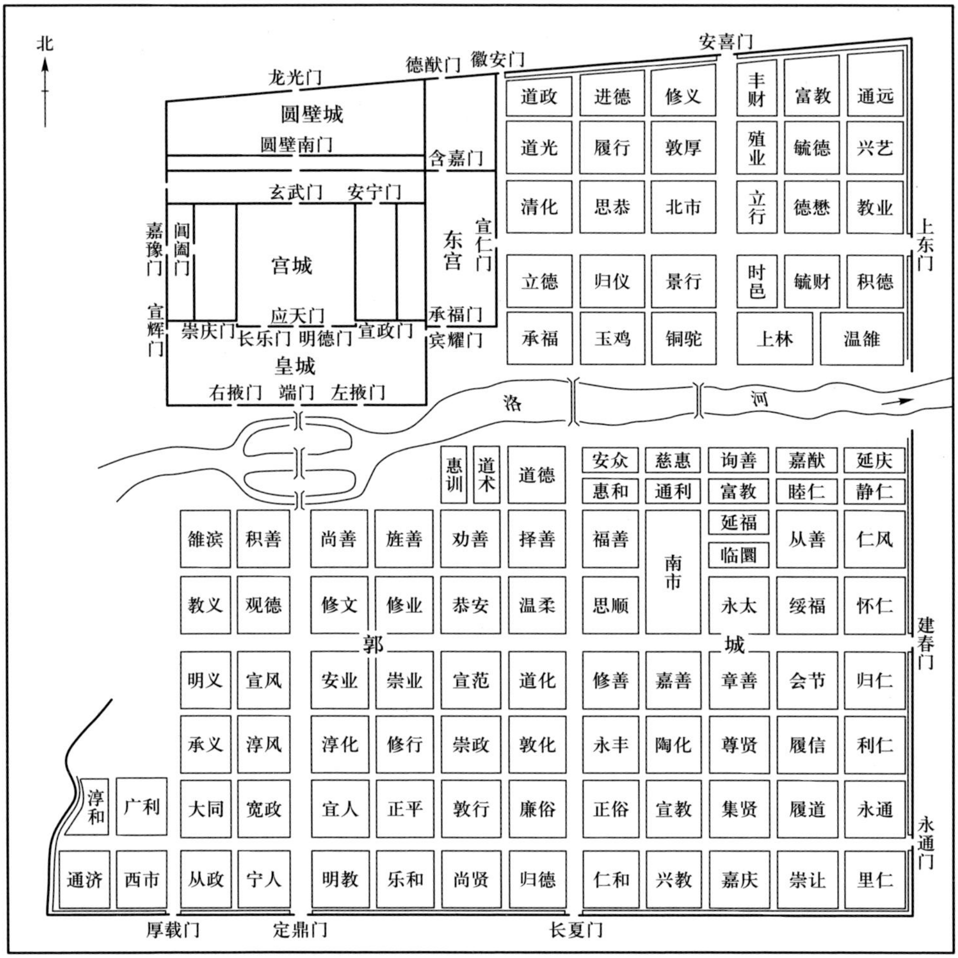

图 6-10　隋唐洛阳城平面示意图（采自石自社：《隋唐东都与北宋西京城门遗址的观察》，《华夏考古》2018 年第 6 期）

城市经济的发展，靠坊墙来限制商品交换、以宵禁来控制城市生活的情况已不适应新的形势，唐末五代时出现了很多有关城市侵街、夜市违规的诉讼案例。这种情况最终促成了中国城市平面布局的变革，从北宋开始发生了从封闭的里坊制向开放的街巷制的转变，后者成为宋元明清各代城市的主要形态。

思考题：

1. 汉唐都城模式的形成背景与过程。
2. 中古城市中轴线的形成与意义。
3. 里坊制城市的特征及社会背景。

第七章　汉唐之间丧葬模式的演变

墓葬是最常见的一类考古遗存,大多数墓葬因人为或自然的原因被破坏,但依然保留下来相当丰富的历史文化信息。中国古代以“事死如生、事亡如存”的理念进行安葬,因此墓葬遗存可看作现实社会的缩影,在一定程度上反映了古代社会的物质文化、思想信仰、社会变迁等。对墓葬遗存信息的提取和阐释是考古学的重要任务,现代科技手段的介入使得提取信息的能力大大提高,人文社科领域各种理论和方法也为我们由死及生地探索古代社会提供了可能。考古揭示的墓葬遗存包括地上的各类标记性和祭祀性设施(如封土、碑、表、神道石刻、寝殿、祠堂等),以及地下的墓室建筑、随葬器物、墓葬画像等,它们共同构成了丧葬礼仪空间。汉唐之间是丧葬空间形态发生巨大变化的时期,我们可以通过空间形态的变化探索丧葬礼仪的变化,从而揭示丧葬模式与生死观的变迁。

第一节　魂魄观与丧葬空间的营造

人类各大文明体系里都有关于灵魂的信仰,古代西方思想家常以泛灵论(animism)解释灵魂和肉体的关系,认为死亡是肉体与灵魂分离之后的状态。19 世纪的欧洲历史学家纵观欧洲历史,认为“无论上溯若干藐古,总未见有‘死即止’的思想。在远古哲学家出现以前极古的时代,颇信死后尚有第二个世界。他们以为死者,并非人体消解之谓,不过一种生活变迁而已”[①]。人类学家从灵魂信仰的角度解释了葬礼的成因,认为葬礼根源于生者对死者灵魂的恐惧,生者试图通过一系列复杂的埋葬仪式掌控死者的灵魂,如

---

① [法]古郎士:《希腊罗马古代社会研究》,李玄伯译,张天虹勘校,中国政法大学出版社 2005 年版,第 3 页。

“垒石于墓，以制其魂……盛装其身，供其饮食，以诱其魂，以免为患”[①]。

灵魂信仰是古代人类社会的一种普遍信仰，但各个文明体系里对灵魂的认识不尽相同。中国古代的灵魂信仰主要是魂、魄二元论，认为人的生命由魂和魄组成，魂主精神、智力，魄主形体，魂魄合一则有健全的生命，魂魄分离则意味着死亡。“夫精气为魂，身形为魄。人若命至终毕，必是精气离形”（《礼记正义·曲礼下》）。人因魂魄离散而死，但魂魄并非立刻消失，而是各有所归，“魂气归于天，形魄归于地”（《礼记·郊特牲》），魂、魄分离后的去向是不一样的。这种魂魄二元观是中国古代丧葬礼仪的理论基础，礼家为此设计了一套完备的魂魄安抚礼仪，从初死的招魂之礼，到繁琐的服丧之礼、隆重的葬礼和死后的祭祀之礼，皆为安抚离散的魂与魄，使之各有理想的归属。

人初死，则魂魄离散，但人们出于对逝去生命的眷念，希望能借助巫术手段使魂魄重新结合，这就是中国延续数千年的招魂习俗。招魂在先秦礼仪中被称作“复”，是人死之后的第一个礼仪环节，《仪礼·士丧礼》记载了复礼的过程：

> 复者一人以爵弁服，簪裳于衣，左何之，扱领于带；升自前东荣中屋，北面招以衣，曰：“皋某复！”三，降衣于前。受用箧，升自阼阶，以衣尸。复者降自后西荣。[②]

仪式中，由复者拿着死者生前的礼服，站在屋顶上面向北方呼喊死者的名字，三声而后扔下衣服，将之盖在遗体之上。这个仪式中的主要道具是死者生前的礼服，由于荷载了死者的灵魂，将之覆盖于遗体具有魂魄复合的象征意义，寄托了灵魂重归身体、生命得以延续的愿望。这种仪式从先秦一直

---

① Frazer, James G, “On Certain Burial Customs as Illustrative of the Primitive Theory of the Soul”, *The Journal of the Anthropological Institute of Great Britain and Ireland*, Vol.15 (1886), pp.65, 74—75. 此引文为笔者据其大意翻译。

② 郑玄注、贾公彦疏、彭林整理：《仪礼注疏》卷三十五《士丧礼》，李学勤主编：《十三经注疏》（标点本），北京大学出版社 1999 年版，第 658—660 页。

延续于后世。当死者尸骨不可得时，常以衣冠招魂而葬，也是出于同样的魂魄复合的观念。

战国楚地的招魂仪式更似一场盛大的巫术表演。楚人为客死咸阳的怀王在郢都举行了盛大的招魂仪式，仪式实况见于《楚辞》的《招魂》和《大招》二篇，二者内容大同小异。帝告巫阳曰："有人在下，我欲辅之。魂魄离散，汝筮予之！""魂兮归来，君无下此幽都些……魂兮归来，入修门些……魂兮归来，反故居些……像设君室，静闲安些。"[①] 巫阳奉天帝之令主持楚怀王的招魂仪式，在旌幡簇拥下，巫阳手提精致的竹笼，笼内放置招魂衣，背向前方徐徐倒行，边走边喊"魂兮归来"，以招引死者的灵魂回归。招魂辞的内容是"外陈四方之恶，内崇楚国之美"，一方面描绘了东南西北四方及天上、地下的各类恐怖景象，以阻止灵魂去往恐怖的地方，另一方面描绘了温馨美妙的居所，以招引灵魂回到故居。"像设君室，静闲安些"，居所内有富丽堂皇的高堂水榭、亭台楼阁，君室内摆放着死者的遗像，室内有翡翠珠被、兰膏明烛，奇珍异宝充盈其间，伴以美酒佳肴，又有奴婢成群、歌舞唱和。招魂辞中的"幽都"是恐怖的所在，意指藏形的墓葬，而"修门"内的"君室"则是安魂之所，室内陈设死者的肖像，象征回归的灵魂。

招魂礼之后还有一系列繁琐而庄重的丧礼、葬礼、祭礼。大约成书于东周的《仪礼》是一部记载各类礼仪规范的书籍，其中《士丧礼》《既夕礼》《士虞礼》三篇详记丧葬、祭祀礼仪。这些仪式设计的原则是"事死如生、事亡如存"，各类衣食住行、礼乐之物无所不备，而饮食供奉是最重要的内容。从始死到大敛，食物渐丰、恭敬之情愈烈，所献食物不但应有尽有，甚至十分体贴地剔除了骨头、切成了块，将不同食品盛于不同容器中，再用布包好，以木架固定。这种关怀备至的礼仪是为了表达对死去祖先的恭敬之情，是一种寓情于礼的表达。

在对待死亡的态度上，先秦思想家各有阐述，孔子主张以神明之道对待丧葬，"之死而致死之，不仁而不可为也；之死而致生之，不知（智）而不可为

① 朱熹：《楚辞集注》卷七《招魂》，蒋立甫点校，上海古籍出版社 2001 年版，第 129 页。

也。是故竹不成用，瓦不成味，木不成斲，琴瑟张而不平，竽笙备而不和，有钟磬而无簨虡。其曰明器，神明之也”（《礼记·檀弓上》）。这是一种对待死亡的折中态度，将死者视为有知、但又与生者有别的神明，因此既要为死者准备好各类如生前所用的生活物品，又不能与生前所用完全相同，即备物而不可用。这种寓情于礼而又生死有别的丧葬礼仪被孔子当成整饬社会秩序、宣扬儒家伦理的重要手段。

丧葬礼仪不仅为了表达对死者的恭敬之情，还要让离散的魂、魄各有所归，因此既要藏形，又要安魂，即《荀子·礼论》所言“葬埋，敬藏其形也；祭祀，敬事其神也”。所谓藏形，是在墓室内安排尽量完备的生活设施，象征生前生活在来世的延续；所谓安魂，是指生者对飘荡的灵魂的供奉。藏形与安魂的场所不同，礼仪行为有别，这是解释墓葬遗存的关键。墓葬的最初功能只有藏形，即所谓“葬也者，藏也。藏也者，欲人之弗得见也”（《礼记·檀弓上》），这是一种葬毕即藏的埋葬方式。考古发现的商周至西汉前期的竖穴土坑木椁墓都是这种埋葬模式，除了以深埋、密封等方式表达“藏”的含义外，墓室被棺椁和各类随葬品填满，墓葬的封闭性较强。这种墓葬除了地下空间极为封闭，地面一般也不设标记性和祭祀性设施。但这种埋葬方式从春秋战国之交开始发生变化，墓葬逐渐被赋予了祭祀安魂的功能，墓葬空间也因此由封闭走向开放。

墓葬走向开放的标志之一是地面标记性和祭祀性设施的出现。封土是墓地最初的标记性设施，传说孔子葬其父母于防，为了便于识别，筑有四尺高的封土。春秋战国之际的墓葬封土已被考古发现所证明，伴随封土出现的还有一些祭祀性设施，战国时期的辉县固围村大墓、平山中山王墓等在封土上出现了大规模的墓上建筑。根据中山王厝墓出土的兆域图铭文，这些墓上建筑可称作“堂”，是象征墓主饮食起居之所的寝殿。战国晚期的秦芷阳陵园将建在墓口上的“堂”移至封土之侧，被后来的秦始皇陵所继承，墓祭逐渐流行，并在汉代更加受到重视，西汉自惠帝开始在陵园附近设置宗庙，东汉明帝在陵园内设置陵庙。

墓葬走向开放的标志之二是地下墓室空间的变化，总的趋势是埋葬空间与祭祀空间的逐渐分离与独立，祭祀空间逐步扩大，以棺为中心的埋葬空间后移，逐步形成了前堂后室之制。[①] 当原来被棺椁和随葬品充斥的封闭性墓室出现了独立的祭祀空间后，墓室的顶部也逐渐增高，墓室空间变得宽敞而高大，与此同时出现了祭祀空间与外部沟通的羡道、墓门等设施，墓室的封闭性被打破而变成了开放式的地下空间。

第二节　秦汉丧葬模式

一、秦汉陵寝制度

1. 秦始皇陵

秦始皇陵是中国古代第一座皇帝陵墓，正如秦始皇的其他许多影响后世的制度一样，他的陵寝制度也极具开创性并且影响深远。始皇即位之始就开始了在骊山修建宏大陵墓的工程，用工数十万、历时三十余年，直到去世也未完工。这座宏大的地宫因未进行考古发掘而详情尚未可知，但地面的陵园空间形态已大体清晰。这是一座南北长方形的陵园，占地面积 212.95 万平方米，由内外两重城垣围绕而成，四面辟门；内城南部有高大封土，封土之下是宏大的墓室，由地下墙垣围绕；封土北侧有多组地面建筑群，由近至远分别是寝殿与便殿；西、北二面还有飤官、陪葬墓、珍禽异兽及马坑等遗迹；外城之外的东侧有司马道，旁侧配置着 4 座大型兵马俑坑及若干马厩坑、动物坑等（图 7–1）。整个陵园可以划分为两个功能明确的礼仪空间：以封土为中心的埋葬空间、以寝殿为中心的祭祀空间。

秦始皇陵园在空间形态上主次分明、设施完善、功能齐全。封土是始皇陵的标记性设施，也是陵园的主体，呈覆斗形，封土的出现固然与墓葬建造工程有关，但从礼仪功能上却是墓葬走向开放的标志之一，其主要作用在于

① 黄晓芬：《汉墓的考古学研究》，岳麓书社 2003 年版，第 92 页。

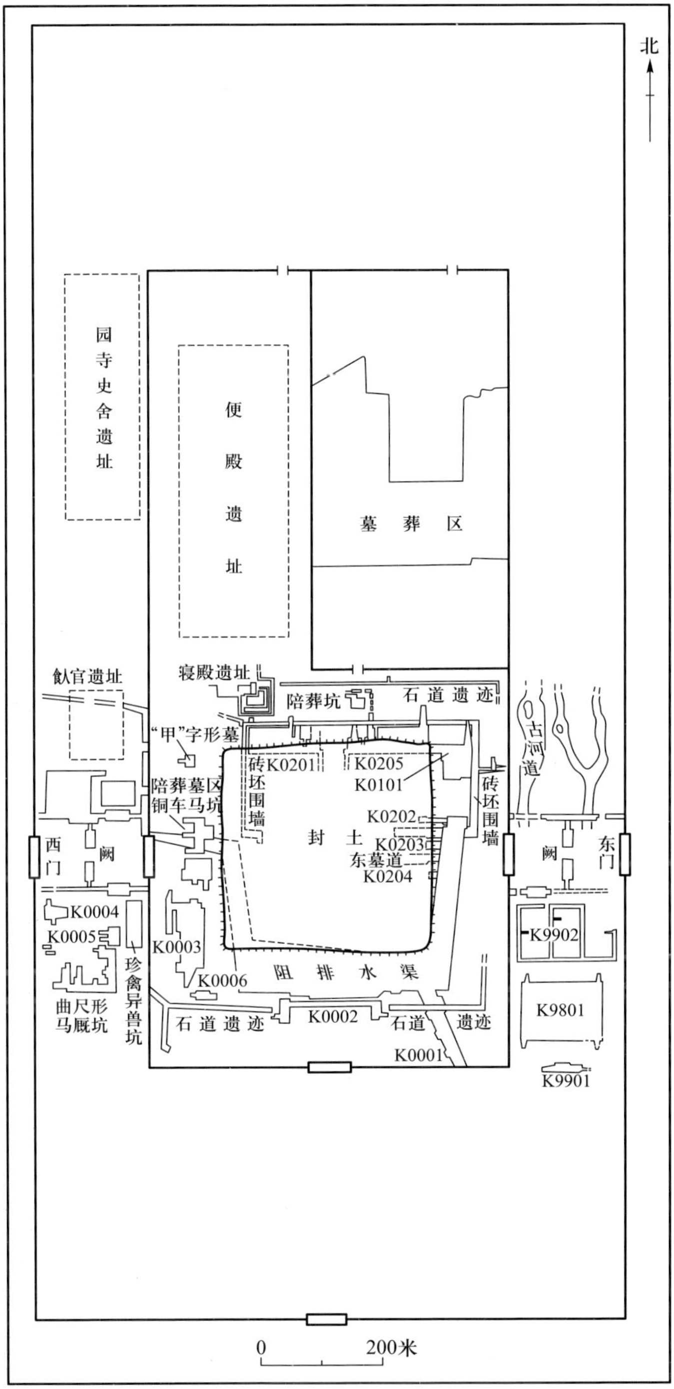

图 7-1　秦始皇陵陵园遗址平面图(采自《中国考古学·秦汉卷》)

标识。陵园已发现多处与祭祀有关的建筑遗存,即位于封土以北的寝殿、便殿等设施。秦始皇统一天下后,逐渐规范和建立了完备的祭祀礼仪,在原有的郊社之礼基础上又创封禅大典以祀天地,意为自己的统治是天命所归,祭祀是宣扬天命、巩固统治的一种手段。出于同样的理由,还要祭祀祖先,除了在宗庙里进行的祭祖典礼外,还在墓地设立寝殿以祭祀先祖,这是对战国以来陵寝制度的继承和规范化。

秦始皇陵的墓室是藏形之所,是一座十分宏大的地宫,“始皇初继位,穿治郦山,及并天下,天下徒送诣七十余万人,穿三泉,下铜而致椁,宫观百官奇器珍怪徙臧满之。令匠作机弩矢,有所穿近者,辄射之。以水银为百川江河大海,机相灌输,上具天文,下具地理。以人鱼膏为烛,度不灭者久之”(《史记·秦始皇本纪》)。通过考古勘探可知地宫深度达到30米左右,应有比较宽敞的空间和复杂的结构,地宫详情还有待未来更多的考古勘探。

2. 西汉帝陵

在承秦的基础上,西汉建立了更加完善的陵寝制度。西汉帝陵位于汉长安城的西北和东南高地上。在渭河北岸的咸阳原上从西向东分布着武帝茂陵、昭帝平陵、成帝延陵、平帝康陵、元帝渭陵、哀帝义陵、惠帝安陵、高祖长陵、景帝阳陵;在渭河以南的白鹿原、少陵原上有文帝霸陵、宣帝杜陵。通过考古工作可知西汉帝陵在陵园空间形态上经过了几次重大的变革:

其一,汉初的高祖长陵、惠帝安陵继承了秦始皇陵模式,在陵园内建有覆斗形封土和寝殿建筑、陪葬坑等;其二,文帝霸陵一改人工垒筑的覆斗形封土为因山为陵,后陵单辟一园;其三,从景帝阳陵开始,帝、后陵园独立,周围环绕寝殿、陵庙和外藏坑、陪葬墓,空间布局规整,体现了以帝陵为中心的严格等级制度;其四,西汉后期陵园空间有简化的趋势,如陵庙之设不再成为定制,外藏系统缩减等。

西汉陵园中最醒目的设施是高大的封土,除文帝霸陵外,都呈覆斗形,底部一般150—170米见方,高20—30米,以武帝茂陵的封土最大。西汉陵园以封土为中心营建了设施完善的庞大陵园,景帝阳陵陵园是西汉帝陵中最成熟的一种形态,是一个布局严谨、层次分明的庞大陵区。根据主次关系大致可以分为西、东二组遗存,西组是陵区的主体,以帝、后陵为中心,周围环绕着妃子墓、从葬坑及几组与祭祀有关的建筑,西部最远处是参与陵寝工程的刑徒墓地;东组是大片的陪葬墓园群,分布着 200 多座墓园、5 000 余座墓葬,东端最远端是守陵人居住的陵邑(图 7–2)。[1] 寝殿与陵庙是西汉帝陵陵园的主要祭祀性设施,但功能有所差异,寝殿供奉“衣冠几杖象生之具”等纪念性物品,陵庙取法于宗庙,是祭祀场所,以神主作为祭祀的对象。

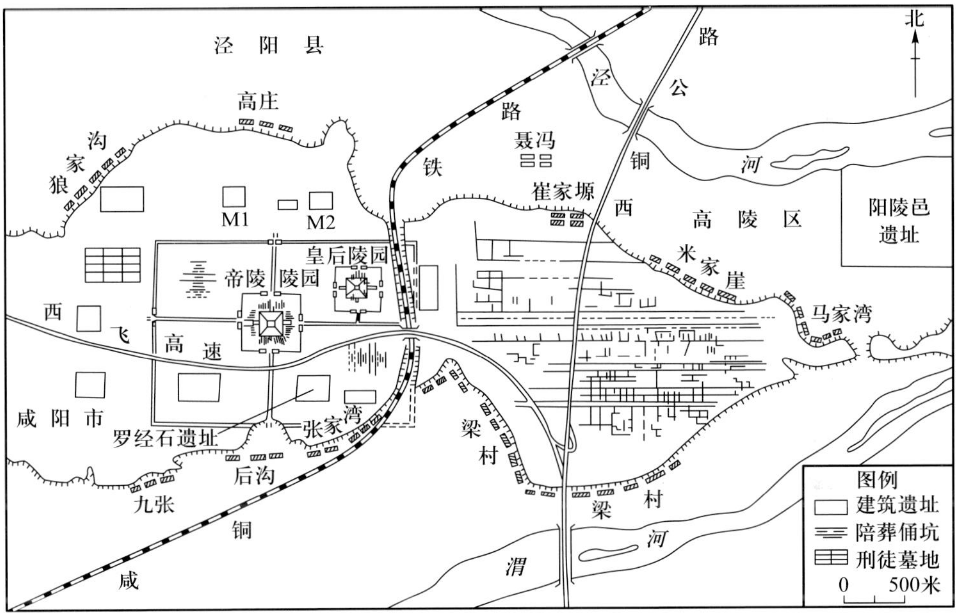

图 7–2 西汉景帝阳陵陵区遗迹分布图(采自焦南峰:《试论西汉帝陵的建设理念》)

3. 东汉帝陵

东汉十一帝葬于汉雒阳城的南北两大茔域,每座帝陵的茔域内各有大片陪葬墓群。东汉陵寝在空间营造上发生了较大的变化。[2] 其一,祭祀性设施简化,仅有供奉死者生前纪念性物品的寝殿和守陵人员居住和办事的园

① 焦南峰:《试论西汉帝陵的建设理念》,《考古》2007 年第 11 期。
② 梁云、王璐:《论东汉帝陵形制的渊源》,《考古》2019 年第 1 期。

省、园寺吏舍等设施，取消了陵庙之制，从明帝显节陵开始设置陵庙的简化形式——石殿，在石殿举行盛大的上陵礼；其二，改变了西汉帝陵的双重墙垣制度，一般只有一道墙垣，或仅以木竹栅栏代替；其三，改变了秦和西汉陵园东向的传统，改为南向；其四，改变了西汉帝陵的覆斗形封土形制，而采用圆形封土之制。

东汉陵寝制度最值得注意的是明帝时的多项变革，如在石殿进行的上陵礼，是一项由皇帝亲自主持的大规模会陵仪式，既是对先帝灵魂的祭祀，也是一场整饬社会秩序、维护伦理纲常的政治活动。明帝开始的石殿祭祀制度被曹魏继承，曹丕即位后为曹操追加尊号，"及受禅，刻金玺，追加尊号，不敢开埏，乃为石室，藏玺埏首，以示陵中无金银诸物也"（《晋书·礼志》），这个建在墓道口的石室应就是石殿。

秦汉陵寝空间形态的变化与礼制变革有关，具体表现在地面和地下空间形态的改变，前者主要反映的是祭祀礼仪的变革，后者反映的是丧葬礼仪的变革。

二、封闭性的木椁墓

西汉初期延续了先秦以来的埋葬方式，以封闭性较强的竖穴木椁墓为基本特征，但墓葬逐渐走向开放，一方面椁室内的祭祀空间扩大，另一方面地面设施更加完善，一般都有高大的封土，并以封土的大小象征墓主的等级。以长沙马王堆一号汉墓为例，地面有高大的封土，墓圹呈斗形，墓口面积约 350 平方米。墓室总深度达 16 米，墓室内木椁周围和上部填塞木炭和青膏泥，椁底也铺有青膏泥，全墓共用木炭 1 万多斤（图 7–3）。椁室分为四个边厢，是放置随葬品的空间。棺室内置四重套棺，以 12 道帛束捆绑，并粘贴绒毛绣锦。尸体以 20 层衣物层层包裹，并以九道丝带捆扎，以锦袍覆盖。四个边厢被各类随葬物品填塞，共 1 000 多件各类容器和食物，以及 300 多枚书写着随葬物品的种类与数量的竹简。各室物品类别不同，表明各室的象征意义不同，其中北边厢四壁张挂着丝质的帷幔，底部铺以竹席，中间陈设着一套祭祀设施，由祭台、漆案及盛有献祭食品的容器组成，祭

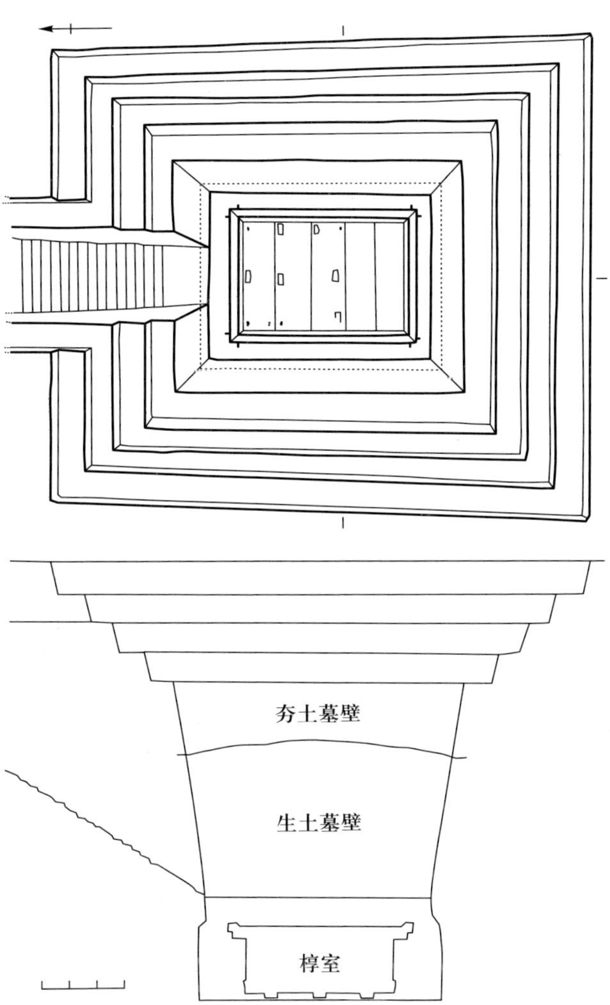

图 7–3 长沙马王堆一号汉墓平剖面图(采自湖南省博物馆、中国科学院考古研究所:《长沙马王堆一号汉墓》上集,文物出版社 1973 年版)

台的西部是漆屏风、几、枕、梳妆器具用具等,东部则是各类俑,显然北边厢在象征意义上与其他几个边厢是不同的,应是一个下葬时的祭祀场所(图 7–4)。

以马王堆汉墓为代表的汉初竖穴木椁墓继承了先秦以来"葬即藏"的埋葬模式,通过"藏"将生者的世界与死者的世界完全隔离,强调生死有别。这种丧葬模式下的地下空间被营造为一个幽深阴暗的"黄泉"。

图 7–4　长沙马王堆一号汉墓椁室结构（采自湖南省博物馆、中国科学院考古研究所：《长沙马王堆一号汉墓》下集，文物出版社 1973 年版）

三、墓室的宅第化

（一）西汉诸侯王墓

从西汉早期开始，先秦以来流行的封闭性较强的竖穴木椁墓发生了变化，逐渐形成了模拟宅第的前堂后室的空间形态。目前发现的最早宅第化墓是西汉早期的诸侯王墓，最先在实力强大的楚国和梁国出现，是在山崖里开凿的规模巨大、结构复杂的模拟宫室结构的墓室。

徐州北洞山楚王墓的墓主可能是葬于公元前 129 年的西汉第五代楚王

刘道。墓葬总长 77.65 米，由凿山为藏的 8 间洞室和 11 间由石材搭砌的院落构成，主体结构由横列的前堂、直列的后室及众多的耳室、侧室构成，模拟了生前宅第的前堂、后寝、东西塾、双阙、厕间，附属部分则模拟了侍卫室、仓库、更衣室、宴饮乐舞室、天井、厨房、凌阴、薪炭库、厕间等（图 7–5）。

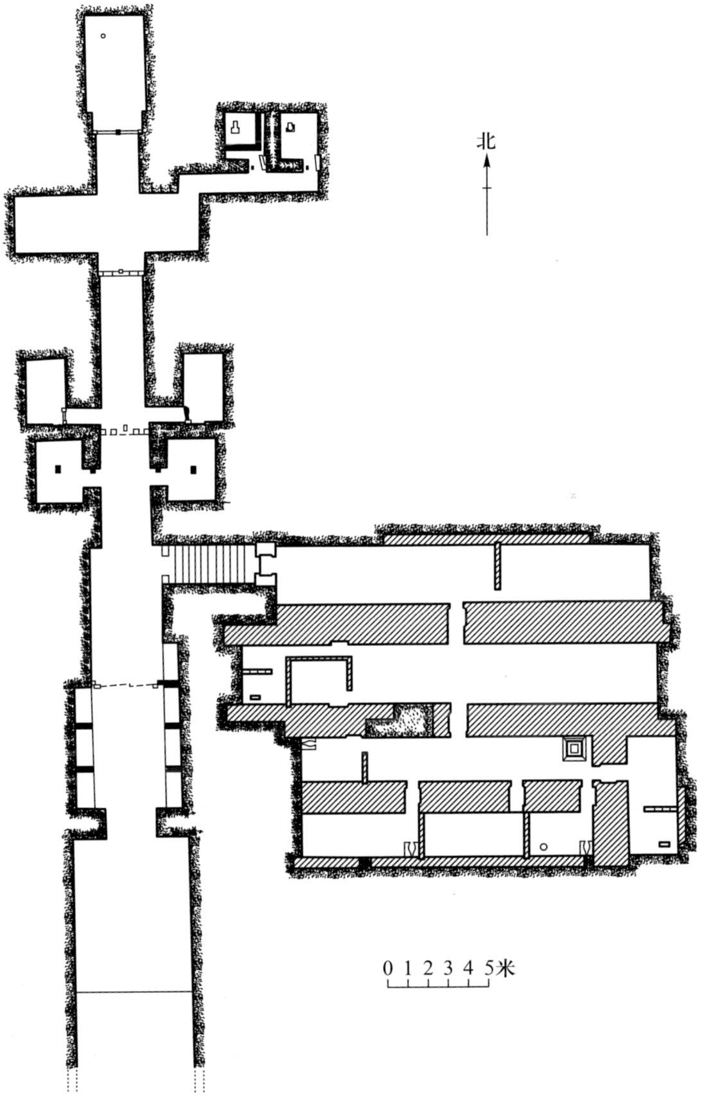

图 7–5 徐州北洞山楚王墓平面图（采自徐州博物馆、南开大学历史系考古专业：《徐州北洞山西汉楚王墓》，文物出版社 2003 年版）

河南永城保安山 1 号墓的墓主可能是梁孝王，是一座巨大的由墓道、甬道、主室、回廊及 10 余间侧室、耳室、角室构成的墓葬(图 7–6)。2 号墓的墓主可能是梁孝王王后，规模更大，由 2 条墓道、前庭、前室、后室、34 个侧室和回廊等构成，全长 210.5 米，总面积 1 600 多平方米。

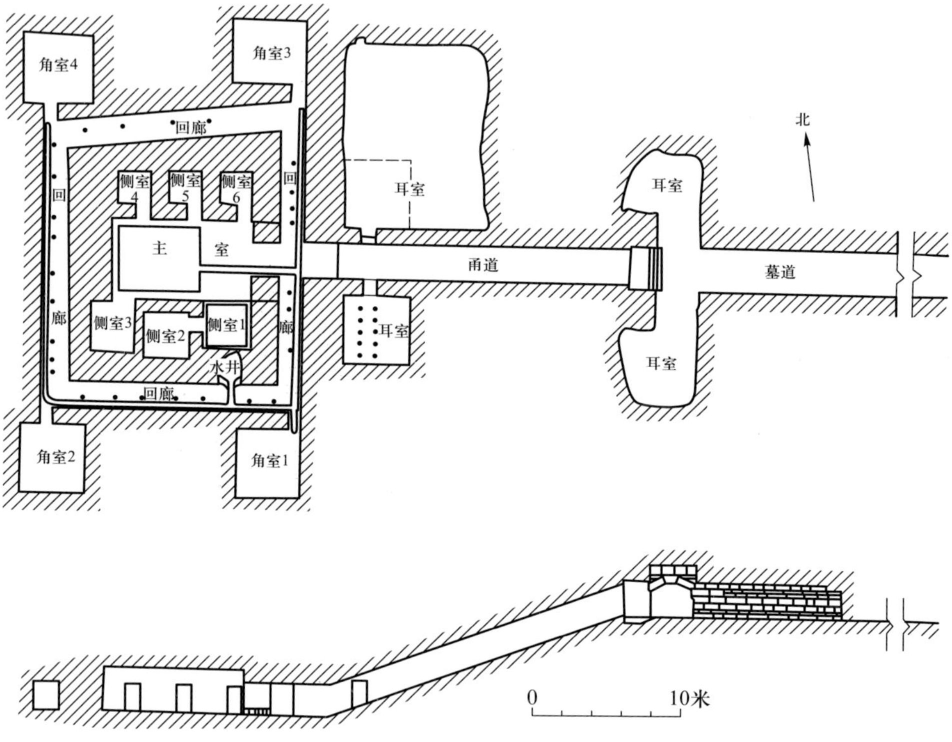

图 7–6 永城保安山 1 号墓平剖面图(采自河南省商丘市文物管理委员会等：《芒砀山西汉梁王墓地》，文物出版社 2001 年版)

宅第化的崖洞墓被西汉中晚期的诸侯王墓所继承，如满城中山靖王刘胜夫妇墓，规模较西汉早期的诸侯王墓已大为缩减，但是墓室的宅第化已经形成定制。满城 1 号墓的墓主推测为卒于武帝元鼎四年(前 113)的中山靖王刘胜，全长 51.7 米，主体部分是前堂、后室及围绕后室的回廊、耳室组成(图 7–7)。2 号墓结构相似，全长 49.7 米，后室无回廊，是刘胜妻窦绾之墓。

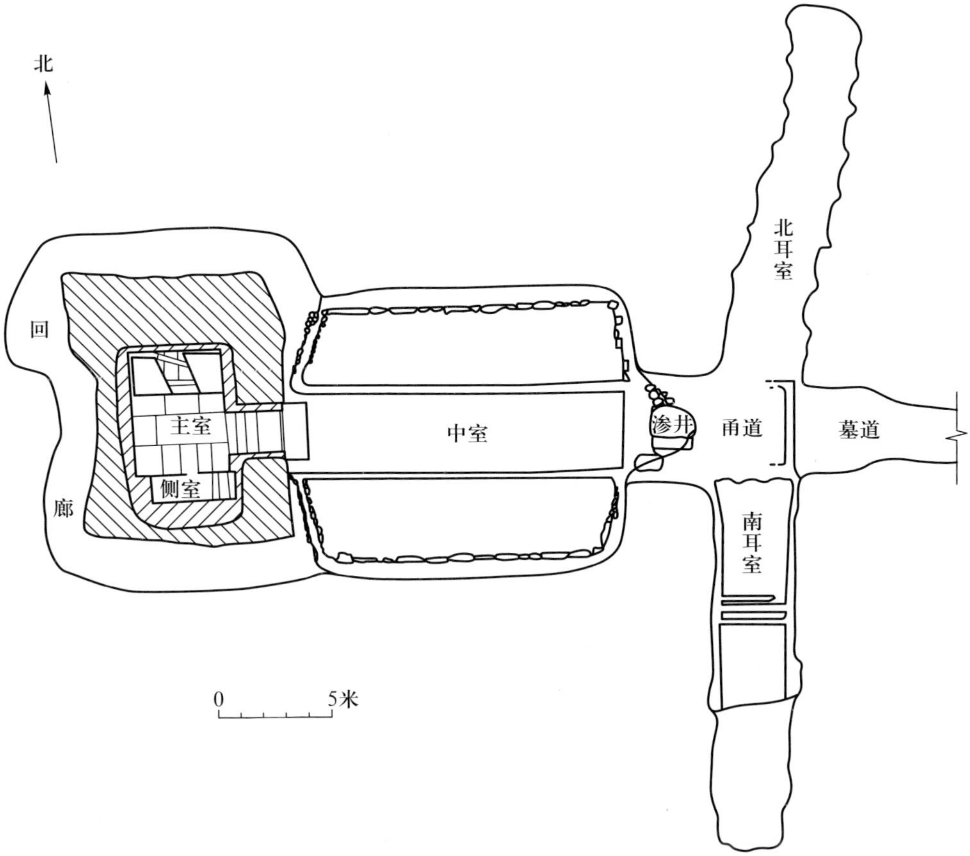

图 7–7　满城 1 号汉墓平面图(采自中国社会科学院考古研究所、河北省文物管理处:《满城汉墓发掘报告》上册,文物出版社 1980 年版)

(二) 东汉宅第式墓

东汉帝陵、诸侯王墓和其他砖、石或砖石混筑的中小型墓是西汉宅第式墓的进一步发展,以前堂、后室为基本形态。主要特征是:

其一,材质和建造方式发生了改变。不再以木椁构建墓室,而是以砖或砖石混筑方式构建墓室。

其二,下葬方式发生了改变。竖穴木椁墓的下葬是一个逐步封闭墓室的过程,葬完无再开启的可能,而宅第式墓以墓道、甬道和墓门与外界连通,具有相当大的开放性,使得墓内祭祀及合葬成为可能。

其三，空间结构发生了改变。竖穴木椁墓是一个向纵深扩展的地下空间，而宅第式墓是一个横向平铺的地下空间。如果说竖穴木椁墓像一个深埋于地下、由多个隔间构成的木盒子，那么宅第墓则像一所由前堂后室、左右仓储构成的宅第。这种空间结构的改变也为墓壁的装饰提供了可能性和必要性。

其四，象征意义发生了改变。竖穴木椁墓因深埋和秘藏的特征，只是一个藏形之所，象征着死者的来世空间；宅第式墓具有相当大的开放性，墓室既是藏形之所，也是安魂祭祀之所，既是为死者的来世而设，也是一个生者与死者互动的空间。

东汉郡太守级别（二千石官吏）的墓葬已发掘十余座，大多数属于东汉晚期，皆为砖室墓或砖石混筑的大型宅第式墓。这些墓葬的结构俨如人居的宅第，由前堂、后室或前、中、后三室构成基本框架，两侧配置数目不等的侧室或耳室。一般前堂或中室呈横长方形，是墓内的祭祀空间；后室呈直长方形，是埋葬空间；两侧的耳室和侧室属外藏系统。以河北望都汉墓为例，一号墓以前中后三室构成全墓的中轴线，前室和中室两侧各有侧室，后室的后部设有壁龛，只有中室采横长方形，从器物陈设看应是作为祭祀空间使用的。二号墓比一号墓大得多，根据出土的买地券推测其年代为东汉灵帝光和二年（179）。墓室数目多达 13 个，轴线上的中室是横长方形，西侧放置石案、石榻及彩绘石枕等器，应是祭祀空间，后二室是棺室，其他的都属于外藏系统（图 7–8）。

宅第化的墓室由埋葬空间和祭祀空间两部分构成，分别承担藏形和安魂的功能，二者在空间上保持着相对独立。安魂功能是通过墓祭仪式来体现的，为了墓祭的需要，墓葬不再深埋和秘藏，而是在浅坑内建造横向的墓室，地下的墓室和地面的祭祀性和标记性设施（祠堂、墓碑等）一起构成了完善的祭祀空间。

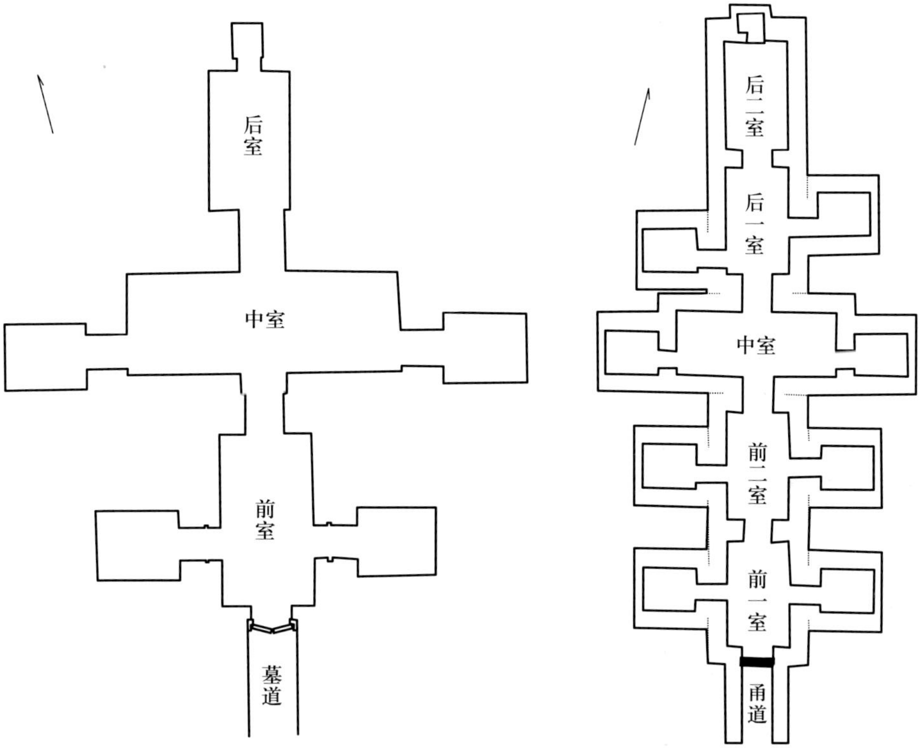

图 7-8　望都一、二号汉墓平面图（采自北京历史博物馆、河北省文物管理委员会：《望都汉墓壁画》，中国古典艺术出版社 1955 年版；河北省文化局文物工作队：《望都二号汉墓》，文物出版社 1959 年版）

第三节　魏晋南北朝丧葬模式

一、魏晋之变

秦汉时期以宏大的葬礼和奢华的墓葬作为宣扬儒家伦理的手段，墓地不再是一个专属死者的地方，而成为一个热闹的公共活动中心。地面建立了完善的祭祀性、标记性设施，地下空间也逐渐宅第化，墓葬成为礼仪活动和宣扬孝行的场所。这种丧葬模式对社会财富的浪费是巨大的，也助长了借丧葬之名博取功名的虚伪之风,因此招致很多有识之士的批评。魏晋时期随着儒学的衰落和名士玄学的盛行,主流丧葬观念和丧葬模式都已有了很大的变化,以“厚葬”为特征的丧葬模式消失了,而开始了延续数百年的“薄葬”时代。

魏晋薄葬是从曹魏开始的,曹操首先对自己的寿陵规制提出了具体的要求,如“因高为基,不封不树”,是对地面陵园设施的规定;“敛以时服,无藏金玉珍宝”(《三国志·魏书·武帝纪》)等,这是对墓内随葬品数量和种类的限定。魏文帝曹丕施行了更严格的薄葬制度,先是下令拆毁了曹操墓上的寝殿、陵庙等祭祀性设施,“古不墓祭,皆设于庙。高陵上殿皆毁坏,车马还厩,衣服藏府,以从先帝俭德之志。……自后园邑寝殿遂绝”《晋书·礼志中》。也对自己的葬制作了规定:“因山为体,无为封树,无立寝殿,造园邑,通神道……无施苇炭,无藏金银铜铁,一以瓦器。”(《三国志·魏书·文帝纪》)晋承魏制,诸帝皆施行薄葬,“宣帝豫自于首阳山为土藏,不封不树,作《顾命终制》,敛以时服,不设明器。景、文皆谨奉成命,无所加焉。景帝崩,丧事制度又依宣帝故事。武帝泰始四年,文明王皇后崩,将合葬,开崇阳陵,使太尉司马望奉祭,进皇帝密玺绶于便房神坐。魏氏金玺,此又俭矣”(《晋书·礼志中》)。西晋的薄葬在曹魏基础上更进了一步,如改砖室墓为“土藏”、将金玺改藏在墓室的便房而不专设石室于墓地。

由曹魏发其端而定型于西晋的新的埋葬模式是对汉代丧葬的系统性变革,形式上是“薄葬”,实际上是丧葬模式和墓葬功能的变革,可将其称为“魏晋模式”,具体表现是:

其一,因墓祭的衰亡而致标记性设施和祭祀性设施消失。墓地不再有高大的封土和树木,也没有墓碑、神道、寝殿、便殿等设施。一些地面设施转入地下,如墓碑转入地下后成为墓志,取消藏玺印的石殿而将玺印藏入墓室的便房。京畿地区的魏晋帝陵和重要勋贵墓应是较好执行了这种新的丧葬制度的,如可能属曹魏勋贵墓的洛阳涧西正始八年(247)墓,以及安阳西高穴曹操高陵、孟津太和二年(228)曹休墓、洛阳西朱村魏明帝曹睿的高平陵等,都不见封土遗存。西晋的各座帝陵也未发现封土和地面祭祀性设施。西晋文帝司马昭的崇阳陵、武帝司马炎的峻阳陵及其陪葬墓的墓室皆为长斜坡墓道的土洞墓,这与司马懿倡导的“土藏”是相符的。京畿以外的个别地区如山东、南方地区还有封土和少量地面建筑设施,但与汉代相比也大为简化了。

其二,墓室空间营造理念的变化。以前堂后室为中轴、两侧配置多个墓室的空间结构被简化,仅保留了前堂后室的基本结构,甚至直接简化为单室墓。与此同时,以穹窿式的墓顶扩展了墓室的纵向空间,一般前堂后室墓的前堂和单室墓的墓顶都是穹窿顶。这种方形墓室上承苍穹式墓顶的空间形态俨如一个天圆地方的微缩宇宙,反映了魏晋模式下新的空间营造理念。

其三,随葬物品的简化。汉代流行的各类葬玉消失,金银铜铁减少;陶俑和模型明器也大为减少,陶俑仅为简单的镇墓兽和武士、侍仆俑组合。随葬品种类和质量都大为降低,此与魏晋经济凋敝有关,也与丧礼的社会性减弱有关。丧葬环节所获赗赙物品大为减少,随葬品的来源主要是死者生前旧物和丧家自备之物。墓室内的祭台、床榻、几案以及以漆器为主的祭器反映了墓内祭祀活动的存在。

新的丧葬模式因政权势力所及输出到京畿以外地区,逐渐与当地文化传统结合而产生了魏晋模式的多个变体,如河西地区魏晋十六国墓也出现了单室穹窿顶的土洞墓和砖室墓,南方六朝墓葬一直以带短甬道的长方形券顶砖室墓为主流形态,但在两晋时期也受中原魏晋模式的影响而出现了弧方形、穹窿顶的墓葬。

二、南北朝丧葬的地域性

经过十六国的丧乱之后,南北朝墓葬抛弃了魏晋模式而向汉传统回归,墓地再次出现标记性设施和祭祀性设施,但在南方和北方,以及北方地区的东西部发展并不均衡,尤其是南方和北方由于持续数百年的政治对峙和文化隔阂,丧葬模式走上了独自发展的道路。考古发现的南北朝墓葬主要集中在各政权的都城地区,北方主要在北魏前期的平城、北魏后期的洛阳、东魏北齐的邺城和晋阳、西魏北周的长安和原州，南方主要是六朝都城建康附近。这些都城地区的墓葬大多属高等级的贵族和官吏，他们是每个时期礼仪规范的制定者和执行者，丧葬模式具有一定的代表性。

（一）从平城到洛阳

1. 平城北魏前期墓葬

自道武帝天兴元年（398）至孝文帝太和十九年（495）的近百年间，平城是拓跋鲜卑建立的北魏政权的都城。拓跋氏定都平城期间一直处在对中原礼仪制度的摸索、继承与改造过程中，同时由于当时的战争和移民实京措施，平城集中了大量来自河西、草原、中原的人口，民族成份复杂，5世纪的平城是一个草原文化与农耕文化、中原文明与西域文明融合的城市。在平城御河两岸集中了大量这个时期的墓葬，北郊方山是一个皇室贵族墓葬区，有冯太后的永固陵、孝文帝的“虚宫”，以及一批具有皇室色彩的宗教、礼仪性建筑；东郊和南郊是墓葬分布最密集的地区，其中东郊是官吏墓葬和家族墓区，南郊可能是南朝人降入北魏者的墓葬区。①

文明太后冯氏的永固陵位于今大同城北25公里的西寺儿梁山（方山）上，在山顶平台上筑有高大的覆斗形封土，现高22.7米，底部边长117米、124米。这是一座由陵墓、陵庙和佛寺组成的陵园，主体建筑是北部的寿陵和南部的永固堂、思远佛寺，永固堂是供奉冯氏神主的陵庙，这种以石结构陵庙作为陵园祭祀中心的做法取法于东汉的石殿制度，思远佛寺反映了北魏皇室的佛教信仰。这座墓、庙、寺三位一体的陵园是冯太后和孝文帝对陵园制度的创新，既有对中原传统礼制的复古，也反映了平城佛教对传统丧葬的渗透。

方山永固陵于太和五年（481）开始营建，八年而成，太和十四年下葬。地下部分由墓道、甬道和前后室组成，墓道以石墙护壁，以厚达2.1米的封门砖墙，甬道前后各有一道大型石券门，石工精细。墓室总长17.6米，前堂呈

① 曹臣明：《平城附近鲜卑及北魏墓葬分布规律考》，《文物》2016年第5期。

梯形，券顶，后室近方形，四壁外弧，为四角攒尖式墓顶，墓顶中央嵌有一块莲花图案的盖顶石。地面以 50 厘米见方的大方砖铺地。由于历史上多次被盗，未知墓内设施及遗物情况，但根据棺椁残迹，可知后室是棺室，前堂应是一个宽敞、高大的祭祀空间（图 7–9）。

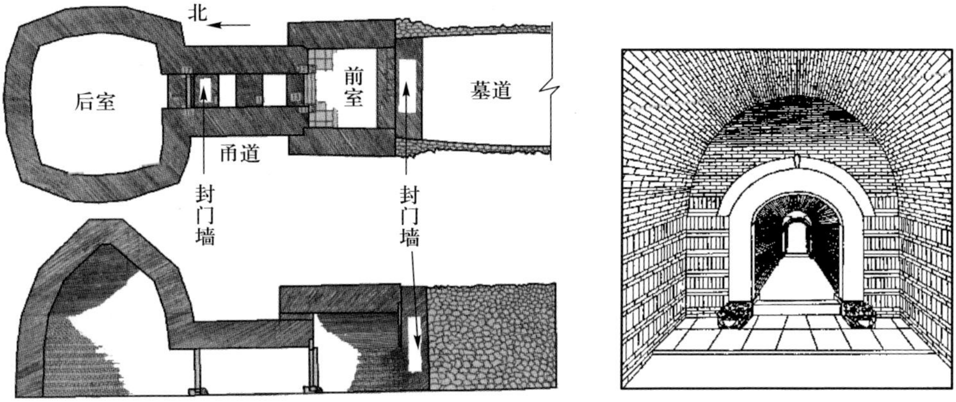

图 7–9　北魏冯太后方山永固陵平、剖面图及墓门（采自大同市博物馆、山西省文物工作委员会：《大同方山北魏永固陵》，《文物》1978 年第 7 期）

北魏平城的中小型墓大多是砖砌的单室墓，墓室的单室化和立体化逐渐成为主流，在弧方形的墓壁上承苍穹式的墓顶，构成了一个天圆地方的微缩宇宙。如葬于太安三年（457）的尉迟定州墓，是一座弧方形、四隅券进式穹窿顶的单室砖墓，在墓室右侧置有一座三开间悬山顶仿木构石椁，椁内置一具石棺床。在石椁封门石上刻有 97 字铭文。在墓道内发现排列整齐的动物头骨，应是牲祭遗存（图 7–10）。

2. 洛阳北魏后期墓葬

洛阳是汉晋礼仪的正朔所在，孝文帝迁都洛阳进一步促进了北魏礼仪制度的中原化，在洛阳建立了更中原化的陵寝制度。孝文帝下诏“迁洛之人，自厥兹后，悉可归骸邙岭，皆不得就茔恒代”（《魏书·广川王传》），洛阳外郭城西北的邙山成为墓葬最集中之地，多是北魏贵族、官吏的高等级墓葬。洛阳北魏的丧葬模式上总体上来说是对平城模式的继承，也有对洛阳东汉、魏

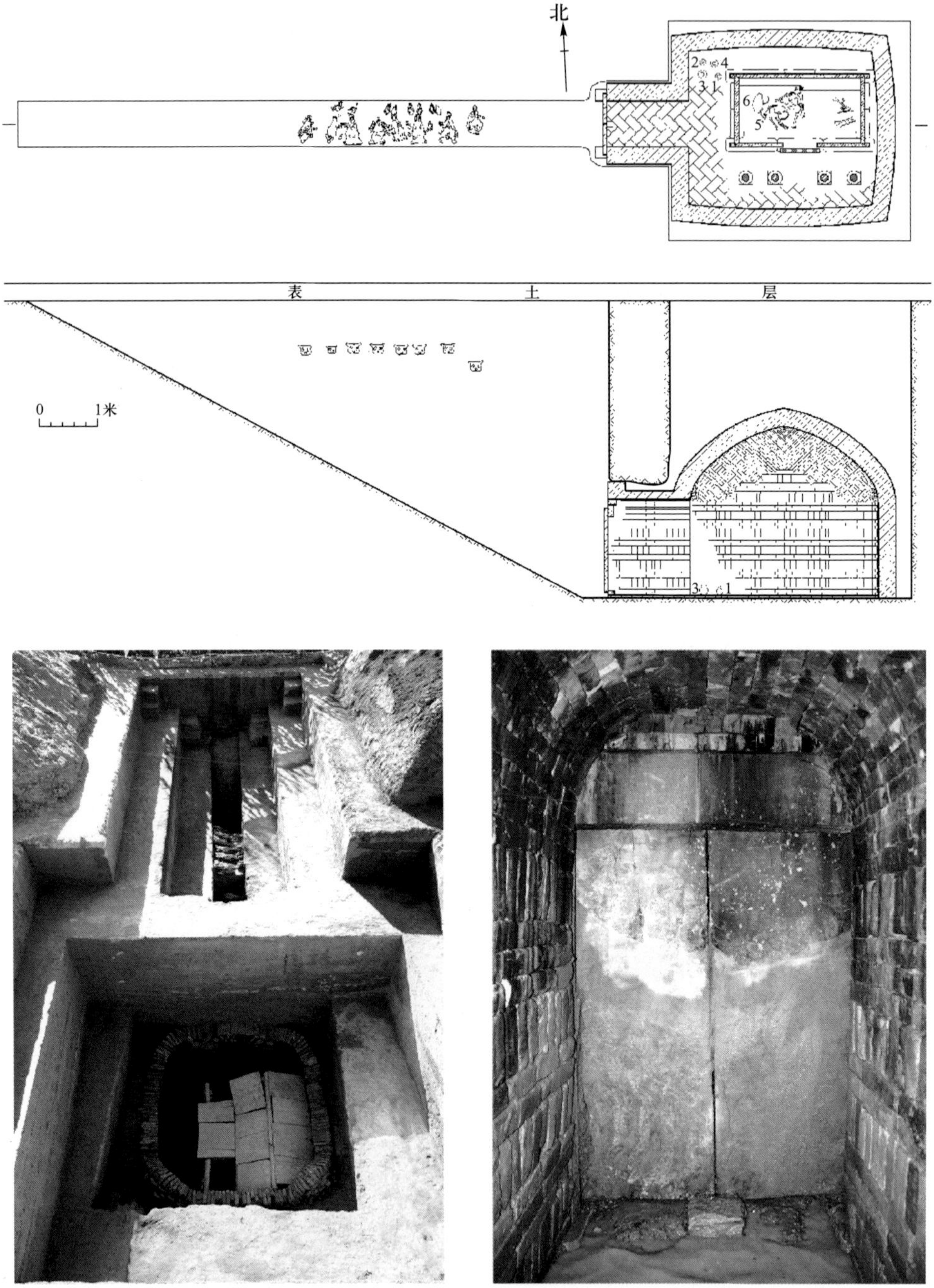

图 7-10　大同北魏尉迟定州墓（采自大同市考古研究所：《山西大同阳高北魏尉迟定州墓发掘简报》，《文物》2011 年第 12 期）

晋模式的复古，如在墓地恢复了东汉的墓园制度，地下部分多采单室、穹窿顶结构。

洛阳北魏陵墓区位于在瀍河两侧的北邙山区，宿白总结陵墓的分布规律是：大致以孝文帝七世祖道武帝子孙墓地为中心，在左右两侧安排明元、景穆、献文、太武、文成帝的子孙墓地，墓地内墓位的排列规则是父为祖坟，子墓在左前或右前方，父子左右夹处，兄弟并列成行。九姓帝族、勋旧八姓、降臣等集中于一处墓地。这是代北习俗的沿用，制度当始自盛乐、平城之金陵。[①] 除了沿袭迁都前的旧俗外，北魏也在洛阳恢复了部分东汉的陵寝制度，主要表现是：重新建立了圆形封土之制；建造以墙垣围绕的陵园，内设祭祀性建筑和神道石刻；恢复了魏晋模式下被禁止的墓志、墓表等设施。以孝文帝的长陵为例，是一个东西 443 米、南北 390 米的近方形陵园，四周有夯筑的垣墙，正中设陵门，内有异穴合葬的两座陵寝，分别属于孝文帝和文昭皇后，各有圆形封土，在封土前发现建筑基址 3 座，推测与祭祀有关，此与东汉帝陵有明显的继承关系。长陵奠定了迁洛后帝陵制度的基础。

宣武帝景陵是在洛阳发掘的唯一一座北魏帝陵，地面延续了方山永固陵、孝文帝长陵的做法，筑有高大的圆形封土，设有神道，可能原有陵园设施。直径 105—110 米的封土将墓道和墓室完全覆盖，墓道水平长 40.6 米，大部分为土壁，后部以砖砌壁，砖壁厚达 2 米，高达 6.8 米。墓道后接 2 道封门砖墙和 2 段砖砌甬道，甬道皆券顶、地面铺石。后甬道的后端是一道石门。墓室采取了弧方形结构，上承高大的穹窿顶，墓室面积 46 平方米，墓顶内高 9.36 米，形成一个上圆下方的空间形态。在墓室的右侧设有一座长 3.86 米、宽 2.2 米、高 0.16 米的石棺床，棺前应原有一座帷帐，现仅存四个石质帐座。棺床偏于一侧是为了留出祭祀空间，墓葬已被盗扰，残存器物皆已移位，推测出土的青瓷盘口壶、鸡首壶、钵、唾盂、釉陶器等饮食器具和石灯等应是一组祭器，是下葬时举行墓内祭祀的遗存（图 7–11）。

---

① 宿白：《北魏洛阳城和北邙陵墓——鲜卑遗迹辑录之三》，《文物》1978 年第 7 期。

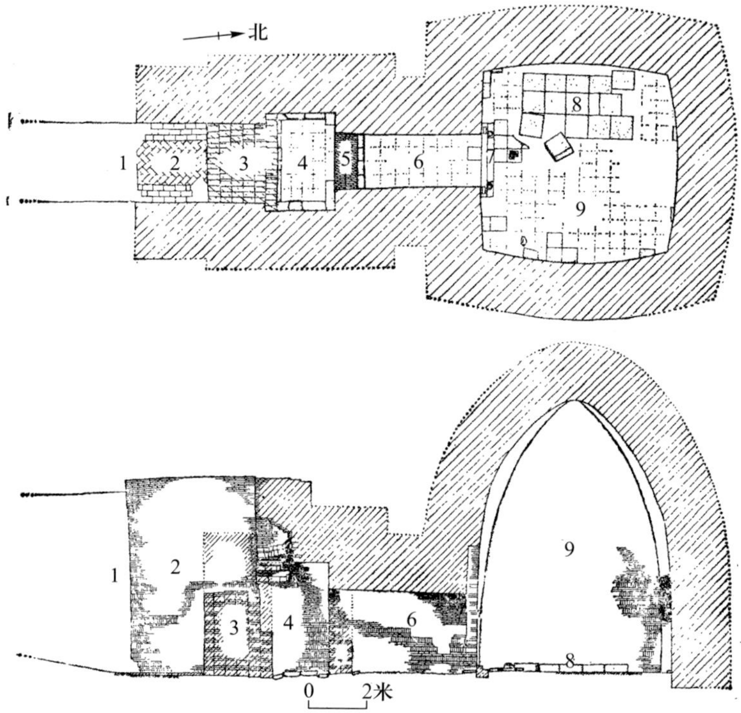

图 7-11 洛阳北魏宣武帝景陵平、剖面图(采自中国社会科学院考古研究所洛阳汉魏城队、洛阳古墓博物馆:《北魏宣武帝景陵发掘报告》,《考古》1994 年第 9 期)

洛阳北魏元氏贵族墓有砖室、土洞之别,但在空间营造上呈现出相当强的一致性:其一,墓室空间延续了平城的单室化趋势,但统一性更强,表明洛阳礼制逐渐规范和定型。无论砖室或土洞墓皆上承苍穹式的墓顶,有的还在墓顶彩绘天象图,墓壁上部绘四神,下部绘来世生活场景,整个墓室如一个天圆地方的微缩世界。其二,继承了平城石质葬具的传统,流行画像石棺等高级葬具,线刻孝子故事、升仙等内容。其三,继承了魏晋模式下的长斜坡墓道制度,墓道加长与墓室空间的升高相关,有些墓葬还在墓道内设置天井和过洞。其四,墓志流行和规范化。墓志是魏晋时期禁碑之后出现的,平城时期也有墓志,但制作极不规范,大多为砖志,仅起简单的志墓作用,迁都洛阳后逐渐规范和定型为方形的石墓志,并加上了志盖,墓志成为塑造身份的重要手段。

（二）邺城与长安

1. 邺城—晋阳东魏北齐墓葬

北魏以洛阳为都四十年后，于永熙三年（534）又分裂为东、西魏，洛阳上层社会随着皇室分别迁往邺城和长安，在二地发展出迥然不同的埋葬模式。邺城（今河北临漳县西南）西部的古漳河和滏阳河一带是东魏、北齐墓葬的集中分布区，已发现300余座墓葬，大致分为元魏皇陵区、高齐皇陵区和中下层官吏及平民墓区三个区域。元魏皇陵区以孝静帝元善见的西陵为中心，以南、东为尊的原则排列墓位；高齐皇陵区以北齐神武帝高欢的义平陵为中心，墓位自东南向西北按长幼尊卑为序进行排列。高氏皇陵区的外围还分布着勋贵及上层官吏的家族墓地，邺城外郭城的西侧分布着中下层官吏及平民墓区。[①]

邺城墓葬普遍有高大的圆形封土，也发现了墓碑和少量地面建筑遗存。如孝静帝的西陵有夯筑的陵园垣墙，大致呈方形，边长约1 140米，在南墙外发现了神道遗迹，在封土西侧还采集到莲花纹瓦当、筒瓦、板瓦等建材，表明陵园内原来是陵寝类建筑。磁县西南滏阳河南岸的湾漳大墓可能是卒于天保十年（559）、次年下葬的文宣帝高洋的武宁陵，原有高大的圆形封土，底部夯土的直径为100—110米。在封土的南面尚存一尊石刻人像，也发现了夯土建筑基址，表明地面曾有神道及陵园建筑，但未发现垣墙。湾漳大墓的地下部分由墓道、甬道和墓室三部分组成，墓道全长37米，以土坯垒成，上涂白灰并绘壁画。甬道和墓室皆为砖砌，以青石铺地。甬道为券顶结构，内有三道封门墙和一道石门，墓门上方砖砌高大的门墙，门墙和石门上皆有彩绘。墓室是典型的弧方形、穹窿顶结构，墓室面积约56平方米，复原的室内高度为12.6米。室内西侧有一座须弥座石棺床，棺床的立面彩绘忍冬图案，上置一棺一椁。墓室四壁曾有彩绘，但因烟熏水渍而不知其详（图7-12）。茹茹公主墓的墓主是卒于武定八年（550）的柔然贵族闾氏，死时年仅13岁，是一座十分奢华的贵族墓葬，墓室结构和壁画内容与湾漳大墓类似，仅规模略

① 沈丽华：《邺城地区东魏北齐墓群布局研究》，《考古》2016年第3期。

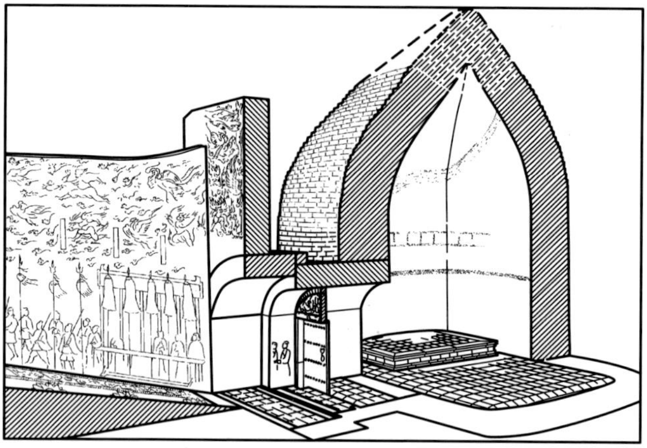

图 7-12 磁县湾漳北朝壁画墓透视图（采自中国社会科学院考古研究所、河北省文物研究所:《磁县湾漳北朝壁画墓》,科学出版社 2003 年版）

小,棺椁葬具皆已被焚毁。

晋阳（今山西太原）是北齐高氏政权的另一个政治中心,也发现了大量高等级墓葬,埋葬方式与邺城接近。总的来说,邺城、晋阳二地的东魏北齐墓是洛阳模式的延续,但更加规范,普遍采用上圆下方的墓室空间形态,在空间营造上更加强调身份等级,以墓道、墓志、出行俑群和出行壁画等手段塑造身份。墓道里出现了大场面的仪仗出行壁画,墓道的礼仪含义更加明确。墓志作为身份的重要标志物,置于墓室内的墓门口,以尺寸大小作为区分等级的标志。

2. 长安—原州西魏北周墓葬

宇文氏统治下的西魏北周共历 47 年（535—581）,统治范围主要在以长安（今西安）、原州（今宁夏固原）为中心的关中地区。西魏北周的高等级墓葬也主要集中在这两个地区。西魏北周墓的地域特色十分明显,与同时期的东魏北齐和南朝的埋葬方式差别巨大,体现了关中地区自成体系的文化发展轨迹。咸阳市陈马村至底张镇一带是北周帝陵和贵族的墓葬区,已发掘大量的皇室成员和高级勋贵墓葬,另在固原附近发现了柱国大将军李贤夫妇墓、柱国大将军田弘夫妇墓、大将军大都督宇文猛墓等。长安、原州二地的埋葬方式大致相似,但原州三墓都有圆形封土,而长安的帝陵和勋贵墓都没有封土,也没有发现其他标记性和祭祀性设施。京城长安不见标记性和祭祀性设施的现象,当与北周统治者倡导的薄葬有关,周武帝曾遗诏“墓而不坟”,明帝遗诏“因地势为坟,勿封勿树”,谯王宇文俭墓志也有“不树不封”等语。

北周武帝宇文邕的孝陵历史上多次被盗,但结构基本完整,是一座由5组天井、过洞和壁龛、甬道、木门、土洞式单墓室、壁龛组成的大型墓。壁龛内放置各类陶俑及模型明器、铜带具、玉配饰、铜镜等物。墓室东西两侧各置一具木棺,棺内发现石灰枕、玉、珍珠、金花瓣等物,其中东侧棺内发现一件微型坐佛。据墓志,此墓是武帝宇文邕与阿史那皇后的合葬墓,武帝葬于宣政元年(578),皇后合葬于开皇二年(582)(图7-13)。

长安和原州的北周墓葬基本都是单室土洞墓,在墓道设多组天井和过

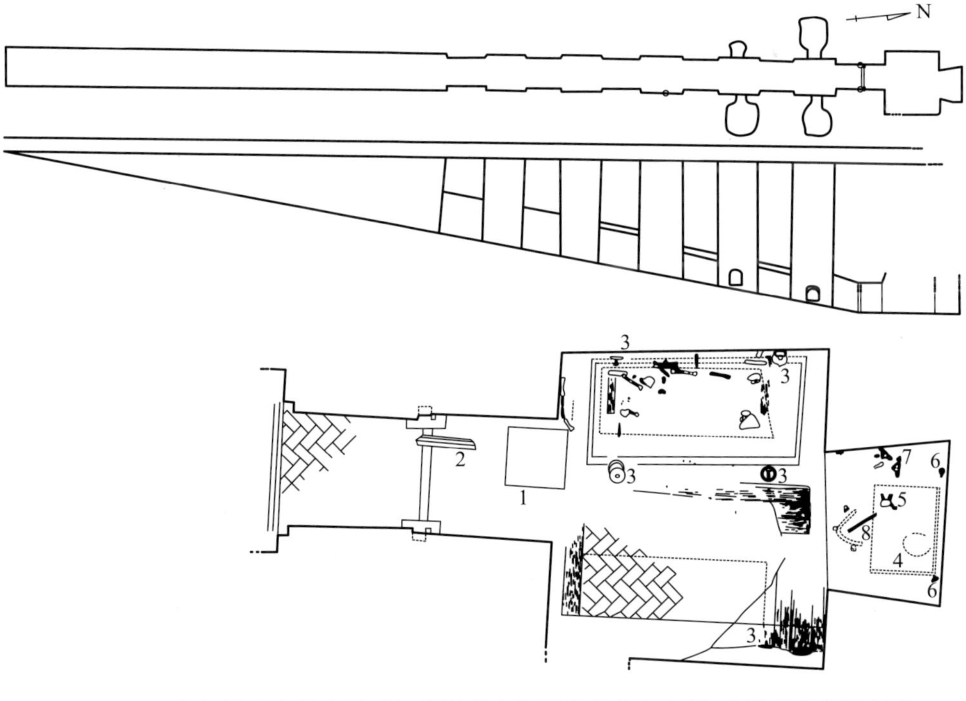

图7-13 西安北周武帝孝陵平、剖面图(采自陕西省考古研究所、咸阳市考古研究所:《北周武帝孝陵发掘简报》,《考古与文物》1997年第2期)

洞，此与同时期的北齐墓葬判然有别，而与河西地区十六国墓葬有一定的渊源关系，并成为后来的关中隋唐墓葬的源头。

（三）建康周边

1. 六朝陵园制度

建康及周围集中了东吴、东晋和南朝的高等级墓葬，流行聚族而葬。一般依据当时盛行的风水理论选择背倚山峰、两山环抱之地作为家族墓地，墓地内依长幼尊卑之序排列墓位，在诸峰之间形成一个个的陵区。结合文献记载和考古工作，可知东吴大帝孙权和太子孙登的陵墓位于钟山之阳，东晋陵区在鸡笼山、钟山，刘宋有丹徒、钟山、岩山、幕府山等陵区。齐、梁统治者发迹于丹阳，因此南齐陵区位于丹阳市胡桥、建山一带，已发掘的三座大型拼镶砖画墓可能是南齐帝陵；梁代陵区集中于丹阳市东边，南京尧化门、甘家巷、麒麟门地区也是萧梁宗室墓葬集中的地区。①

六朝陵园制度不像北朝那样经过了十六国的中断，基本延续了东汉制度，也有来自中原魏晋模式的影响。南京江宁区上坊镇大墓可能是孙吴晚期的皇室成员墓，地面发现有封土、人面纹瓦当及砖瓦等建材，表明曾有地面建筑的存在。安徽当涂的孙吴“天子坟”可能属孙休与朱夫人的合葬墓，也可能是孙吴宗室重臣墓。东晋诸陵继承了洛阳西晋帝陵“不树不封”的传统，但并没有完全照搬洛阳制度，而是初步恢复了东汉的陵园制度。没有人工夯筑的封土，而是依山而造山陵，自然的山势起到封土的作用，陵园内可能还有木构的“标”和“凶门柏历”设施，没有留下考古遗存。南朝陵园出现了垣墙、封土、神道石刻及祭祀性建筑，但受地形的局限无法建造像平原地区那样规整的方形墙垣，仅以竹木屏篱作为陵园的边界，个别建有夯筑或石垒的墙垣。2013 年南京考古工作者在栖霞区狮子冲地区发现了一圈夯筑和石垒的长约 680 米的方形墙垣，并发现了神道、麒麟石刻基址和疑似墓阙的遗迹，被认为是梁昭明太子萧统及生母丁贵嫔的墓葬。② 南朝不论以何种方

---

① 王志高：《六朝建康城发掘与研究》，江苏人民出版社 2015 年版，第 209—211 页。

② 许志强、张学锋：《南京狮子冲南朝大墓墓主身份的探讨》，《东南文化》2015 年第 4 期。

式建造陵园,茔域内已普遍恢复了东汉的圆形封土之制,丹阳胡桥吴家村大墓封土高达 8 米,南京西善桥油坊村大墓封土高达 10 米,其他墓葬也大多发现封土。

南朝陵园最引人注目的地面设施是神道石刻,已发现 30 余处,位于南京、句容、丹阳等地,分属于宋、齐、梁、陈帝陵。一般在神道上排列一对石柱、一对石碑、一对石兽。石柱的柱头有圆盖和浮雕动物,柱身作直棱纹,上部镶嵌一块长方形匾额,刻墓主姓氏及官封,左右两侧的文字一正一反。柱础为方形,上刻神兽、蟠龙等图案。石碑采汉碑形制,分碑首、碑身、龟趺三部分,碑身阳面和阴面皆刻文字,碑侧刻神兽图案,以龟趺负碑。石兽有双角、单角之分,可能是文献记载的天禄、辟邪。三组石刻中,石柱的形制最为特殊,或是受到西方石柱的影响而出现的。

2. 六朝墓葬地下空间

六朝墓的墓室都以带短甬道的长方形券顶砖室墓为主,即所谓“凸字形墓”。这种墓葬在建造方式上与北方大不相同,北方的长斜坡墓道与墓室的深度有关,墓葬等级越高,墓室越深,因此墓道首端与地面落差越大,墓道也就越长。但南方地区卑湿,不便建造很深的墓室,一般在丘陵缓坡上挖浅坑,再砖砌墓室,甚至直接平地起建,墓室底部通常建有通往墓外的排水沟,因此六朝墓并没有长长的墓道。丹阳胡桥镇的鹤仙坳大墓是一座规模较大的南朝墓,地表尚存一对石刻的天禄与辟邪,可能是南齐景帝萧道生夫妇合葬墓修安陵。在石圹内砖砌墓室,甬道内设有两进石门,呈弧边长方形、穹窿顶结构,长 9.4 米、宽 4.9 米,墓室内铺有 9 层地砖。墓室四周砌有 23 道挡土墙,墓底砌有排水沟,筑有窨井口,排水沟总长 190 米,直达墓前水坑。墓壁由画像砖和花纹砖拼砌而成,东西两壁拼镶而成竹林七贤及狮子、武士、羽人戏龙虎等图案,砖侧阴刻文字编号(图 7–14)。

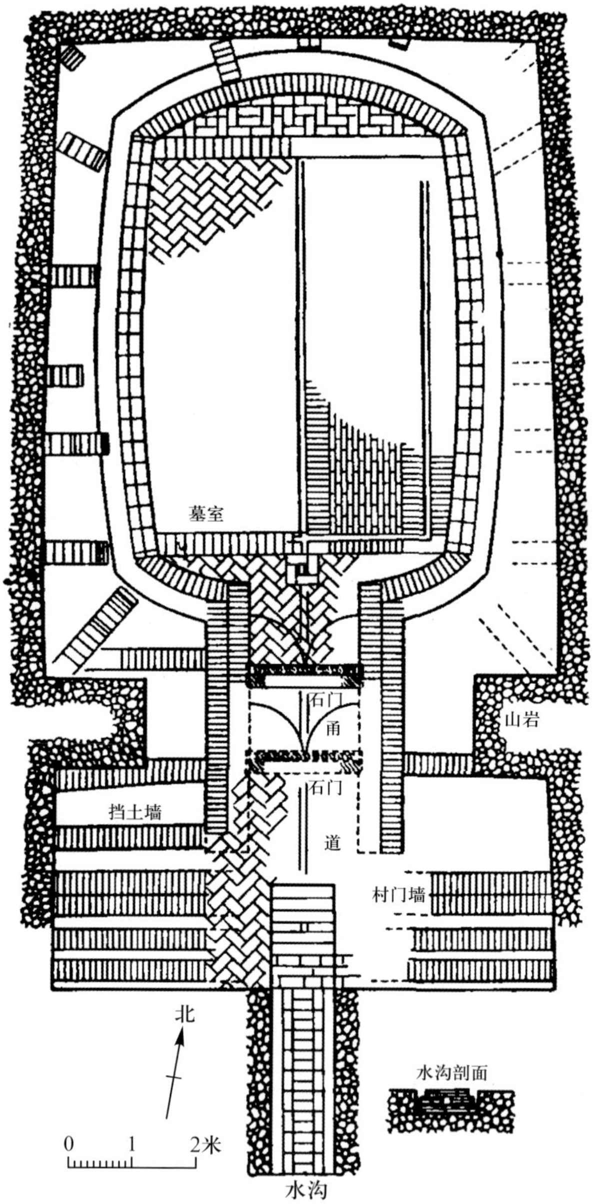

图 7–14　丹阳胡桥鹤仙坳南朝大墓平面图（采自南京博物院:《江苏丹阳胡桥南朝大墓及砖刻壁画》,《文物》1974 年第 2 期）

思考题：

1. 丧葬礼仪与生死观的关系。
2. 秦汉厚葬模式向魏晋薄葬模式转变的原因。
3. 南北朝丧葬模式地域特征产生的原因。

第八章　丧葬美术的兴起与演变

美术考古以考古发现的美术遗迹和遗物为主要研究对象，综合运用历史学、考古学、美术史等方法，通过图像、器物、建筑等视觉材料的表象和象征意义揭示美术的发展历程以及人类文化的发展变迁。考古发现的美术遗存比传世美术作品要丰富得多，尤其在古代丧葬礼仪中保留下来大量包括壁画、画像石、画像砖、帛画、雕塑在内的美术遗存，它们是古代物质文化与精神文明的体现，因此丧葬美术已成为考古学和美术史的重要研究方向。汉唐时期墓葬空间发生了由封闭式的木椁墓向开放式的宅第墓的转变，相应地丧葬美术的形式和内容也发生了变化，将这些美术遗存置于特定的墓室空间中考察它们代表的丧葬行为与生死观念，是我们探讨汉唐社会文化变迁的重要途径。

第一节　丧葬美术的兴起

一、葬具上的图像

在先秦至西汉的竖穴式墓葬里，墓室是一个极具封闭性的地下空间，不具公开展示性，因此墓壁装饰还没有出现。这时的丧葬美术主要是青铜器、漆器等器物上的装饰性纹样，另外在葬仪中公开展示的漆木葬具上也有图案装饰，旌幡等物上还出现了独立的绘画。葬具中的漆木棺除了一般的饰棺之物外，还往往在表面绘画，贵族的多重套棺中往往只有内棺是在丧礼中公开展示的，因此内棺的装饰最为精致。以湖北随州发现的战国曾侯乙墓为例，内棺装饰极尽繁复，外壁以黑漆、红漆为地，再以墨、金色绘制异常繁复的图案，图案内容为成组的龙、蛇、鸟、神人等形象（图 8-1）。而外棺是用铜框架和梓木拼装而成，应当是在墓室内完成的，不在丧礼中展示，因此装

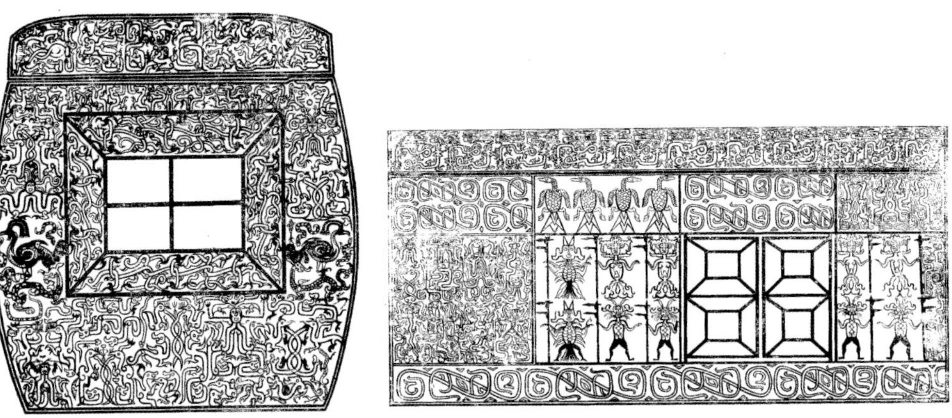

图 8-1　随州战国曾侯乙墓内棺装饰（采自谭维四:《曾侯乙墓》，生活·读书·新知三联书店 2003 年版）

饰要简略得多，仅以黑漆为地，饰有 20 组由阴刻的圆涡纹和朱绘的龙形卷曲勾连纹组成的图案。长沙发现的西汉马王堆一号汉墓有四重套棺，从外至内装饰愈趋精致，第一重是黑漆素棺；第二重是黑地彩绘棺，外壁绘有各种操蛇的怪兽、神仙等形象，以云气纹作为边饰；第三重是朱地彩绘棺，绘有龙虎相斗、双龙穿璧、朱雀和鹿等形象；第四重是锦饰内棺，棺身粘贴一层菱形勾连纹的贴毛锦，缠有两道帛束，装饰极尽华丽。大致是愈接近遗体，装饰愈华丽，从第二重开始，棺上绘有大量神禽异兽和云气纹，最内的锦棺最为精致，可能只有这具最内侧的锦棺才在葬仪中展示。

棺木彩绘上的装饰图案主要是时人观念中的一些神异想象，并没有明确的叙事主题和逻辑。

二、帛画

战国时期的帛画是在葬仪公开展示的铭旌之类物品，上面绘有一些叙事性的图案。长沙出土的两幅帛画可能是招魂仪式中的道具，以代替“复礼”中的死者礼服，反映了战国楚地的招魂实况，出自两座战国中期的楚墓，其中《人物御龙图》出自子弹库楚墓，长 37.5 厘米、宽 28 厘米，上横边裹着一根细竹条，系有棕色丝绳，表明曾作张举展示。画中一位男子向左边侧身站立在舆盖之下，腰佩长剑，手执缰绳驾驭着一条舟形巨龙，龙尾上立有一只鹤，左下还绘有一条游鱼（图 8–2）。《人物龙凤图》出自陈家大山楚墓，高约 30 厘米、宽约 20 厘米，被折叠放在随葬的陶敦里。画中一位垂髻的细腰女子侧身向左而立，双手前伸合掌，上前方是飞翔的龙与凤，脚下有一舟状物（图 8–3）。两幅帛画中的男女人物应是墓主人的形象，表现了墓主的灵魂被引导着徐徐前行的场景。① 招魂完毕后将帛画覆盖在棺上或存放在随葬器物内，起到招魂复魄的作用。

图 8–2　战国帛画《人物御龙图》（采自《中国美术全集·绘画编》第 1 册，人民美术出版社 1986 年版）

---

① 李清泉：《引魂升天，还是招魂入墓——马王堆帛画的功能与汉代的死后招魂习俗》，台湾大学《美术史研究集刊》第四十一期，2016 年。

图 8-3 战国帛画《人物龙凤图》(采自《中国美术全集·绘画编》第 1 册)

类似的帛画也出现在西汉时期的竖穴木椁墓内,如著名的马王堆汉墓帛画。一号汉墓的帛画出土时覆盖在内棺上,以三块绢帛拼成“T”形,长 205 厘米,顶部裹有一根竹竿,并系以棕色的丝带,以便张举悬挂。[①] 画面以三个平台分为自上而下四个部分,分别表现天上景象、引魂升天、祭祀场景、鬼怪世界。这四部分分别以天门、帷幔、象征地平线的平板分隔:第一段是天上景象,以人首蛇身的神为中心,左右绘日、月,天门以一个平台和两个立柱表现,门上悬有巨型钮钟,门柱上有二豹子,门内绘拱手对坐的两位门神。

---

① 湖南省博物馆、中国科学院考古研究所:《长沙马王堆一号汉墓》上集,文物出版社 1973 年版,第 39—45 页。

第二段绘屋宇之下的引魂升天场景，位于整幅帛画的中部，墓主人拄杖，面向西方，前有二位小吏迎接，后有三位侍从护送，表现了墓主灵魂被导引升仙的过程。第三段的祭祀场景位于帛画的下部，描绘的是一座用精致的帷幔装饰的屋宇，屋内是由灵床和祭台构成的祭祀空间。祭台上置有一组祭器，灵床上是覆有锦被的墓主人遗体，床前左右共 7 位祭祀者拱手相对而坐，左侧一位站立的白衣侍者面向一组盛食的鼎、壶，此画面表现了由侍者备食、孝子献祭的场景。放置鼎和壶的平板将祭祀空间与第四段的鬼怪世界分隔，平板由一位赤身裸体的神人托举，神人两侧是由赤蛇、青鱼、巨龟等构成的地下鬼怪世界（图 8–4）。

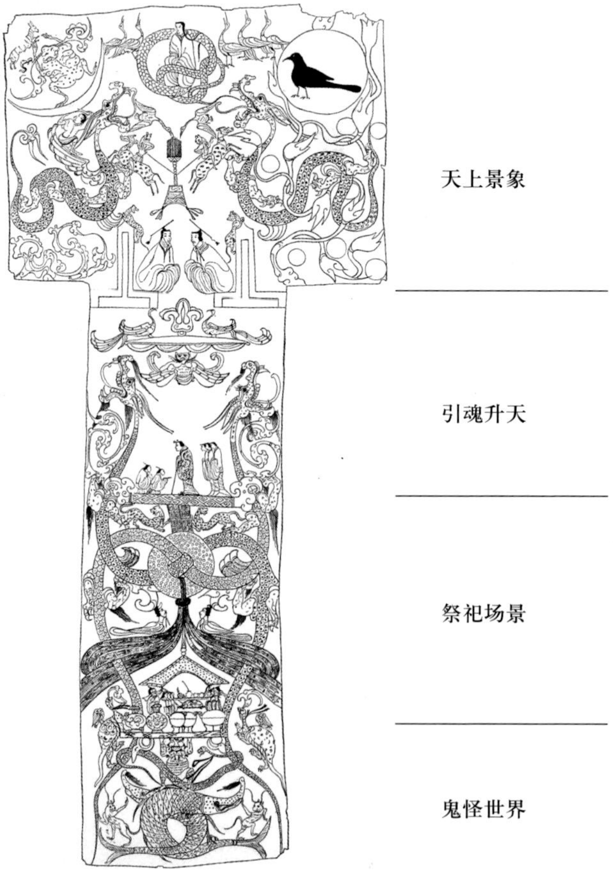

图 8–4 马王堆一号汉墓帛画（采自《长沙马王堆一号汉墓》上集）

以长沙战国帛画和西汉马王堆帛画为代表的绘画已有了明确的叙事性，描绘的是与丧葬礼仪有关的内容，代表了真正的丧葬美术的兴起。很多学者都注意到帛画中墓主的侧面形象与后来的正面墓主像在意义上的不同，它以侧面的、不对称的人物姿态进行叙事，是一种闭合的情节式构图。[①]这种情节式的构图只是对丧礼过程的描绘，而不是为了构建一个生死互动的礼仪场景，直到墓室空间转变为开放式的宅第后，墓室画像才因生者与死者的互动而极尽繁荣。

第二节　汉代祠堂与墓室画像

一、汉代画像的勃兴

汉代是墓室画像首次勃兴的时期，当汉代宅第式的墓葬渐成主流后，墓葬不再是一个封闭的地下藏尸之所，而被赋予了祭祀安魂的功能，墓室被营造成具有相当开放性的礼仪空间，以前堂后室为中轴，在两侧配置众多墓室，横向空间大为扩展；以券顶或穹窿顶扩展了纵向空间；墓室之间以墓门和甬道连通，又通过斜坡墓道通往外部。空间的扩展和开放为墓室画像的出现提供了可能性和必要性。

汉代画像墓的出现基本与墓室的宅第化进程同步，西汉前期出现了最早对墓壁的装饰，东汉中晚期已经遍及各个政治文化中心地区。主要有画像石和壁画两种方式，画像石主要见于地面石祠、石室墓或砖、石混筑墓的墓门、墓壁和梁柱等石材上，主要分布在以鲁西南和苏北为中心的地区、以南阳为中心的地区、陕北和晋西、四川、洛阳等地区，其中鲁西南和苏北、南阳

① ［美］巫鸿：《武梁祠——中国古代画像艺术的思想性》，柳扬、岑河译，生活·读书·新知三联书店2006年版，第149—151页。

盆地是汉画像石的发源地和最集中的地区。[1] 壁画一般见于砖室墓的甬道、墓壁和墓顶上，壁画墓主要分布在以洛阳为中心的中原地区、以辽阳为中心的东北地区、内蒙古中南部、河西走廊地区、鲁苏皖豫四省交接地区。从年代看，壁画墓以东汉后期最多，西汉壁画墓仅见于中原、关中地区的个别墓葬中。[2]

汉代对墓壁的装饰传统源于宫室的画壁。文献记载两汉都城的重要宫殿和礼仪性建筑都有壁画，如西汉长安城的甘泉宫、未央宫麒麟阁，东汉洛阳城的南宫云台和清凉台、鸿都门学等都绘有古圣今贤、忠臣义士画像。东汉王延寿的《鲁灵光殿赋》为我们了解汉代大型宫室绘画提供了珍贵的资料。灵光殿是西汉景帝时鲁恭王在今山东曲阜建的一座富丽堂皇的宫殿，画像内容包罗万象，有各类山神海灵、古圣先贤、忠臣孝子、贞士烈女等题材，集中展示了汉代人对于宇宙万物、人类历史和道德伦理的认知。这套图像系统也被应用到墓地的祠堂和地下的墓室空间中。

二、石祠画像

墓地地面的祠堂是重要的祭祀安魂场所，山东地区发现了大量东汉时期的石结构祠堂，壁面内外多刻有精美的画像。

山东济南长清区发现的孝堂山石祠是一座单檐悬山顶房屋建筑，建于东汉早期，在石祠的东、西、北三壁和隔梁石上留下了丰富的画像。中央隔梁石和东西壁山墙的上部刻有牵牛织女、西王母、风伯、伏羲女娲像，这些位于墓室空间最上部的画像表现了汉人心目中的仙界。横贯三壁上半部的是大王出行图，三壁下半部各有主题：北壁中央是祠主受祭图，东壁是历史故事、庖厨、百戏、社会生活场景，西壁是人物故事、胡汉战争、献俘、狩猎场景（图 8-5）。[3] 这套图像与灵光殿所代表的汉代宫室图像有许多共通之处，

① 信立祥：《汉代画像石综合研究》，文物出版社 2000 年版，第 13—20 页。
② 黄佩贤：《汉代墓室壁画研究》，文物出版社 2008 年版，第 29—32 页。
③ 山东省石刻艺术博物馆、山东省文物考古研究所：《孝堂山石祠》，文物出版社 2017 年版，第 12—19、29—51、69—70 页。

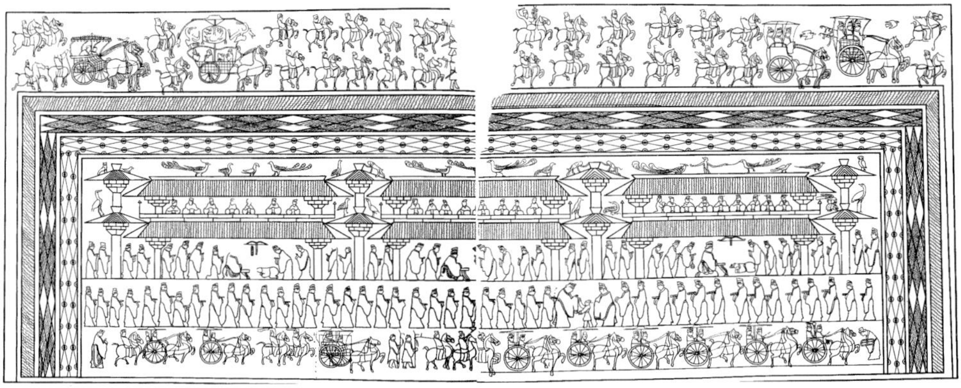

图 8-5 孝堂山石祠画像(采自《孝堂山石祠》)

如山神海灵、古圣先贤、忠臣孝子、贞士烈女等具有明显宣教色彩和天命观的内容,但也有很多不见于宫室的图像,如庖厨、百戏、社会生活场景、祠主受祭等,这些是专属丧葬的题材,尤其是位于北壁中央的祠主受祭图是作为祠堂的视觉中心来安排的,在画面中央二层楼阁之下有三个表现拜谒的场景,每个场景的中心人物都是一位端坐的尊者,身前数位顿首、拱手的谒者排成一列,一直排到楼外,身后是一列躬身相迎者,尊者的形象明显高于所有人,应代表祠主,这幅图像表现的是祠主灵魂在接受亲友和属吏祭祀的场景。

以孝堂山祠堂为代表的东汉祠堂图像庞杂,大致可以归纳为两类:反映普遍性认知的宇宙观、历史观、伦理观的图像,是对宫室画像的借鉴,带有较强的公共属性;反映墓主本人生活经历与祭祀活动的图像,是非常个人化的内容。这两类图像同处一祠,表明祠堂作为一类特殊的礼仪性建筑,既是个人化的丧葬空间,同时也是一个公开展示的场所,既为安抚亡灵而设,也反映汉代的主流意识形态。

三、墓室画像

墓室是位于地下的埋葬空间和祭祀空间,对图像的选择与墓地祠堂既有共通之处,又有一定的特殊性。洛阳发现的西汉中期卜千秋墓是一座由横前堂、纵后室、两个对称耳室构成的墓葬，在后室脊顶以20块彩绘砖拼砌成一幅横卷式画面，从内向外展开为一幅墓主夫妇灵魂升仙图，前有女娲、羽人、月亮和神禽异兽，后有伏羲和太阳。画面中的墓主夫妇、句芒、羽人及动物皆呈朝左运动的侧面形象，仅伏羲和女娲朝右，整个画面如手卷一样向左展开（图8-6）。①

山东兰陵元嘉元年画像石墓是一座东汉晚期的小型宅第墓，在前室支柱上刻有说明图像内容的题记。与灵光殿和祠堂画像相比，此墓图像相对简略，主要内容是出行与宴饮，表达对墓主来世生活的憧憬和对生者的祈福，也充斥着对神仙世界的想象，如仙人、玉女、雷公、龙凤、朱雀等。

河北望都县所药村一号墓是一座东汉后期的大型宅第式砖室墓，前室绘有大面积壁画，以黄色边框将画像分为上下两层，根据文字榜题可知其图像程序是：通过由寺门卒、门亭长守卫的墓门，进入墓室后是左右对称的仪卫场景，东侧是持旗、持杖的出行仪仗队，西侧是持笏、拱手的诸曹，皆躬身而立，面向北面，将观者的视线引入通往中室的券门。券门两侧是坐于榻上的主簿和主记史，券门甬道两侧是承担传达和迎送任务的“侍阁”“白事史”“勉□谢史”“小史”（图8-7）。② 这套图像系统将观者的视线通过层层递进的属吏指向作为祭祀空间的中室和作为埋葬空间的后室。虽然没有发现墓主人画像，但前堂、券门左右两壁的图像皆通过躬身向北的人物指向墓室的纵深。

四川乐山麻浩一号墓的主体结构是一个横列前堂和三个直列后室，是一座多人合葬的崖墓，三个后室是分别属于三位死者的私人空间，而前堂是公共的祭祀空间。在墓门和四壁刻有27幅画像：墓门门楣上刻有仿木构的屋宇，门扉上刻有迎谒、送别、孝子故事等内容。在作为视觉中心的墓

① 王绣、霍宏伟：《洛阳两汉彩画》，文物出版社2015年版，第34—59页。

② 北京历史博物馆、河北省文物管理委员会：《望都汉墓壁画》，中国古典艺术出版社1955年版。

图 8-6　洛阳西汉卜千秋墓脊顶壁画摹本（采自《洛阳西汉彩画》）

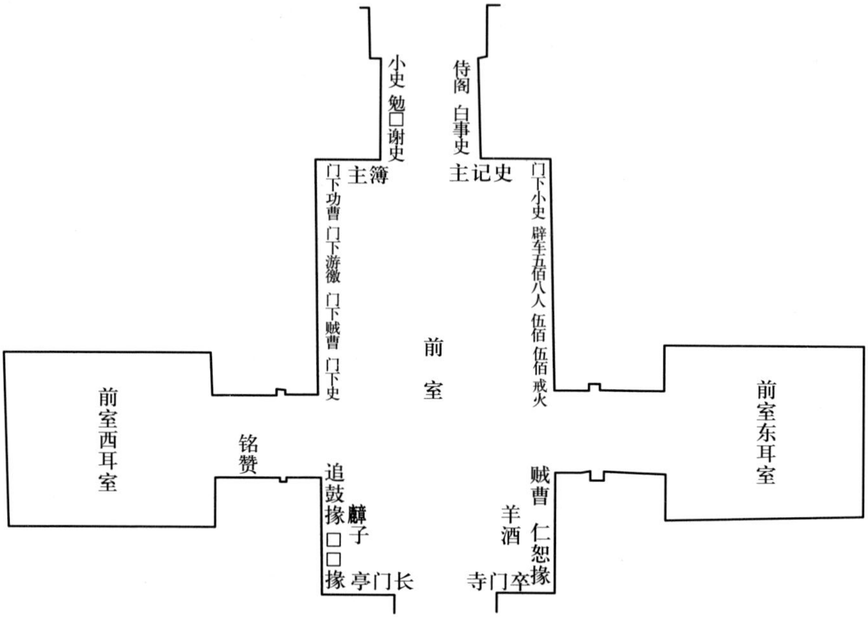

图 8-7 望都一号墓壁画布局图(采自《望都汉墓壁画》)

门上方中心位置刻有一尊高肉髻、有项光、着通肩大衣、施无畏印的坐佛，似乎隐含了前堂作为祭祀空间的特殊意义:这是一个生者与死者交流的空间,高高在上的佛陀象征着死者灵魂将要到达的境界,只不过西王母代表的仙界在这里被置换为佛陀代表的佛界净土,反映了佛教对传统丧葬的渗透。

以兰陵元嘉元年墓、望都汉墓和麻浩一号墓为代表的墓室画像代表了东汉宅第墓的一般情形,画像内容大致包括公共性画像和私人化画像两类,公共性画像指反映汉代人宇宙观、历史观和伦理观的内容,包括神仙祥瑞、古圣先贤、忠臣孝子、贞士、烈女等,这些画像是汉代人对于宇宙万物、历史与社会的一般性认知,是当时宫室、祠堂和墓室共同的画像内容,起宣扬天命观和儒家伦理道德的作用。私人化画像指反映墓主人生活状态的内容,包括属吏拜谒、车马出行、庖厨宴饮、乐舞百戏等,是为了营造墓内祭祀活动的场景而设。

第三节　魏晋墓室画像

魏晋模式下的丧葬空间相比汉代十分简化，中原魏晋墓罕见画像，但在中原以外地区较为常见。

一、华北墓室画像

北京石景山区八角村魏晋墓的前室置有一座宽136厘米、高115厘米、进深70厘米的石椁，石椁位于前室一侧，类似于东汉墓地的小祠堂，应为墓内祭祀而设。石椁以后壁的墓主人像为中心，墓主正面端坐于帷帐之下，前有食案，左右有侍女；左壁绘一个曲足案，右壁绘牛耕、牛车出行图，顶部绘日月图案（图8–8），这套图像表现的是对墓主灵魂的祭祀及墓主的来世生活。

图8–8　北京石景山八角村魏晋墓石椁壁画摹本（采自石景山区文物管理所：《北京市石景山区八角村魏晋墓》，《文物》2001年第4期）

二、河西墓室画像

河西走廊是中原文化的保持和发展之地，魏晋十六国墓保留了很多中原东汉墓的传统，一般由墓道、门楼和墓室组成，墓室结构与中原地区东汉墓室形态相似，但以彩绘的仿木构结构强化了模拟宅第的色彩。一般在门楼照墙上以造型砖和镶嵌画像砖结合，模拟宅第之阙、门，题材主要是神禽异兽、双阙、仙界、历史故事。前室绘庄园生活内容（农桑、畜牧、坞壁、牛车出行），有的还有兵屯内容，中室绘墓主宴居生活内容（主仆进食、宴宾待客、庖厨相关），后室绘内室生活内容（丝帛、简册、漆奁、女侍）等。画像砖流行一砖一画，只有少量墓葬有通壁绘画。绘画技法是在砖面以白垩土为底，墨线勾画轮廓，以红、赭、灰等色绘画。

通壁绘画的例子仅见于酒泉丁家闸5号墓，该墓前堂方形，有高大的覆斗形顶，高达3.36米，设有祭台与祭器；后室长方形，发现三具骨架（一男二女），顶部较前堂低矮。前堂后室墓壁都略外弧，墓壁上先敷草泥再作通壁绘画（图8-9）。[①] 前室顶部绘莲花藻井，藻井以下以赭色界栏分上下5层，分别绘西王母与东王公代表的仙界、墓主生活场景、牛车出行、农牧生产等场景（图8-10、8-11）。后室仅在后壁绘画，上层绘庆云，下层绘盒奁及方扇、弓箭、拂、束丝、绢帛等物。

三、东北墓室画像

东北地区魏晋壁画墓主要发现于以辽阳为中心的辽东、以朝阳为中心的辽西。以辽阳为中心的地区集中了大量东汉末期至东晋初期的壁画墓，朝鲜半岛北部也有少量东晋时期的壁画墓。辽西地区在魏晋时期被慕容鲜卑占据，西晋灭亡后先后被慕容鲜卑建立的前燕、后燕和汉人建立的北燕统治，这一时期的壁画墓主要集中于三燕都城龙城（今辽宁朝阳）附近。

辽东壁画墓均为石板墓，以平顶墓居多，较大型者有叠涩藻井。一般以

① 甘肃省文物考古研究所：《酒泉十六国墓壁画》，文物出版社1989年版，第11页。

石板搭成一个由横前堂和数个纵后室构成的墓室，有的在前堂两侧还附有一大一小两个耳室。壁画内容以墓主宴享、车骑出行、乐舞百戏等为主，一般以墓室前部左侧为起点，在墓壁沿逆时针方向依次安排车骑出行、楼阁拜谒等内容，墓主像被安排在前堂右侧的耳室，图像程序上有明确的时间轴，如

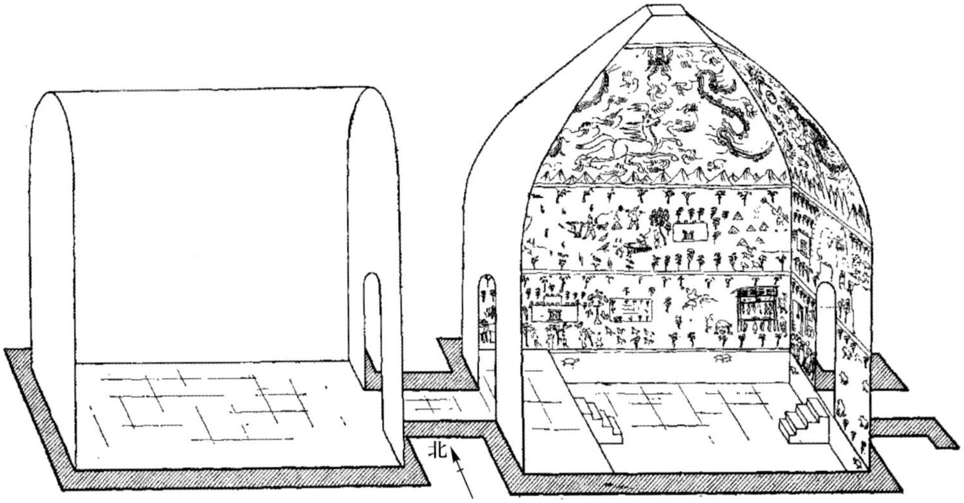

图 8-9　酒泉丁家闸 5 号墓墓室空间（采自《酒泉十六国墓壁画》）

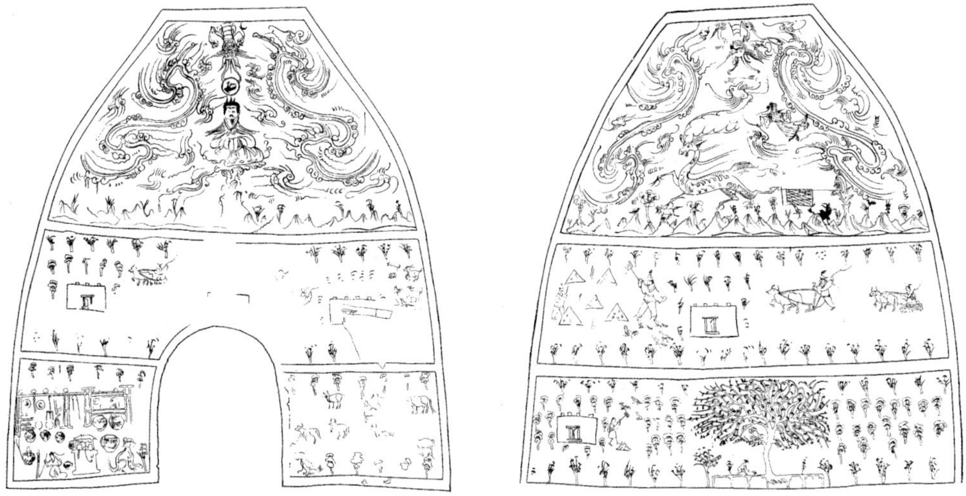

图 8-10　酒泉丁家闸 5 号墓前室东壁、南壁壁画摹本（采自《酒泉十六国墓壁画》）

图 8-11 酒泉丁家闸 5 号墓前室西壁、北壁壁画摹本(采自《酒泉十六国墓壁画》)

打开的手卷一样,以动态的方式叙事。如 1957 年发掘的辽阳棒台子壁画墓,在墓门两侧各绘门卒一人,左耳室绘有一组向左运动的车骑,由三导骑、一辆卷棚马车和一从骑组成,上绘一轮红日,朝向墓室后壁运动。在后室的后壁是另一组运动中的马车,由四辆马车组成,也向左侧运动,前方是一座三层四阿式楼阁,大门洞开。这两组向同一方向运动的车、骑构成了一个连贯的画面,指向叙事的终点右耳室。右耳室正壁是坐于帷帐之下的墓主夫妇宴饮像(图 8-12),这是一个祭祀空间,放置有一组献祭用的食具。整个墓室画像可能象征着从生到死的转化。

辽西三燕墓葬皆为石板搭建或石块垒砌的墓葬,墓室多为前宽后窄、前高后低的梯形体,顶部多以数块大石块平铺,少量叠涩成穹窿顶,皆单室墓,个别设有耳室和壁龛。以朝阳袁台子东晋壁画墓为例,这是一座带有耳室和壁龛的石板墓,虽没有明确的前堂、后室的分隔,但墓内空间以陈设和器物进行了明确的功能区分。墓室后部放置木棺,前部是一组祭祀设施,由一顶帷帐和漆案、案前的大漆圆盘等组成,漆案上置 14 件漆器食具,可知这是墓内的祭祀空间。壁画位于祭祀空间相邻的壁面上,在左耳室内绘夫妇宴饮图及牛车出行图,旁有墨书榜题“夫妇君向□芝□像可检取□□主”。依次在

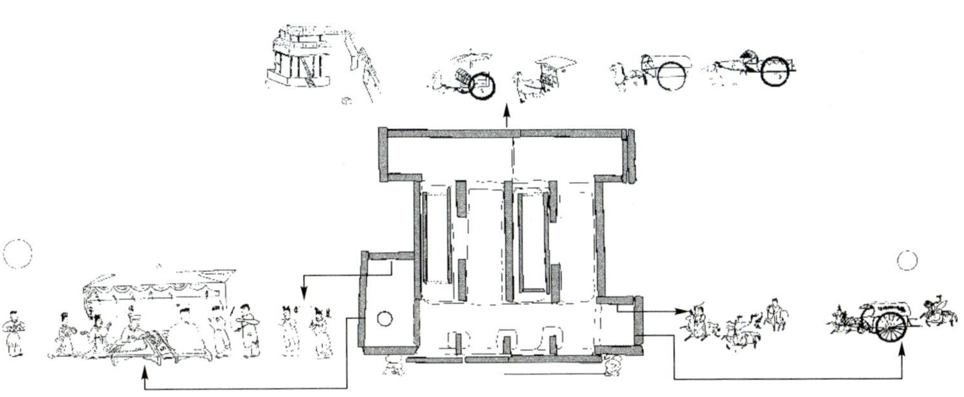

图 8-12 辽阳棒台子二号墓壁画布局(采自王增新:《辽阳市棒台子二号墓画壁》,《文物》1960 年第 1 期)

墓室左壁、后壁、右壁绘狩猎、牛耕、车骑、庭院生活、庖厨膳食、屠宰等内容。右耳室内绘有另一幅墓主像,端坐于帷帐之下,左手执杯,右手持麈尾,墓主像的左侧绘七位男侍,手持长柄物、案、瓶、樽、勺、魁、盘等物,皆面向墓主,旁有墨书榜题"二月己……子……殡背万……墓……墓奠",显然这组图像表现的是对墓主的祭祀,与画像前的帷帐和漆案构成了祭祀场景(图 8-13、8-14)。

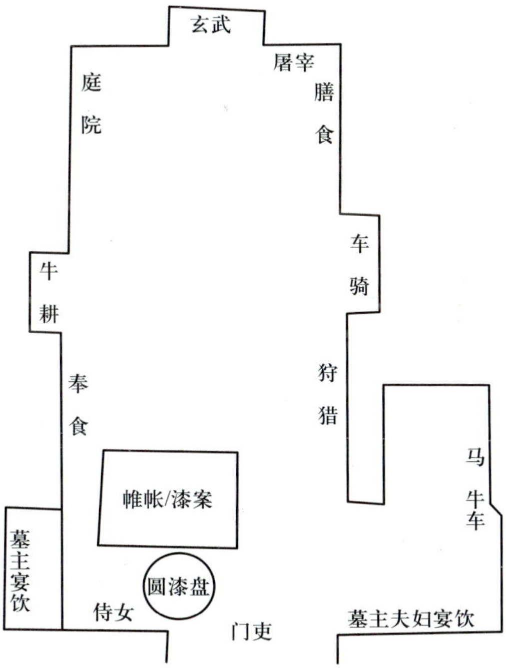

图 8-13 朝阳袁台子东晋壁画墓画像布局示意(据辽宁省博物馆文物队等:《朝阳袁台子东晋壁画墓》改绘,《文物》1984 年第 6 期)

四、南方墓室画像

南方地区的魏晋墓主要是带短甬道的长方形单室砖墓,有些墓葬以模印画像砖作为装饰,只有极个别墓葬以彩绘壁画装饰墓壁,这可能与南方地区卑湿的环境有关,彩绘壁画极易剥落,而模

图 8-14 朝阳袁台子东晋壁画墓右耳室墓主画像摹本（采自徐主冀主编：《中国出土壁画全集》第 8 卷，科学出版社 2012 年版）

印画像砖易于长期保存，而且南方地区有发达的陶瓷工艺基础，模印画像砖比画像石的制作更为简单。模印画像砖在长江下游和中游使用最为普遍，大多数是单幅成画，图案大多简略，以几何纹居多，少量花瓣纹、钱纹、鱼纹、动物纹和人形纹，都是一些装饰性图案。

云南昭通后海子霍承嗣墓是一座有明确纪年的东晋石砌单室墓（太元十□年，386—394），其墓葬结构和画像都与南方其他墓葬不同，不是南方流行的长方形单室形制，而是方形覆斗顶结构。墓顶以浮雕莲花的正方形石块结顶，墓室四壁以一层石灰打底，以墨线勾勒轮廓后再上色，形成遍布墓壁的彩绘壁画。画像以后壁正中的墓主坐像为中心，左右两侧配以侍从和仪仗架，东、西二壁下层绘部曲形象，四壁上部分别绘日月、四神、玉女等形象，各有榜题。根据墓主像旁的题记,可知这是一座招魂葬,在墓主像旁明确标识画像为墓主。

第四节 南北朝石葬具与墓室图像

南北朝墓室图像受空间结构的影响而存在南北、东西差异。首先,北朝墓葬与南朝墓葬的空间结构造成了墓壁装饰方式上的差异,以平城、洛阳、邺城、晋阳为中心的北朝墓室流行壁画和葬具画像,以建康和襄阳为中心的南朝墓室流行模印砖画。其次,北朝东部和西部墓葬壁画布局与主题也存在巨大差异。

一、北朝石质葬具画像

房形石椁、石棺床、石棺是北朝的高等级葬具,不断在北朝几个政治中心的墓葬里被发现。北魏平城多见房形石椁和石棺床,洛阳多见石棺,北魏分裂后的北齐、北周中心地区多见房形石椁和石棺床,常见于中亚粟特后裔首领墓中。石质葬具是事先预制的高档葬具,其中一部分雕琢精细、有精美浮雕或线刻画像甚至贴金、彩绘的石葬具使用者都是具有较高身份和等级的贵族或官吏。

房形石椁或称为"堂"或"石堂",可能是对东汉地面石祠堂的复古。[①]一般模拟木结构的房屋,有廊柱、出檐、屋顶、斗拱等结构,有的椁内还陈设着棺床和棺,一般置于墓室正中,占据墓室大部分空间。从北魏前期一直延续到隋唐时期,大多有精美画像。一般以正壁的墓主正面端坐像为中心,左右两侧配置牛车、鞍马出行以及描绘来世生活的狩猎、庖厨、乐舞等场景,椁门两侧配置守御类图像。如大同智家堡北魏石椁呈单檐悬山顶式,由石板拼

① 郑岩:《青州北齐画像石与入华粟特人美术——虞弘墓等考古新发现的启示》,巫鸿主编:《汉唐之间文化艺术的互动与交融》,文物出版社2001年版,第82—83页。

砌而成，立于七块柱础上，石椁内的四壁、顶部和山墙石面上彩绘，北壁绘墓主夫妇宴饮图，东壁绘四位男侍，西壁绘四位女侍，南壁绘牛车图（图 8–15）。

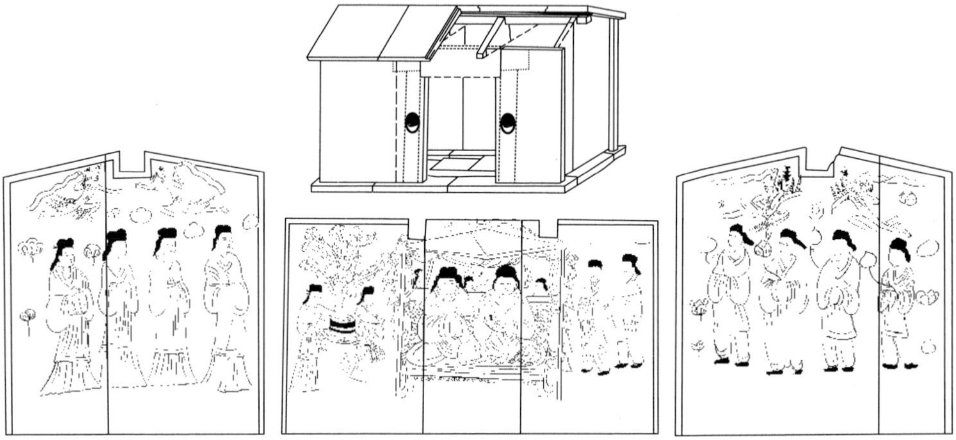

图 8–15 大同智家堡北魏墓石椁及壁画（采自王银田、刘俊喜：《大同智家堡北魏墓石椁壁画》，《文物》2001 年第 7 期）

棺床是墓中放置棺木的平台，考古发现的大多数棺床只是简单的砖台或土台，较讲究的棺床以浮雕、线刻方式装饰精美的图像，并以贴金、彩绘为饰。北魏平城时期的石棺床流行在床沿侧面和床腿刻装饰性图案，如司马金龙墓的石棺床在足部浮雕兽面及金刚力士，床侧面雕刻 13 个伎乐及舞者、龙虎、风凰、金翅鸟、人头鸟等（图 8–16），很多纹饰都是平城佛教空间里常见的元素。司马金龙墓石棺床前还置有一具漆画屏风，上绘古圣先贤、孝子烈女故事，画像的题材和画风具有南方东晋风格（图 8–17）。

图 8–16 大同北魏司马金龙墓石棺床（采自大同市博物馆：《平城文物精粹：大同市博物馆馆藏精品录》，江苏凤凰美术出版社 2016 年版）

图 8-17 大同北魏司马金龙墓漆画屏风(采自《中国美术全集·绘画编》第 1 册)

画像石棺主要发现在北魏定都洛阳时期的少数高等级墓葬里,很多在20世纪初期被盗掘出土后流失到了国外。一般在石棺外壁线刻孝子故事和神仙题材,如美国明尼阿波利斯美术学院收藏的元谧石棺(正光五年,524),前挡刻有一个尖拱龛形门,两侧各刻一门吏,上部有一宝珠和二怪兽;左右两帮中央有铺首衔环及小窗;左、右两帮刻有朱雀、白虎及孝子故事(丁兰、韩伯余、郭巨、闵子骞、孝子原谷、舜、老莱子、董永、尹伯奇等)。美国堪萨斯城纳尔逊美术馆收藏的孝子石棺仅存左右帮,皆刻孝子故事并有榜题(子董永、子蔡顺、"尉"、子舜、子郭巨、孝孙原谷)(图 8-18)。[1] 洛阳瀍河出土画像

① 黄明兰:《北魏孝子棺线刻画》,人民美术出版社 1985 年版,第 10 页。

图 8–18 北魏孝子石棺线刻画像(采自《北魏孝子棺线刻画》)

石棺的前挡刻持剑门吏、朱雀及摩尼宝珠,后挡疑刻孝子图,左右帮分别刻方士引导的墓主夫妇升仙图,棺底前后刻青龙白虎及畏兽,左右两侧分 12 格刻神兽仙禽。

值得注意的是,北朝石质葬具中还有一类具有浓郁胡风的图像——移居中国的域外人后裔的葬具图像,如粟特后裔安伽墓、康业墓、史君墓、安备墓、虞弘墓,以及婆罗门后裔北周李诞墓等。另有一些非考古发掘出土的石葬具,从形制和图像判断也是出自北朝域外人后裔的墓中,这些石葬具多收藏在国内外博物馆里,如法国吉美博物馆藏石棺床、日本美秀博物馆藏石棺床、山东青州傅家石椁板、安阳北齐石棺床等。从科学发掘的墓葬情况来看,这些域外人后裔的墓葬和葬具都是典型的中原式,但刻有完全不同于中原的画像,应属粟特—波斯图像系统。从内容看,主要有宴会、狩猎、乐舞、商贸、出行、祆教活动等;人物服饰、房屋样式多与中亚壁画所见相同;画像中的金银器、联珠纹图案等也多是典型的中西亚风格。这些画像中最有代表性的内容是乐舞图像和祆教活动场景,乐舞一般出现在宴饮场面中,可能是汉文文献所记的胡旋舞。祆教图像常以祭祀活动为主题,反映了墓主的宗教信仰。一般刻有一座火坛，旁立祆教祭司穆护，穆护口戴被称作派提达纳(Paitidana)的面罩，作人面鸟身形象。有些画像中还有表现祆教丧礼的场景。

以西安发现的北周同州萨宝安伽墓石棺床为例，是一座围屏式石棺床。围屏上有浅浮雕彩绘贴金图案，以红彩为边框分隔为 12 幅屏风，为乐舞、狩猎、宴饮、歌舞、商旅等场景；床的侧边上也有浮雕彩绘贴金的图案，分为 33 个方框，每个方框内雕刻一个兽头；床腿线刻 11 幅兽首人身的力士形象(图 8-19)。另外该墓的石门门额上以减地浅浮雕方式刻祆教祭祀图像，中央是一座置于骆驼莲花座上的火坛，两侧各有一位人面鸟身的祭司手持法器，画面上部刻有伎乐飞天，下部刻有跪姿供养人(图 8-20)。

祆教是起源于古波斯的宗教，又称琐罗亚斯德教(Zoroastrianism)，在 7 世纪伊斯兰教占据主导地位之前，一直是流行于中西亚地区的主要宗教，信奉唯一主神阿胡拉·马兹达(Ahura Mazda)，主张善恶二元论，崇拜象征光明

图 8-19　西安北周安伽墓围屏式石棺床(采自陕西省考古研究所：《西安发现的北周安伽墓》，《文物》2001 年第 1 期)

图 8-20 西安北周安伽墓石门祆教祭祀图(采自陕西省考古研究所:《西安发现的北周安伽墓》)

与力量的火,所以汉文文献又称拜火教。祆教在南北朝隋唐时期随着大量粟特人、波斯人移居内地而传入中国,主要信众是这些移民的后裔,在他们聚居的城市往往设有火祆祠。粟特是中国中古时期最大的移民群体,来自中亚索格底亚纳、以撒马尔罕为中心的城邦,在汉文文献中被称作“昭武九姓”,有米国、史国、何国、安国、石国、东曹国、穆国、吐火罗国、苏对沙那国等多个城邦。

二、北朝墓室壁画

北朝墓葬的长斜坡墓道和高大的墓室空间为墓壁绘画提供了条件,北魏、东魏北齐、西魏北周中心地区的高等级墓里都发现了墓室壁画,以北齐墓葬的壁画最为盛行,场面也最为壮观。

北魏平城的壁画见于房形石椁和砖室墓的墓壁上。以大同沙岭壁画墓为例，墓主是卒于太延元年(435)的破多罗太夫人，墓室四壁及甬道、墓顶的壁画保留较为完整，是以正壁(东壁)庑殿顶屋宇下端坐的墓主夫妇像为中心，在左右两壁分栏配置神兽和庞大的车马出行、宴饮百戏及粮仓、毡帐、杀羊等场景。值得注意的是，平城北魏墓室壁画除了中原传统的题材外，出现了莲花、忍冬、摩尼宝珠、化生童子、力士、护法神等佛教图像元素，如沙岭壁画墓甬道顶部的伏羲女娲之间绘有火焰状的摩尼宝珠(图8-21)，这当与平城时期兴盛的佛教活动有关。这种情况到迁洛后发生了改变，洛阳北魏壁画墓发现不多，仅有孝昌元年(525)清河王元怿墓、孝昌二年(526)江阳王元乂墓、太昌元年(532)安东将军王温墓等几座，壁画主题是墓主夫妇宴饮、家居生活场景，有的墓顶发现日月星辰等天象图，多是中原汉传统的题材，少见佛教主题。

图8-21　大同北魏沙岭壁画墓甬道顶部(采自大同市考古研究所：《山西大同沙岭北魏壁画墓发掘简报》，《文物》2006年第10期)

北齐是墓室壁画最盛的时期，在邺城、晋阳等地的皇室成员和勋贵墓中常见反映墓主威仪和世俗生活的大幅壁画。如磁县发现的可能是高洋武宁陵的湾漳大墓、柔然贵族茹茹公主墓，在墓道两壁及地面、甬道、墓室皆有壁画。墓道两壁绘青龙白虎引导的出行行列(图 8–22)。墓道地面为地毯式的花草纹带,甬道绘侍卫,墓室四壁绘墓主的宴饮享乐、属吏供奉等内容,墓顶绘天象。墓道和墓室均上下分栏,将主题图像绘于下部,而在上栏绘神兽和一些装饰性的祥瑞图案,如四神、神兽、莲花、流云等。太原迎泽区发现的武平二年(571)武安王徐显秀墓壁画内容和布局方式也与湾漳大墓和茹茹公主墓相似,在墓道内绘仪仗队列,甬道口与两壁绘执鞭、佩剑的仪卫,墓室壁画以北壁的墓主夫妇宴饮图为中心,左右两壁是备车、备马的仪仗出行图等内容(图 8–23)。

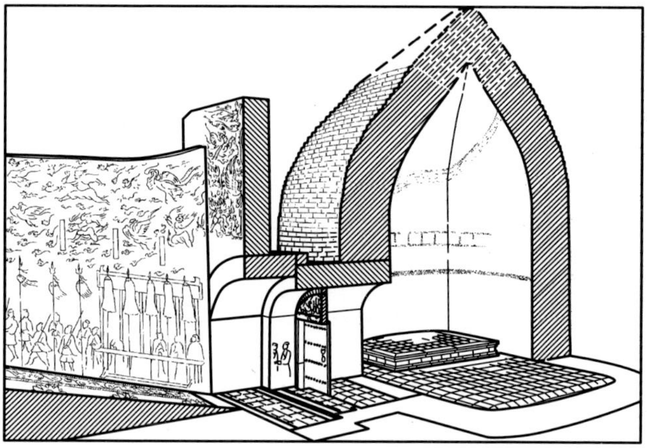

图 8–22 磁县北齐湾漳大墓壁画示意图
(采自《磁县湾漳北朝壁画墓》)

图 8–23 太原北齐徐显秀墓墓室壁画(采自山西省考古研究所、太原市文物考古研究所:《太原北齐徐显秀墓发掘简报》,《文物》2003 年第 10 期)

山东也是北齐壁画墓多见的地区，墓室结构与邺城和晋阳有所不同，流行石室墓，墓道较短，不见大规模的出行场面，而流行在墓室四壁以屏风式方式构图。如临朐县发现的天保二年（551）崔芬墓，在墓顶及四壁上层绘四神及二十八宿、仙人、四神，西壁壁龛绘墓主夫妇出行，四壁下层绘十七扇屏风，除南壁二扇空白外，其他各扇绘竹林七贤、荣启期饮宴场景，均有侍女供奉，以假山树木为背景。济南东八里洼壁画墓的东、西、北壁各残存二侍女形象，北壁与东壁拐角处绘八足屏风，中间四扇屏风各绘一袒胸跣足之饮乐人物，旁立侍童。山东地区屏风画形式及竹林七贤题材的流行表明与南朝墓室绘画的紧密联系。

关中地区的西魏北周墓多为带天井、过洞的墓道，墓室为土洞墓，这种墓室空间限制了壁画的制作与构图，无法绘制北齐那样的全景式壁画，一般在墓道、甬道、墓室四壁下部绘平行宽带纹，以栏框相隔绘单幅仪卫武士，在墓门上方绘楼阁等，壁画内容比较单一简略。

三、南朝模印画像砖

南朝墓葬皆为短甬道的长方形券顶砖室墓，墓室画像主要是模印砖画。建康周围的高等级墓葬流行以多块模印砖拼镶成一幅完整的画像，主要见于南朝帝陵级别的墓葬，如丹阳胡桥鹤仙坳大墓（推测为齐景帝修安陵）、丹阳吴家村墓（推测为齐和帝恭安陵）、丹阳建山金家村墓（推测为齐明帝兴安陵），南京栖霞区狮子冲大墓（推测为梁昭明太子萧统及母丁贵嫔墓）、南京西善桥宫山大墓（推测为陈废帝陈伯宗墓）、南京西善桥罐子山大墓（推测为陈宣帝陵）等。丹阳、南京发现的六座大墓形制结构相似，拼镶砖画的内容与布局方式也相当一致，其中丹阳三墓的甬道顶部为日、月，两壁为狮子、武士，墓室左右壁分上下两栏布局，上栏前部是羽人戏龙、羽人戏虎、供养天人，后部是竹林七贤和荣启期，每壁各四人，下栏从前至后为骑马武士、伞盖侍从、骑马鼓吹。竹林七贤和荣启期画像可能是南朝帝陵的规制之一。以西善桥宫山大墓为例，两个侧壁拼镶成完整的竹林七贤和荣启期画像，其中南壁从外而内为嵇康、阮籍、山涛、王戎，北壁由外而内为向秀、刘伶、阮咸、荣启期（图 8–24）。

图 8-24　南京西善桥宫山大墓竹林七贤与荣启期拼镶砖画
（采自《中国美术全集·绘画编》第 1 册）

在常州、扬州、杭州等地墓中也发现了拼镶砖画和单幅画像砖，但未见竹林七贤题材，多为龙虎、狮子、武士、“千秋万岁”、侍者、骑马出行等形象，也常见佛像、飞天、僧人、莲花化生、力士、宝瓶等佛教题材。杭州余杭小横山墓群是建康以外地区出土画像砖较集中的地方，应属于当地豪族的家族墓地，除了上述题材外，还发现了建康帝陵中常见的羽人戏龙、羽人戏虎拼镶砖画。

地处南北朝交接地区的襄阳一带是南朝政权的边陲，但在政治军事上与都城建康有着紧密联系，集中了一批等级较高的南朝画像砖墓，年代大致在齐梁时期，墓主可能是本地豪族或职守雍州的齐梁宗室。画像布局方式和题材与长江下游有着明显差异，多是一砖一画的画像砖，罕见拼镶砖画，不见竹林七贤题材。河南邓州学庄画像砖墓是一座典型的南朝长方形券顶砖墓，墓室和甬道全部用花纹砖砌筑，东西两壁筑有 12 个方柱，每个柱下和中部都有彩色画像砖，根据榜题，可知内容有“南山四皓”“王子桥(乔)”“浮丘公”“老莱子”“凤皇(凰)”“天人”“万岁”“千秋”“师子”，以及无榜题的鼓吹、乐舞、牛车出行、武士、飞仙、青龙、朱雀、玄武等，共60余种图案，墓室砖柱下部有拼镶砖画武士像，这也是襄阳地区仅见的拼镶砖画。被封门砖掩盖的券门上另有彩色壁画，为口衔兵器的神兽、飞天和守门武士。一幅战马画像砖侧墨书文字70余字有“部曲在路……家在吴郡”等内容(图8-25)，表明墓主可能是来自长江下游的戍边将士。①

值得注意的是，邓州画像砖墓中出土了一块舞蹈画像砖，是由一位长髯、朱衣的胡人老者率领的五人乐舞图，可能即南朝乐府中《老胡文康辞》所

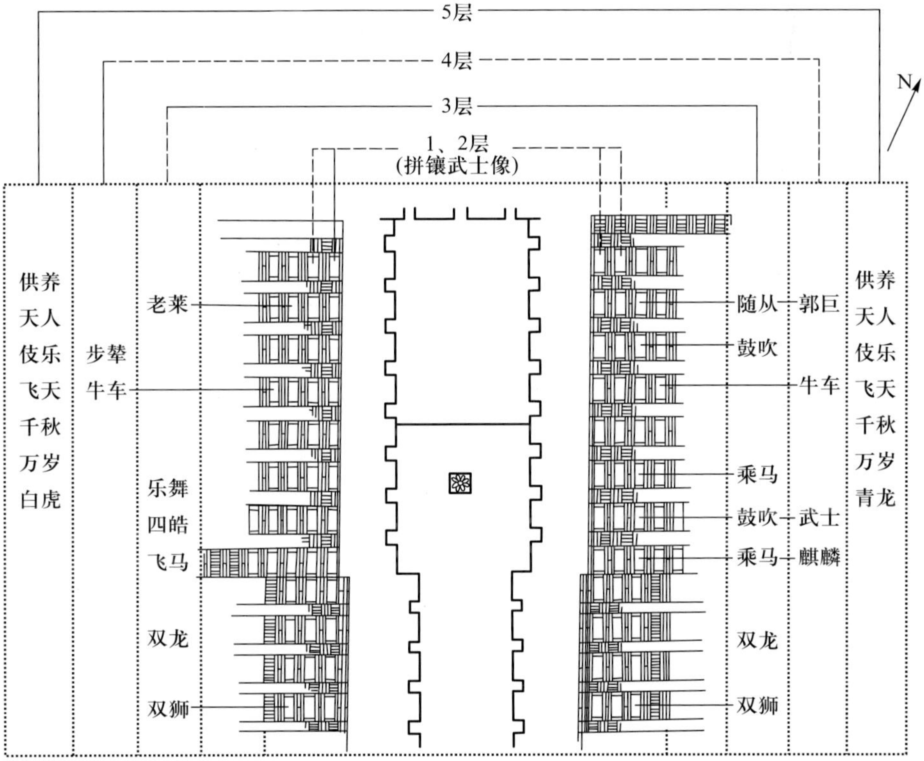

图8-25　邓州南朝画像砖墓画像配置图(据《邓县彩色画象砖墓》改绘)

① 河南省文化局文物工作队:《河南邓县彩色画象砖墓》,文物出版社1958年版。

描绘的文康舞，是由中亚康国传入的一种舞蹈，当与南北朝时期南下的中亚粟特移民有关(图 8–26)。[①]

图 8–26 邓州南朝画像砖墓文康舞图(采自《邓县彩色画象砖墓》)

此外，在襄阳城区和谷城县也发现了多座大同小异的画像砖墓，如襄阳城西的贾家冲画像砖墓，墓室和甬道全部用画像砖砌筑，画像内容包括“千秋万岁”、双狮、龙、虎、出行图、侍饮、飞仙、怪兽、供养人、趺坐小佛像、捧博山炉羽人、幢、净瓶、莲花、“郭巨埋儿”等。这些襄阳地区的南朝画像砖墓表现出与建康的紧密联系，同时也有很多来自中原、关中的因素，反映了襄阳在南北文化交流上的特殊地位。

思考题：

1. 墓葬美术与墓室空间的关系。
2. 汉代墓室画像与汉代意识形态的关系。

---

① 李梅田:《西曲歌与文康舞:邓县南朝画象砖墓乐舞图新释》,《故宫博物院院刊》2016 年第 4 期。

第九章　佛教东渐与中国化

佛教从两汉之际初传入华，到南北朝时期加快了中国化的过程，出现了中国佛教史上的第一个发展高峰。这一传播和发展的过程留下了大量的遗迹和遗物。佛教考古即通过分析这些佛教遗存的表象特征，探求其蕴含的历史信息，认识和理解佛教发展进程和文化内涵。

从考古资料来看，数量最为丰富、保存状况最好的是开凿于山间崖面上的石窟寺院，地面佛寺遗址的发现和发掘则相对较少；此外还有大批的佛教造像、石碑以及墓葬中出土的与佛教有关的器物与画像。本章以前两类资料为主，介绍佛教从初传入华到逐步中国化的过程。

第一节　西域早期佛教遗存

佛教诞生于公元前6世纪的印度北部，由当时恒河流域迦毗罗卫国（今尼泊尔境内）的太子乔达摩·悉达多所创立，信徒尊其为“佛陀”，意为“觉悟者”，后世亦称他“释迦牟尼”，即“释迦族的圣人”之意。公元前3世纪，孔雀王朝阿育王皈依佛教后，大力弘扬佛教，在各地广建佛塔，敕立石柱。印度北部和中亚地区发现了不少阿育王碑铭。目前所知最早的佛教遗存也大多属于阿育王时期。公元1世纪以后，佛教逐渐在犍陀罗地区（今巴基斯坦北部和阿富汗东部）兴盛起来。当时的犍陀罗由贵霜王朝控制，统治者实行宗教宽容政策，佛教获得了较大发展空间，一时间庙宇众多、塔寺林立，并且在艺术上打破早期佛教“不设像”（不能直接表现佛陀形象）的禁忌、首先创造出了佛陀的造像，其形象庄重典雅、衣袍厚实。2世纪初，秣菟罗地区（恒河中游西北部）也出现了佛像，形象相比犍陀罗造像更贴近印度本土艺术，躯体凸显、衣衫薄透。3世纪中期，贵霜王朝走向衰落，但犍陀罗佛教一直兴盛到5世纪。4世纪，北印度的笈多王朝兴起，这是印度本土佛教艺术的再次勃兴时期,造型风格臻于成熟,体现了印度本土的审美风尚。从考古发现来看,犍陀罗、秣菟罗和笈多三大流派都对中国佛教艺术有着一定的影响。

从文献推测,佛教大概在两汉之际进入中国,东汉时期已经在一定程度上流传于汉地。入华的具体传播路线,学术界一般认为是沿陆上丝绸之路传入,即以张骞凿空为标志开通的,从中亚经西域南北两道、河西走廊最终到达长安、洛阳的交通道路。佛教典籍中记录了相当多活跃于洛阳组织译场、传播佛法的早期外来僧人,大多来自中亚的贵霜、康居、安息等国;同时,中原的求法僧人也往往以西域、中亚为落脚点,如朱士行赴于阗学习大乘佛法,法显、玄奘等人也是取道陆上丝绸之路前往印度。①

中国目前所知年代最早的佛教遗存多发现于西域,即今新疆地区,集中于丝绸之路南北两道沿线的喀什、库车、和田、若羌、吐鲁番等地。丝绸之路开通前后,正是犍陀罗佛教最为兴盛的时期。地理上的近水楼台之便,使得早期的西域佛教较多受到了犍陀罗佛教的影响,在建筑形制和艺术风格上都十分相似。丝路南北两道保留至今的佛教遗存,由于自然地理条件的不同,表现为不同的形式:南道以地面佛寺为主,北道除地面佛寺外,还保存了大量石窟寺。石窟寺是砖木结构地面佛寺的石化形式,二者内涵一致,遵循相似的建筑原则。

一、西域南道

西域南道保存至今的早期地面佛寺包括喀什莫尔佛寺、于阗热瓦克佛寺、克里雅喀拉墩佛寺、尼雅 N.V 佛寺、若羌米兰佛寺等,流行“回”字形平面,即以佛塔为中心、其外环绕佛塔设置供信徒向右绕行礼佛的行道。

佛塔是佛教特有的建筑,梵文为 stupa,直译为窣堵波,本来是古印度的一种墓葬形式。佛陀寂灭后,其舍利被当时八位国王分别带回各国建塔供养,又称为“八王分舍利”。阿育王时期,为传播佛教在各地修建了大量佛塔。因而,佛塔一方面有墓葬、纪念物的含义,另一方面由于供奉舍利,又是

① 任继愈主编:《中国佛教史》第一卷,中国社会科学出版社 1985 年版,第 45—106 页。

佛陀、佛法的化身,因此成了早期佛教的礼拜中心。

印度早期的佛塔,以印度中央邦的桑奇大塔为代表,平面为圆形,主体类似一个大坟冢,又称“覆钵”,其下有基座,座上有供右旋礼佛的行道,覆钵上部筑平头、伞盖,四周再围以栏循、塔门等其他设施。犍陀罗地区的佛塔整体造型发生了较大变化,不注重平面扩展,而是向纵高发展,覆钵在全塔所占比例大大缩小,其下为多层塔基,并出现了方形平面。犍陀罗石雕艺术十分发达,很多塔基和塔身装饰有列龛佛像或佛教故事浮雕,有些塔基还修出阶道以供信徒攀登瞻仰。

西域早期佛塔形制与犍陀罗佛塔一脉相承,平面以方形为主,下为多层塔基,其上置塔身、覆钵,整体纵高。不同于犍陀罗地区的是,西域缺少适于雕刻的石材,佛塔多以土坯垒砌而成,表面装饰泥塑或壁画。

得益于新疆干燥的自然环境,西域佛塔很多保存较好,至今仍巍然矗立。露天大塔外围增设围墙,形成塔院;佛寺内的佛塔则置于有顶建筑的中央。塔院院墙、佛寺寺墙与佛塔之间形成的空间即为礼拜道,墙两侧往往装饰佛像或绘制壁画,以供信徒礼拜时观想。如若羌县米兰遗址的 M.Ⅲ、M.Ⅴ两座佛寺,二者均为外方内圆,即佛寺本身平面方形,但中心佛塔却是圆形,佛塔外侧回廊内壁满绘带有古典艺术风格的蛋彩壁画,年代大致在 2 世纪末至 3 世纪上半叶。这两座佛寺是目前所知西域最早的佛寺,仍留有早期圆形佛塔的遗风(图 9–1)。[①] 除此之外,其他西域早期佛塔均为犍陀罗地区最流行的方形平面,其外围以方形院落或方形佛寺,整体呈现为“回”字形平面,年代也比米兰佛寺略晚,集中于 3—4 世纪。很多佛塔表面装饰泥塑的犍陀罗式列龛佛像。有些佛寺则是在方形佛塔外围单独修建回廊礼拜道,回廊内外壁与中央佛塔形成了三重方形的平面。如于田县克里雅河下游的喀拉墩 N61、N62 两座佛寺,即以犍陀罗式方形佛塔为中心、周围环绕以“木骨泥墙”构筑的双重回廊,中心塔外壁及回廊墙壁内外侧均绘有佛像壁画(图 9–2)。[②]

---

① 陈晓露:《鄯善佛寺分期初探》,《华夏考古》2013 年第 2 期。

② 陈晓露:《西域回字形佛寺源流考》,《考古》2010 年第 11 期。

图 9-1　西域犍陀罗式佛塔：米兰 M.Ⅲ佛寺

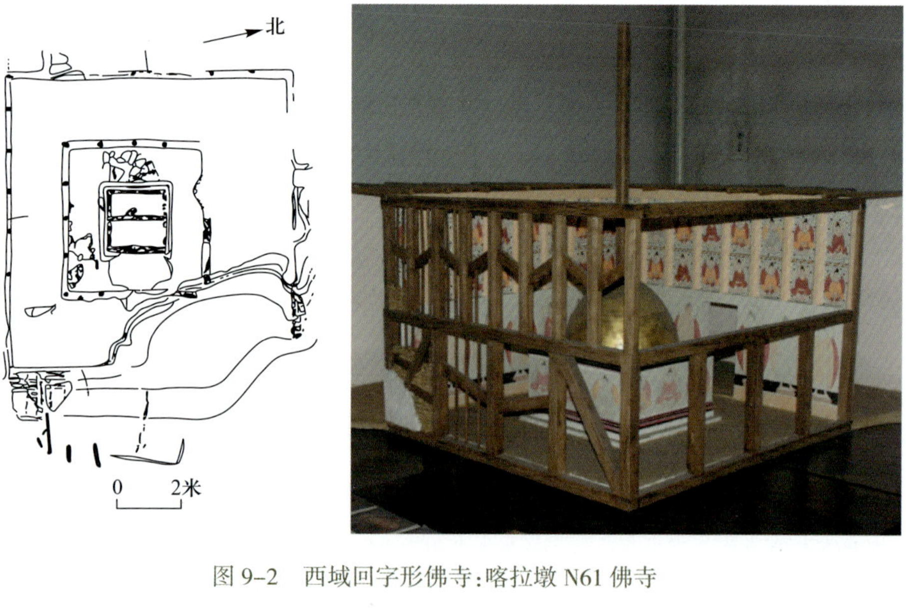

图 9-2　西域回字形佛寺：喀拉墩 N61 佛寺

二、西域北道

相较于地面佛寺，西域北道、天山南麓大大小小的石窟寺，为我们更完整地揭示出了佛寺建筑的组合关系。这些石窟寺主要集中于古代龟兹和高昌两个地区，早期石窟更多集中于龟兹地区，如克孜尔石窟、森姆塞姆石窟、克孜尔尕哈石窟等。根据洞窟形制和窟内壁画等判断，龟兹石窟的开凿年代约在3—6世纪，大致可分为三个发展时期，其中早期约相当于3—4世纪，与南道大体一致。①

龟兹早期石窟中，数量最多的是平面近方形、一侧附有甬道的僧房窟，即供僧人生活起居的洞窟，窟内一般无塑绘装饰。其次是中心柱窟，即洞窟中央矗立一象征佛塔的石柱，柱体前方空间较大，形成主室；另外三侧壁与洞窟之间形成可以通行、右绕礼拜的通道。中心柱正面往往开龛佛像，窟壁和顶部都装饰大量因缘、佛传、本生故事画，很多故事画以象征山峦的菱形格为构图单位，交错铺排，极具龟兹地方特色。此外，早期还有一定数量的大像窟，是龟兹地区的独创，其形制与中心柱窟基本接近，只是在主室正前塑一巨型立佛像，高度一般在5米以上，巨大者可达十几米。

中心柱窟是石窟寺中最重要的洞窟，用于礼拜供养等佛事活动。中心柱窟的主室与三侧甬道的顶部均为券顶，但主室顶部要高于三侧甬道，使得中心塔柱正面呈现为覆钵状，以象征佛塔。因而，中心柱窟又称"塔庙窟"，其意涵与西域南道的回字形地面佛寺是完全相同的（图9-3）。同时，中心塔柱正面开龛塑像，表明佛像是重要的礼拜对象，并且越来越重要，5世纪以后出现了仅置佛像的佛坛窟。

总的来说，西域早期佛教遗存受到了犍陀罗佛教的直接影响，以佛塔为礼拜中心，形制较为一致；同时也因地制宜、表现出一定的创新，如以土坯垒

---

① 宿白：《克孜尔部分洞窟阶段划分与年代等问题的初步探索——代序》，新疆维吾尔自治区文物管理委员会等编：《中国石窟·克孜尔石窟》（一），文物出版社1989年版，第10—23页。

图 9–3　克孜尔中心柱窟示意图

砌和泥塑装饰的佛塔、平面呈回字形的地面佛寺、独特的中心柱窟形制以及规模宏伟的泥塑大像等。

第二节　河西佛教与凉州模式

河西地区是指甘肃兰州以西的河西走廊地带，这是陆上丝绸之路连接中原与西域的重要通道。魏晋以来，河西的政治、经济、文化的中心是在凉州，即今武威地区。从文献记载来看，在 5 世纪中叶北魏统一北方之前的十六国时期，先后占据凉州的统治者，大多崇信佛教，并大力倡导、扶植佛教的发展，很多著名高僧在此主持译经，使得凉州成为当时西北地区的佛教传播中心，高僧云集、塔寺林立，佛教活动十分兴盛。尤为重要的是，这一时期的凉州佛教对于此后北魏佛教的发展，有着极其重要的影响。主持北魏皇家石窟云冈石窟开凿的昙曜，就来自凉州；其前任道人统师贤以及在麦积山、炳灵寺活动的玄高都曾游历凉州。

河西地区现存的十六国时期佛教遗存包括：敦煌莫高窟、酒泉文殊山、张掖马蹄寺、武威天梯山、肃南金塔寺、永靖炳灵寺等石窟。宿白将河西地区早期石窟的特征总结为“凉州模式”，表现出以下特征：

第一，在洞窟形制上，有设置大像的佛殿窟，方形或长方形平面的塔庙窟多见，中心塔柱平面为方形，分为多层，每层上宽下窄、呈阶梯状，四面多开圆拱形龛，龛内塑像。中心柱前部窟顶与三侧通道的顶部平齐，使得中心柱整体类似楼阁建筑，与龟兹塔庙窟的中心柱有很大差别(图 9–4)。有些塔庙窟还设有前室，如沮渠蒙逊时开凿的天梯山石窟第 1 窟、酒泉文殊山千佛洞都设有前室。

图 9–4　文殊山千佛洞中心柱窟与千佛壁画

第二，主要佛像有释迦、交脚菩萨装的弥勒，其次有佛装弥勒、思惟菩萨成组的十方佛等。以上诸像，除成组的十方佛为立像外，皆是坐像。

第三，窟壁主要画千佛。酒泉文殊山前山千佛洞前壁绘九列禅定坐佛，均着通肩袈裟。千佛占据了大半壁面，其下还有立佛、供养人与边饰，人物面部均在外圈、双颊、上下眼睑部位晕染，应是受到西域“凸凹画法”的影响。

第四，边饰花纹有二方连续式的化生忍冬纹。

第五，佛和菩萨的面相浑圆，眼多细长型，深目高鼻、身躯健壮，接近西域地区的形象。菩萨、飞天姿态多样，造型生动，飞天形体较大，身躯呈

U 字形。天梯山石窟的北凉时期壁画，所绘供养菩萨面相椭圆形，大眼厚唇，线描劲健、挺拔，裙纹密集，姿态自由生动，肌肤边沿以白色或红色晕染。①

此外，敦煌、酒泉等地还发现了一批带有北凉纪年的石塔，也是这一时期的重要佛教遗存。现知的北凉石塔共计 14 件，形制类同，自上而下可分为伞盖、相轮、覆钵、圆柱形塔身和八面体塔基五部分。塔基下尚有榫头，说明其另配有基座，只是现已不存。覆钵之上凿有八个尖楣圆拱龛，龛内雕七坐佛和一交脚弥勒菩萨，造型宽厚，与凉州石窟中的佛像风格一致。圆柱形塔身上刻塔名、经文、发愿文和纪年，经文多为《增一阿含经》卷四二《结禁品》第四十六中的一段，此经于前秦建元二十年(384)译于长安，译经者中有凉州僧人，故其出现在河西并非偶然。塔基为八面形，每面均有阴线刻人物形象，共四男四女，排列有规律，大部分石塔每面还刻一八卦符号。酒泉高善穆塔的塔顶还刻有北斗七星图像(图 9-5)。八卦与北斗均为传统汉文化元素，汉末以后中原战乱，汉文化转移至河西一隅。北凉石塔上的八卦与北斗正是佛教适应汉地、吸收汉文化因素的反映。②

整体看来，凉州系统的窟龛造像，大多来源于临近的新疆地区。丝路开通以后，凉州与西域的联系极其紧密。西晋末中原战乱以后，西域佛教中心龟兹、于阗、鄯善，都与凉州政权保持着朝贡关系。高僧鸠摩罗什、佛陀耶舍、昙无谶等都是从西域转入河西的译经高僧，凉州统治者也与西域佛教界保持密切联系，如北凉王沮渠蒙逊之弟沮渠京声曾赴于阗、高昌求法。西域北道的石窟寺和南道的地面佛寺，可能都对凉州佛教产生了一定影响。

凉州模式涵盖范围的西界就是紧邻西域的敦煌。敦煌是丝路南北两道

① 宿白:《凉州石窟遗迹与“凉州模式”》,《中国石窟寺研究》,文物出版社 1996 年版,第 39—51 页。

② 张宝玺:《北凉石塔艺术》,上海辞书出版社 2006 年版,第 39—48 页。

图 9-5 酒泉高善穆塔及其拓片

从阳关、玉门关进入河西后的第一站，是河西最早受到佛教浸染的地区。早在西晋时期，敦煌佛教就已经有了相当的规模。著名高僧竺法护在敦煌主持译经，号称“敦煌菩萨”。敦煌最重要的石窟莫高窟约开凿于 4 世纪中叶，其中编号 268、272、275 三个洞窟即为北凉据有敦煌时开凿。三个洞窟主室皆呈长方形，空间宽窄悬殊差异较大，形制有一定差异，但均使用泥塑仿木构建筑形式，268 窟为平顶平棊，272 窟穹窿顶有藻井，275 窟为梯形两面坡顶。在造像上，三窟主尊均为单身像，268 窟为交脚佛，272 窟为倚坐佛，275 窟为交脚菩萨，表现的应都是弥勒。弥勒信仰流行，是北凉佛教的一大特色，是当时末法思想盛行的反映，诸石窟、佛塔装饰常见的交脚形象大多为弥勒。在造像艺术上，三窟也与凉州模式如出一辙，塑绘均以土红色为主，用晕染法表现立体感，人物形象体态健壮，风格以西域为主、与中原杂糅（图 9-6）。这与建筑上模仿汉式木构形式的做法相一致，反映出佛教在物质文化上中国

图 9-6　敦煌北凉洞窟 275 窟

化、本土化的过程。[①]

第三节　佛教石窟的中国化

北朝时期是中国佛教石窟开凿的第一个高峰时期，许多石窟由社会上层资助开凿，规模庞大、气势恢宏，代表了当时主流佛教信仰。其中最重要的是 5—6 世纪北魏皇室主导营建的大同云冈石窟和洛阳龙门石窟、巩县（今

① 樊锦诗、马世长、关友惠：《敦煌莫高窟北朝洞窟的分期》，敦煌文物研究所编：《中国石窟·敦煌莫高窟》（一），文物出版社 1982 年版，第 185—197 页。

巩义市）石窟，其后还有6世纪中期开凿的邯郸响堂山石窟和7世纪开凿的太原天龙山石窟。这批石窟从造像内容到风格都超脱出原有的模式，清晰地展现出佛教中国化的过程。

一、云冈石窟

和平元年（460），文成帝令沙门统昙曜为太祖以下五个皇帝各造大像一躯，标志着云冈石窟的始凿，此后开窟造像活动不断，迁都洛阳以后又延续了一段时间，一共持续了60余年。云冈是佛教传入中国以后，第一次由国家主持经营的大规模石窟营造工程，其窟龛和造像特征被称为"云冈模式"，代表了中国佛教石窟发展的主流趋势。①

云冈石窟位于山西省大同市以西16公里处的武州山南麓，依山而凿，东西绵延约1公里，自东向西依次编号，共45个大窟，加上旁边附属的小窟、小龛，总计1 100多个窟龛。根据洞窟形制、造像风格、装饰技法等，这些窟龛可以分为三期。

第一期：第16—20窟，位于中部，又称昙曜五窟，即昙曜为太祖以下五位皇帝所造，均为大像窟，特征十分明显（图9-7）：

第一，平面都是马蹄形或椭圆形，穹窿顶。

第二，主佛形体高大、占据洞内主要位置。造像题材以三世佛为主。五窟可分为两组：18、19、20三窟是较早开凿的一组，主像是佛装的三世佛，其中19窟最先开凿，三窟分别对应太武帝、明元帝和道武帝；16、17两窟为一组，16窟主像是释迦，象征当时在位的文成帝，17窟题材也是三世佛，但以交脚的未来佛弥勒作为主像，应相当于还没有继位就死去的景穆帝。后两窟主像总的布局在昙曜时期已经完成，但工程一直延续到第二期。

第三，造像肩宽体壮、身材短粗，深目高鼻、八字须，有火焰纹的背光，佛光上雕飞天；服装浅密贴体，佛穿袒右和通肩两种服装，菩萨头戴宝冠，裸上

---

① 宿白：《云冈石窟分期试论》，《中国石窟寺研究》，文物出版社1996年版，第76—88页。

图 9-7 云冈第 20 窟

身，胸佩项圈、短瓔珞、蛇形饰，下著羊肠大裙，戴臂钏、手镯等印度贵族的装饰。据《魏书·释老志》记载："太延（435—440）中，凉州平，徙其国人于京邑，沙门佛事皆俱东，象教弥增矣。"北魏佛教的勃兴与凉州佛教有着直接的关系，昙曜即来自凉州。因此，云冈早期石窟主要表现出凉州模式的影响，延续着从犍陀罗到西域、凉州一以贯之的劲健、浑厚、朴实的作风；另一方面，部分造像衣纹雕刻细腻、匀称密集，与印度笈多艺术的风格吻合，表明可能也在一定程度上受到了来自南方的影响。

第二期：孝文时期石窟，主要分布于东部，多成组洞窟，其中四组为双窟，还有一组由三个洞窟组成。孝文帝继位初期，与其祖母冯氏共同执政，时称"二皇"或"二圣"，双窟的出现应与这一历史背景有关。二人都大力扶持佛教，因此这一时期的石窟无论从规模上还是内容上都超过了前一期，特点包括：

第一，洞窟形制大都为方形，且开凿前后室，主要是佛殿窟、塔庙窟，主像不再占据窟中主要面积，壁面以壁龛为主，上下重层、左右分段，这是中国汉魏以来的传统壁画布局，不再是西域式的布局。

第二，窟顶不再是穹窿顶、圆顶，而是平顶，并凿出平棊藻井。

第三，造像形象和题材多样化，佛和菩萨面相一般丰瘦适宜，表情温和恬静，身着褒衣博带式服装，菩萨像新出现华鬘冠，身上除项圈、臂钏等印度式装扮外，还出现了帔帛；主像还是三世佛，题材除佛、菩萨、弟子外，新出现了供养人行列。

第四，雕刻技法比第一期简化，采用雕刻较深的直平阶梯式手法，增强了作品的立体感和现实感。

第五，出现中国传统的建筑形式，如屋形龛、屋形窟等（图 9-8）。

汉文化因素的急剧增长，是这一时期最为突出的特征。孝文帝在位时期实行汉化改革，在太和十年推行服装改革，即改穿南朝士大夫所穿

图 9-8 云冈第 10 窟

着的褒衣博带式服装，在这一期的佛像装束上有明显的体现。在建筑方面，除石窟中的屋形龛、屋形窟外，这一时期大同地区出土的石雕也出现了仿木构形式的汉式楼阁、殿堂式建筑，在文献中被称为“石祇洹舍”，也是汉化政策的产物。从源流来看，与第一期相比，孝文时期佛教更多受到佛教比较发达的东部北燕地区的影响，而不再是西部的凉州、西域一带。北燕是当时北方的一个重要佛教中心，冯氏本人就来自北燕，北魏佛教受其影响是十分自然的。总体上，这一时期云冈石窟造像题材多样化、形象趋于清秀、造型趋于工巧，西方因素削弱，汉化趋势发展迅速，又称“太和样式”。

第三期：迁洛以后开凿，主要分布于20窟以西，还包括4、14、15和11窟以西崖面上的小龛。特点包括：

第一，洞窟大多以单窟形式出现，不再成组，内部更为方整、规制。窟龛形制又可细分为四种：一是塔庙窟，中间有塔柱，但四壁满雕千佛；二是千佛窟，四壁满雕千佛；三是三壁三龛式窟，窟室后壁和左右壁各雕一个大龛，后壁主像多为释迦多宝；四是四壁重龛式窟，正壁和左右壁有多层龛，后壁主龛中，大多上为弥勒，下为释迦。

第二，佛像和菩萨像面形消瘦、长颈，肩窄且下削，这种像是后来在龙门石窟出现的“秀骨清像”的先声；坐佛下摆褶纹日趋重叠、繁褥；菩萨的新装束是上穿短衫、帔帛呈“X”形交叉穿璧，这种形式后来也成为北朝后期菩萨装的代表；飞天不露脚；佛龛的装饰也更为复杂，龛楣、帐饰更为多变。

迁都洛阳后，为照顾鲜卑贵族的生活习惯，孝文帝下令特许其“冬朝京师，夏归部落”，因此平城和洛阳之间的人员往来仍然很频繁，平城的经济和造像实力也并未削弱太多，云冈石窟仍在持续开凿，只是开窟者主要是没有随皇室迁都洛阳的贵族官僚或虽迁到洛阳但夏季仍回平城的官僚，官职不高，因此大窟减少，以中小窟龛为主，年代集中在494年到524年。

云冈石窟堪称佛教石窟“中国化”的开始。从第二期起，建筑、服装等中国传统文化元素越来越多地被纳入石窟雕刻中，窟龛形制形成了四壁三龛式等创新，造像上更加突出展现中国传统审美的“秀骨清像”等，这些都对后世中国石窟的开凿产生了深远的影响。

二、龙门石窟

龙门石窟位于河南洛阳，是北魏都城的近郊。龙门古称伊阙，伊水在两山之间流过，山形如阙。龙门之称始于唐代。龙门石窟开创于北魏迁都洛阳(494)前后，历经东西魏、北齐、隋、唐时期，北魏时期和唐武则天时期是龙门石窟的两个凿窟盛期。据《魏书·释老志》记载，宾阳中洞的开凿“准代京灵严寺石窟”，即龙门石窟就是按照云冈样式来雕凿的(图 9-9)。现存北朝时期主要洞窟23座，均属佛殿窟。其中深10米以上的大型窟六座，即古阳洞、宾阳三洞(中洞、南洞、北洞)、莲花洞和火烧洞。龙门北朝洞窟大致可分为四期。

第一期：北魏早期。太和十八年至景明元年(494—500)前后。主要包

图 9-9 龙门宾阳中洞

括古阳洞及附近小龛，承续了云冈晚期样式：坐佛多着袒右式袈裟，内着僧祇支，菩萨斜披络腋，造像组合以三尊像为主，多为一佛二菩萨。

第二期：宣武帝前期。景明元年至永平三年(500—510)，龙门样式的形成期。造像特点：佛着双领下垂式服装，菩萨帔帛交叉于胸前穿环；佛、菩萨、飞天形体趋向清瘦；造像组合多为一佛二菩萨二弟子的五尊像，弟子像作为过渡形式多用浮雕或浅浮雕表现。

第三期：宣武帝后期。永平三至年延昌年间(510—515)，龙门石窟的繁盛期，龙门样式进一步发展。造像特征：有较明显的南朝造像影响、成为典型的秀骨清像，多着褒衣博带装，衣褶密集、层叠，长颈削肩，悬裳坐式；造像组合固定为五尊像，二弟子以也圆雕表现；出现一佛二菩萨二弟子二力士的七尊像组合；狮子形象变化，前两期为两爪伏于地上，第三期则两爪前举；龛形变化，佛龛加深，出现两个侧龛。

第四期：孝明帝后期。下限时间为528年前后。这是龙门造像的衰退期，交脚弥勒在北魏洞窟中不见，造像内容简单，龛式简化，造像粗糙。

总体上，龙门北朝石窟是在云冈石窟的基础上继续发展，更进一步地中国化，以"秀骨清像"为标志，艺术风格从浑厚粗犷转向优雅端庄。同时，不少洞窟中出现帝后礼佛图、维摩文殊说法等题材，可能与当时的历史背景有密切关系，表现出石窟的世俗化趋向。[①]

三、巩县石窟

巩县石窟现存5个大窟，其中第2窟没有按原计划完工，只凿出窟室规模。5个窟分两种类型。第1—4窟是塔庙窟，可能是两组双窟，规模较大，属大中型石窟。第1窟为代表窟，雕刻精美，其门外两侧各雕一立佛龛，与窟内主尊共同构成三世佛。中心方柱四面各开一龛，三壁重龛，其他壁面雕千佛。其余几窟均为千佛、三世佛、释迦、多宝、涅槃像等，中心柱四壁下层和四

---

① 温玉成：《龙门北朝小龛的类型、分期与洞窟排年》，龙门文物保管所、北京大学考古系编：《中国石窟·龙门石窟》(一)，文物出版社1991年版，第170—224页。

壁下层凿出大幅神王、异兽和伎乐。第1、3、4窟前壁窟门两侧均雕高浮雕大型礼佛图，为国内现存最完整最精美的礼佛图（图9-10）。第5窟为小型佛殿窟，方形平面，平棊顶，三壁三龛式。

图9-10 巩县石窟皇帝礼佛图

总的看来，巩县石窟是云冈第三期的延续，也表现出一些与龙门类似的特征，如出现露足下垂的弥勒菩萨坐像、狮子前足上举、有些坐佛袈裟外披偏衫、第5窟前立壁两侧各凿一立佛龛、部分佛龛龛面为宝帐帷幕式装饰等，这些都是北魏后期出现或流行的特征。因此巩县石窟的年代应在北魏末期，即孝明、灵太后时期，赞助人则应是皇室亲贵。

巩县石窟出现两种不同的造像风格：一是类似云冈、龙门晚期的秀骨清像，另一是面相方圆体态宽厚的新风格，很可能是南朝张僧繇“张得其肉”一派画风传来的影响。[①]

① 安金槐、贾峨：《巩县石窟寺总叙》，河南省文物研究所编：《中国石窟·巩县石窟寺》，文物出版社1989年版，第225—234页。

四、天龙山石窟

天龙山石窟位于太原市西南大约40公里，有东、西两峰，共21个窟，大部分是佛殿窟，只有一个塔庙窟，唐窟占总数的一半以上，还保留了几个东魏北齐石窟，对了解北朝石窟造像的类型和风格具有重要参考意义。

东峰第2、3窟是东魏窟，为高欢摄政时开凿。洞窟形制为方形三壁三龛式窟，比云冈、巩县更为方正，覆斗顶，凿出莲花藻井，窟内四周底部凿出低坛，坛上开龛。佛龛样式基本为尖拱龛，仅第2窟正壁为天幕龛，龛楣都有宝帐帷幕装饰。龛像都是一佛二菩萨的三尊像组合。总体上装饰不多，简洁朴实。佛的形象比较瘦直，曲线不多，下摆是悬裳式的佛座，四周呈圆弧形；坐佛袈裟外穿偏衫，这一点在北魏时期的云冈、巩县石窟已略现端倪，到此时更为突出。

第1、10、16窟为北齐窟，是北齐文宣帝高洋经营晋阳别都时开凿，其中第16窟有北齐皇建元年(560)的题记。洞窟形制与东魏窟相似，方形平面、莲花藻井、三壁三龛，佛龛大都是天幕式，龛下有较低的佛坛，佛龛两侧雕出八角形的龛柱。窟形上较大的变化是，在龙门、巩县已经消失的窟廊和窟前列柱又重新出现。云冈的仿木构屋形窟和屋形龛注重斗拱细部比例，装饰意味较浓；而天龙山北齐窟更接近木结构建筑的原貌。造像组合是五尊像，比东魏时增加了二弟子像。造像更加注重塑造身体结构，雕刻较深，立体感比以前更强。第16窟佛头现存日本，特点显著：螺髻，圆脸丰满，胸部较高，双肩较宽，造型较呆滞，缺少曲线美。整体上，北齐造像风格与云冈、龙门、巩县有较大的差别，更加世俗化，宗教气氛相对减弱，虽然比较呆板，却是向现实主义转变的重要探索，为隋唐现实主义造像高峰的出现奠定了基础(图9-11)。①

五、响堂山石窟

响堂山石窟位于河北邯郸市峰峰矿区的鼓山上，临近北齐邺城遗址，包

---

① 李裕群、李钢：《天龙山石窟》，科学出版社2003年版。

图 9-11　天龙山北朝造像

括北响堂、南响堂和小响堂三处，共 9 个大窟，工程主体为北齐皇室完成，开凿于北齐文宣帝高洋时，是北齐石窟样式的代表。洞窟形制为方形平面、平顶，窟形有中心方柱式的塔庙窟和三壁三龛式的佛殿窟两大类。塔庙窟与巩县一脉相承，略有不同：巩县的方柱四面开龛，响堂山则是三面开龛，方柱后面不开龛；与天龙山北齐窟相似，出现了自云冈第二期以后不见于龙门、巩县的窟前连廊。前室带廊柱的洞窟被称作“塔形窟”，即从整体看来类似一座佛塔，前室廊柱可看作塔身，窟廊上部则雕出覆钵式塔顶和塔刹（图 9-12）。这是响堂山石窟独有的窟形，可能和文献记载的北齐曾开北响堂为皇室陵墓的史实有关。另外，前室凿大龛，龛里雕出神王、力士等护法形象，也是响堂山特有的，在天龙山只出现力士龛。三壁三龛式佛殿窟和前期不同的是，三壁下部的低坛变为宝坛，龛内为一佛二弟子二菩萨五尊像。造

图 9-12　响堂山塔形窟:南响堂第 7 窟

像风格与天龙山基本一致,面相较丰圆适度,作风朴实,头大肩宽,体型上大下小,表纹较薄,雕刻也较浅,呈现出一种新的样式和风格。相较于北魏,东魏北齐与南朝齐梁之间的交往远为频繁,北齐和陈之间的关系也十分密切,因而响堂山的北齐样式应该是受到了南朝风格的较大影响。①

第四节　南朝石窟与造像

南北朝是中国佛教空前繁荣的时期,南北方佛教都有了较大发展,形成了各自的佛教中心,且各有特点。但在考古上,南方无论是相关调查、发掘与研究工作,还是保留下来的考古遗存数量,都无法与北方相比,这可能与南北方的佛教修行方式不同有关。北方多窟,南方多木构寺院。

在开窟造像上,南方远逊于北方,目前所知的石窟龛像主要有南京栖霞山石窟和浙江新昌石城山摩崖龛像二处。南京栖霞山石窟的开凿年代主要在齐、梁时期,以规模最大的第 19 窟为中心,左右均匀分布,大小窟龛 290 余

① 唐仲明:《论“响堂样式”的特征及形成》,《敦煌研究》2015 年第 5 期。

个，造像500余尊。第19窟为无量寿佛大像龛，平面略呈椭圆形，敞口式，龛前曾有连接岩面的木构建筑。龛内正壁设坛，坛上雕无量寿佛。大佛高近十米，面相近方圆，身着双领下垂式袈裟，双手施禅定印，结跏趺坐。两侧分别为立于覆莲座上的观世音和大势至菩萨。其他窟龛也有平面呈马蹄形、穹窿顶的形制及三壁三龛式窟。栖霞山一些佛和菩萨的造像特点与龙门北朝石窟宾阳中洞十分相似，可能是后者新型佛教样式的来源。

新昌石城山摩崖龛像以永明四年（486）创建、天监十五年（516）竣工的弥勒佛大龛为中心，在其西北还有两个毗连的大小岩洞，洞内布满千佛，称为千佛院。弥勒佛大龛平面略呈横椭圆形，前壁敞开，露顶，龛内正壁雕佛座，座上雕大像一躯。经后代重妆，现存佛像身着双领下垂式袈裟，施禅定印，结跏趺坐式，身高13.23米。据文献记载，原像的样式为倚坐弥勒佛，发作螺髻，右手施无畏印，是弥勒龙华树下成佛、普度众生、共成佛道的形象，与现存的重妆之像有很大区别。千佛院大洞后壁正中雕释迦坐像，左右为千佛小龛共分十区，每区又一大龛，龛内一坐佛二菩萨，佛像均着通肩袈裟。千佛左右外侧各雕一护法像，为菩萨装束，头部已残，上身披巾垂于腹部交叉后再上绕双肘、沿身侧下垂，下身着裙，手中分别持金刚杵和拂尘，形象与北魏迁洛前后的北朝菩萨造像相似。

两地的大龛原皆前接木建殿阁，形制皆平面椭圆形、敞口式，主像分别为无量寿和弥勒佛，与南朝时期江南流行阿弥陀和弥勒净土信仰有关，这种大像龛可能又对北齐大像的开凿有一定影响，如太原童子寺大佛阁的无量寿大佛像。①

南方地面建寺之风极盛，唐人曾有“南朝四百八十寺”之叹，但已发现的寺院遗迹甚少，仅川、渝地区集中出土了一批南朝石造像，让我们对南朝造像样式、题材以及南北朝造像的关系有了一定认识。这批材料中最重要的是成都市万佛寺遗址，曾先后几次出土了几百件南朝时期石造像，此外成都西安路、商业街、下同仁路三处埋藏坑和彭州、汶川、重庆等地也各有一些发

① 宿白：《南朝龛像遗迹初探》，《中国石窟寺研究》，文物出版社1996年版，第176—199页。

现。总体上,南朝佛教造像突出无量寿佛和弥勒佛,反映出净土思想的盛行,这和中原北方重视禅观、流行释迦佛和弥勒菩萨等形象有较大区别。[①] 同时,与江南相比,成都地区与北方关系更为密切,很多石刻造像可见到北方流行的交脚弥勒题材。成都以北的广元地区,是关中入川的必经之路,古栈道崖面上多见早期窟龛造像,以千佛崖和皇泽寺为代表,年代在 6 世纪前后,与中原北朝晚期洞窟十分接近,大体属于中原北方系统。因而相对来说,相比江南,四川特别是川北地区与北方有着更多的联系。[②]

第五节　汉魏南北朝地面佛教寺院

相较于石窟寺,地面佛教寺院的考古遗存要少得多。据文献记载,汉地第一座佛教寺院是东汉明帝时修建的洛阳白马寺。尽管目前尚未发现明确的汉魏时期地面佛寺,但从文献中的相关线索可知:自东汉迄魏晋时期,汉地佛寺的布局也是以佛塔为中心、"堂阁周回"的院落式形制,布局原则与西域回字形佛寺应该较为接近;只是作为佛寺中心的佛塔,没有和西域一样采用犍陀罗样式,而是已经受到中原建筑的强烈影响,"上累金盘,下为重楼",即汉式多层楼阁式建筑与印度塔刹的结合样式,原型应该类似东汉墓葬出土的陶楼阁明器;东晋十六国时期,佛寺布局仍主要以佛塔为主,但塔的体量有明显增大的趋势,同时寺院从单塔配置转变为佛塔、佛殿和讲堂多种功能建筑组合配置;南北朝时期,佛教空前繁荣,寺院规模迅速扩大,在前期基础上出现了多院落式布局。[③]

---

① 四川博物院、成都文物考古研究所、四川大学博物馆:《四川出土南朝佛教造像》,中华书局 2013 年版。

② 姚崇新:《巴蜀佛教石窟造像初步研究——以川北地区为中心》,中华书局 2011 年版;雷玉华:《巴中石窟研究》,民族出版社 2011 年版。

③ 李裕群:《隋唐以前中国佛教寺院的空间布局及其演变》,中山大学人类学系、中国社会科学院边疆考古研究中心编:《边疆民族考古与民族考古学集刊》第一集,文物出版社 2009 年版,第 287—311 页。

目前考古发掘过的地面佛寺均为北朝时期，且多为皇家寺院，包括辽宁朝阳思燕佛图、山西大同思远佛寺、云冈石窟窟顶北魏寺院、河南洛阳永宁寺、河北临漳邺城东魏北齐佛寺、山西太原童子寺等遗址。总体看来，这些地面佛寺遗址的特征与文献记载大致吻合，即佛塔是佛寺的中心，主要是大型木塔；寺院配置包括三种类型：单塔配置、塔殿配置和因地制宜的山地寺院。

单塔配置寺院以云冈石窟窟顶寺院、朝阳思燕佛图为代表。

云冈窟顶寺院位于西部窟群上方，为一坐北朝南的院落，佛塔位于院内南部，平面方形、边长 14 米，塔基南面有登塔道；佛塔东、西、北三面环绕成排的僧房，僧房前有前廊和柱础；寺院中出土大量“传祚无穷”“富贵万岁”瓦当等具有北魏皇室特色的建筑构件，其建筑年代当在北魏平城迁洛之前，即云冈石窟第一、二期（图 9–13）。[①]

图 9–13　云冈窟顶寺院

---

① 张庆捷、李白军、江伟伟：《山西云冈石窟窟顶北魏寺庙遗址》，国家文物局主编：《2010 中国重要考古发现》，文物出版社 2011 年版，第 127—130 页。

思燕佛图位于辽宁朝阳市内北大街西侧，为北魏冯太后所建。佛寺被压在唐建辽修的北塔之下，是利用三燕时期和龙宫宫殿基址修建。寺院平面方形，四周有一圈回廊，推测四面各开一门；中心为木塔塔基，柱础分四圈布局，推测为面阔七间的木构楼阁式佛塔。塔基出土塑像167件，与云冈第二期造像十分相似，推测塔中原设有龛像。[①]

两座佛寺是典型的汉代以来早期佛寺布局，以单塔为中心。云冈窟顶佛寺的北侧僧房延伸至西侧僧房之西，推测西侧可能还有一个院落。

塔殿配置以大同思远佛寺、洛阳永宁寺为代表，主要见于北魏时期。

思远佛寺位于大同市城北25公里的方山南麓，北面偏东与山顶北魏冯太后永固陵遥遥相望，建于北魏太和三年(479)。寺院坐北朝南，平面长方形，外有围墙，东西宽57.4米，南北长87.8米，中轴线上分别设置山门、佛塔和殿堂等建筑，殿堂西北角有僧房（图9–14）。[②]

永宁寺位于北魏洛阳内城西南部，为熙平元年（516）胡太后所建。寺院坐北朝南，平面长方形，南北约305米，东西215米，中心略偏南处为方形木塔塔基，其上四面均有登塔道。塔基为夯土建造、青石包边，其上分布五圈柱础，最外两圈之间为回廊，柱间原安置佛龛。塔基之北有一座大型夯筑的殿堂遗址（图9–15）。[③]

以上两座寺院是在早期单塔配置基础上增加了佛殿，仍以塔为主、前塔后殿；北朝晚期又出现了多院落式的平面布局，仍以佛塔为中心，实例见于河北临漳邺城东魏北齐佛寺。该遗址位于河北临漳县赵彭城村西南的邺南城朱明门外大路东侧，寺院外有5—6米的壕沟环绕，是北齐皇家寺院。佛寺坐北朝南，平面呈正方形，边长430米，中心为木塔塔基，东南和西南部各发现一处边长110米的方形回廊基址，故知这是两处大型院落。西南院落内中

① 辽宁省文物考古研究所、朝阳市北塔博物馆编：《朝阳北塔——考古发掘与维修工程报告》，文物出版社2007年版。

② 大同市博物馆：《大同北魏方山思远佛寺遗址发掘报告》，《文物》2007年第4期。

③ 中国社会科学院考古研究所：《北魏洛阳永宁寺——1979—1994年考古发掘报告》，中国大百科全书出版社1996年版。

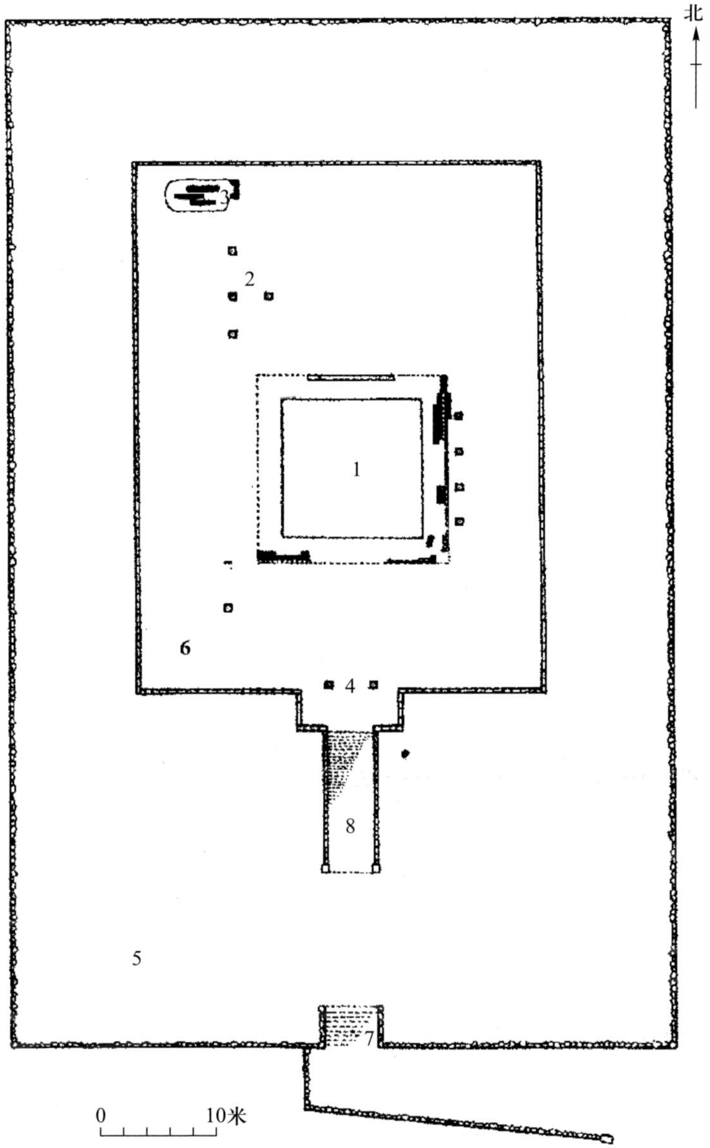

图 9-14　大同思远佛寺平面图

心靠北的位置发现有大型殿堂基址。

山地寺院以山西太原童子寺为代表。

童子寺位于太原市西南约 25 公里龙山之北峰，创建于北齐天保七年(556)，大体坐西朝东，分为南北两个部分，其间相距 65 米。北部为大佛阁遗

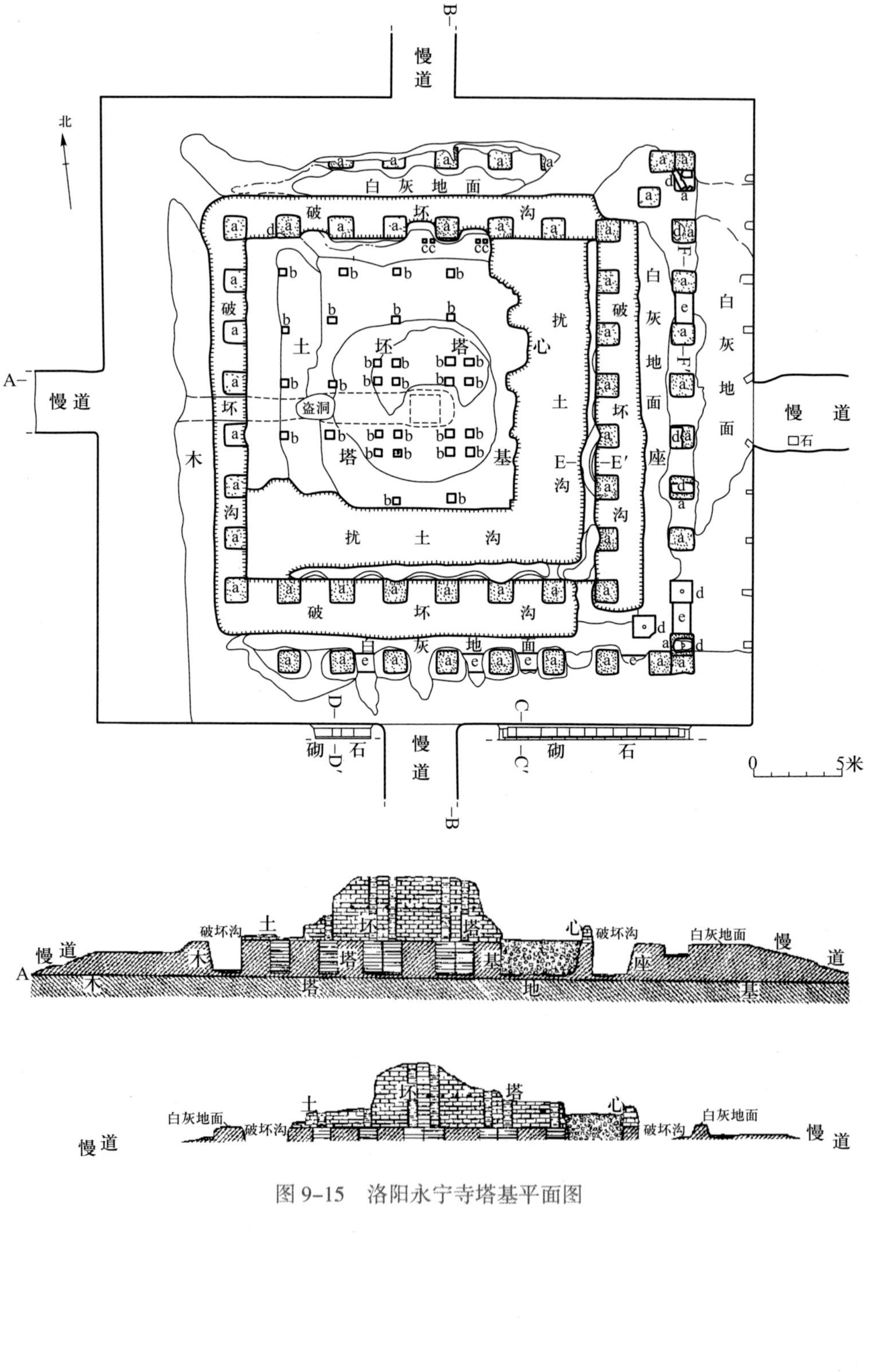

图 9-15 洛阳永宁寺塔基平面图

址,佛阁后接摩崖敞口式大龛,龛内为北齐雕造的无量寿、观世音、大势至三身像,佛阁前有一座高达 5 米的燃灯石塔。南部为寺院区,寺院之西侧和北侧 15 米为自然山体,崖壁上有 5 座北齐开凿的洞窟。山地寺院与平地起建的寺院不同,往往因地制宜,就地取材。北部佛阁的出现与雕造大佛密切相关,可能曾受到江南的影响;阁前的燃灯石塔为北朝寺院所仅见,是礼拜供养的主要场所。南部寺院区是寺院与石窟的结合,功能与北部佛阁不同,主要供僧人坐禅观像和生活起居。两种不同功能的区域组成一个有机的整体。①

佛教沿丝绸之路东渐入华,经历了与中国文化接触、依附、交流、融合直至成为中国文化的一部分。南北朝时期,中国佛教发展到第一个高峰时期,基本完成了中国化、本土化的进程。考古遗存揭示出的这个过程表现在以下几个方面:

第一,佛塔从犍陀罗样式发展为汉式楼阁式。目前所知中国最早的佛塔保存在新疆地区,由于地近中亚,这里的早期佛塔仍采用犍陀罗形制。塔庙窟中的中心柱是佛塔的象征,在西域地区表现为正面呈覆钵状,实为对犍陀罗佛塔的模仿。北凉石塔整体仍是犍陀罗佛塔的样式,但也出现了北斗、八卦、神王等大量汉文化因素。凉州石窟中的中心柱呈上宽下窄的形式,实为佛塔从犍陀罗样式到汉式佛塔的过渡。到了云冈石窟,中心柱就完全采纳了传统汉式的楼阁建筑建制。从文献看来,洛阳地区则是早在东汉佛教初传之时,就采用了汉式楼阁式建筑与印度式塔刹结合的形式。

第二,地面佛寺的平面布局始终以佛塔为中心,但配置从早期的单塔发展到以塔为主,结合殿、堂等其他建筑,布局逐渐复杂化。西域早期佛寺多为回字形形制,即在佛塔之外修筑方形院落或方形回廊,以构建右旋绕塔所需要的礼拜道空间。汉地最早的佛塔一仍此制,为中心佛塔、"堂阁周回"的

---

① 中国社会科学院考古研究所边疆考古研究中心等:《太原市龙山童子寺遗址发掘简报》,《考古》2010 年第 7 期;李裕群、阎跃进:《太原龙山童子寺佛阁遗址考古发掘》,国家文物局主编:《2013 中国重要考古发现》,文物出版社 2014 年版,第 87—91 页。

院落式布局。东晋十六国时期，佛寺中除佛塔外，还配置有佛殿、讲堂等不同功能的建筑。南北朝时期，佛寺规模扩大，又出现了多院落式布局。

第三，北朝皇室主导开凿的云冈、龙门、巩县、天龙山、响堂山等石窟，集中而具体地体现了中国化石窟的营建模式和审美取向。石窟建筑模仿传统汉式木构建筑，窟内凿出平棊藻井、柱梁椽檩等，佛龛也从西域流行的尖圆拱龛发展为仿汉式建筑的屋形龛、帐形龛；造像风格从犍陀罗式的肩宽体壮、雄健浑厚发展为更符合中国审美的“秀骨清像”、优雅端庄，佛的服饰从袒右袈裟发展为南朝士大夫穿着的“褒衣博带”；菩萨、飞天、供养人等的形象、装扮也从印度、犍陀罗流行样式转变为中国传统样式。

隋唐时期，随着社会的稳定发展，佛教也进入全面繁荣的时期，不仅在教义体系上有了较大发展，而且进一步普及化，佛教在为统治者重视和利用的同时，也深入民众的日常生活，因而唐代的佛教寺院兴建与开窟造像活动在全国范围内都十分兴盛。目前南北方各地现存的石窟寺，大多包括隋唐时期的洞窟，其中保存最好者当属洛阳龙门石窟与敦煌莫高窟。龙门石窟的赞助人从皇室到普罗大众，见证了佛教信仰之盛；造像题材远较前代扩大，反映了华严、净土、三阶乃至密宗等不同宗派繁荣、交流并融合的情景，中唐以后更发展出调和儒释道三教的形象来；造像风格则以奉先寺卢舍那大佛为代表，标志着完全消化了外来影响、纯粹典雅的中国理想佛像的最终形成。敦煌莫高窟因得天独厚的自然条件，保存了大量精美的石窟壁画，包括了隋唐、五代、西夏、宋元各个时期，题材丰富、气势恢宏、色彩瑰丽，达到了空前的艺术高度，尤以大量种类繁多的“经变画”（用绘画的形式表现佛教经典）成就最为突出，堪称中国佛教艺术的瑰宝。各地还发现了大量的隋唐寺院遗址，如唐长安青龙寺、西明寺等遗址已经过考古调查和发掘。从这些遗址来看，隋唐时期的寺院布局已经多元化，而以多重院落式布局为主。

唐中期以后，随着政治、经济中心的转移，南方的佛教石窟和造像逐渐获得了较大的发展。安史之乱后，随着唐室衣冠入蜀避难，川渝地区的石窟进入发展盛期。从晚唐到两宋，以大足和安岳为代表的四川石窟，以更为成熟的形式、更为鲜明的世俗特点、更为浓郁的地方特色、更为丰富多变的题材内容独树一帜:造像题材主要是民间盛行的密教、三阶教、净土宗,观音、地藏形象尤多,风格典雅优美,世俗化倾向显著;北宋崇道,佛道或儒释道三教合一石窟也大量出现,人间气息浓郁,体现了中国佛教独特的意味和中国人独有的审美情趣。

思考题:

1. 佛教东渐入华的传播路线。
2. 考古材料揭示的佛教中国化过程。

第十章　汉唐丝绸之路与中外文化交流

西汉武帝建元二年(前 139)张骞出使西域,正式开启了中国古代官方与西方的交流,在此后的几个世纪里,中国的丝织品与纺织技术、纸与造纸技术及其他物质文化逐渐传播到中西亚和欧洲,同时来自中西亚和欧洲的玻璃器、金银器、宗教、艺术甚至生活方式也源源不断地进入中国。1877 年,德国地理学家李希霍芬(Ferdinand von Richthofen)将西汉开通的始于都城长安、途径中亚和西亚、止于罗马的贸易之路称作“丝绸之路”(Die Seidenstrasse)。张骞出使西域的初衷并非商业贸易,而是为了联合中亚势力夹击匈奴,主要是出于政治和军事上的考虑。张骞虽然没有达成这个目的,但事实上开启了一条横贯欧亚大陆的贸易之路、文化传播之路、彼此认识之路。现在“丝绸之路”已成了欧亚大陆之间经济、文化交流的代名词,概念逐渐扩大到“陆上丝绸之路”“海上丝绸之路”“草原丝绸之路”“西南丝绸之路”等。

第一节　丝绸之路的开通与变迁

早在张骞“凿空”之前,中国早已与中西亚地区之间存在着民间的经济文化交流。考古发现表明,大约公元前 3000 年前后就开始了东西文化的交流,南西伯利亚铜石并用时代的某些文化因素(如阿凡纳谢沃文化)已经进入新疆地区,公元前 2000 年至前 1000 年,以安德罗诺沃文化和卡拉苏克文化为代表的青铜文化也传入中国西北地区,源自西亚的小麦、黄牛、山羊、绵羊、冶金术等传到了中国,高加索和西亚地区的马车可能在商代晚期传入中原。从大约公元前 1000 年开始,欧亚草原的巴泽雷克文化、斯基泰文化因素大量进入中国北方和中原地区,釉陶、玻璃制作技术也在此时传入中国。西北地区发现的很多深目高鼻的胡人形象实物可能正是欧亚草原上的斯基泰人形象。与此同时,中原文化也开始西传,中国的丝绸制品最晚在战国时期已经传到了中亚地区。西晋太康年间发现的佚书《穆天子传》大约成书于战国后期，记周穆王西征及在昆仑山晤见西王母之事，虽系传说，但从所述山川地理形势来看，很可能在西周时期中原人就对阿尔泰山一带有了一定的认识。阿尔泰山地处欧亚大陆草原民族迁徙的交通要道，是远远早于西汉丝绸之路的“草原丝绸之路”的关键节点。俄罗斯阿尔泰地区发掘的巴泽雷克墓冢（Pazyryk）是公元前5—前4世纪的墓地，墓中随葬品除了典型的南西伯利亚斯基泰文化因素外，还发现了来自中原地区的凤凰纹丝绸、山字纹铜镜和漆器等物，具典型战国风格。此外，公元前2世纪中叶张骞出使大夏（今阿富汗北部）时，曾见到由印度传入的邛竹杖、蜀布等物，表明早已存在一条从四川经印度到中亚的民间贸易之路。

战国末期，蒙古高原的匈奴逐渐强大，冒顿单于统治时达到极盛，先后攻灭了东部的东胡和西部的月氏，统一了蒙古高原，并征服了西域诸国，成为中原王朝的北方强敌。西汉经过数十年的休养生息之后，武帝时期开始了对匈奴的大规模用兵，卫青、霍去病等人先后在大漠南北及河西走廊重创匈奴，其中最重要的胜利是霍去病在祁连山、焉支山一带大胜匈奴休屠王部和浑邪王部，将河西纳入汉王朝的版图，从此打开了通往西域的门户，同时起到分隔蒙古高原与西域、匈奴与羌的作用。

汉武帝为了“断匈奴右臂”，于建元二年遣张骞出使西域，目的是联络已经西迁中亚的大月氏夹击匈奴。张骞此行虽未达到与大月氏军事结盟的目的，但与天山南北绿洲及葱岭以西诸国有了初步的接触，为此后的经营西域打下了基础。元狩四年（前119）张骞第二次出使西域，目的是招徕伊犁河流域的乌孙东迁，以充实匈奴故地河西。乌孙是西域诸国中人口最多、军事力量最强的，同时盛产汗血马等珍稀物产，因此是汉、匈争夺的重要对象。乌孙虽未能东迁，但与汉朝建立了紧密的外交关系，汉以公主妻乌孙昆莫，昆莫以汉女为右夫人，但同时以匈奴女为左夫人。张骞的第二次出使还遣副使到达中西亚和南亚多国，大大拓展了西汉统治者的政治和地理视野。

张骞的两次西使加强了汉朝与西域诸国的联系，同时也客观上促进了东西物质文化的交流，中国丝绸织品成为西域及葱岭以西上层社会的喜爱之物，中西亚的汗血马、宝石等各种珍稀方物也渊源不断地传入长安，长安城的上林苑里出现了大量来自域外的动植物，所谓“殊方异物，四面而至”（《汉书·西域传》），汉王朝达到了“断匈奴右臂”和“求奇物”的双重目的。

《汉书·西域传》详细记录了汉通西域的路线：“自玉门、阳关出西域有两道。从鄯善傍南山北，波河西行至莎车，为南道；南道西逾葱岭则出大月氏、安息。自车师前王庭随北山，波河西行至疏勒，为北道；北道西逾葱岭则出大宛、康居、奄蔡焉。”此南、北二道是汉代的路线，实际上汉唐之间因与西域诸国的关系而多有变迁，至隋代已发展为三道，即隋裴矩所言“发自敦煌，至于西海，凡为三道，各有襟带”（《隋书·裴矩传》）。结合文献记载及考古发现情况，汉唐之间玉门关、阳关以西的西域道大致可分为三路：塔克拉玛干沙漠以南为南路，经过吐鲁番（楼兰）、若羌、且末、民丰、和田（于阗）、叶城、塔什库尔干，通过瓦罕走廊，越帕米尔高原（葱岭）西行；沙漠以北、天山以南为中路，这也是汉代的北路，自吐鲁番沿孔雀河谷和沙漠北缘西行，经尉犁、库尔勒、焉耆、轮台、库车（龟兹），至喀什，与南道汇合；天山以北为北路，自伊吾经巴里坤湖（蒲类海）、木垒、奇台、吉木萨尔、昌吉、精河、伊宁（弓月城），越葱岭至吉尔吉斯斯坦的托克玛克（碎叶）。自长安至玉门关和阳关的路线也可分为三路：南路路线是今西安—咸阳—扶风—凤翔—陇县—天水—甘谷—陇西—临洮—兰州—永登—古浪—武威—张掖—酒泉—瓜州—敦煌；北路路线是今西安—咸阳—乾县—彬县—泾川—平凉—固原—靖远，至武威与南路汇合；青海道是从今兰州出发，西经乐都、西宁，越祁连山扁都口，至张掖，或自西宁沿青海湖南岸至共和（伏俟城），不经河西走廊而继续西行，与西域南道汇合（图 10-1）。[①]

西汉政权以联姻、屯田、纳质等方式保持着与南北道绿洲诸国和葱岭以西诸国的联系，汉宣帝时还在乌垒城（今新疆轮台东）设立了管理西域的权力机构——西域都护府。为了保障丝路的畅通，西汉政权沿途设置驿站（称

---

① 徐苹芳：《考古学所见中国境内的丝绸之路》，《丝绸之路考古论集》，上海古籍出版社 2017 年版，第 8—10、31—32 页。

图 10-1 考古学所见中国境内丝绸之路示意图(采自《丝绸之路考古论集》)

“传舍”或“置”),承担传达信息、迎来送往、便利使节与商贾的作用。20 世纪 90 年代初在敦煌附近发现的悬泉置遗址是一处明确的汉代丝绸之路驿站遗址,出土的 2 万多枚简牍文书真实记录了这个丝绸之路重要节点的日常运转情况。

东汉初年,匈奴分裂为南北二部,南匈奴附汉,窦宪远征漠北,于燕然山刻石记功。此战消灭了北匈奴在漠北的主力,但匈奴仍然控制着西域。从汉明帝开始重整对西域的经营,政策大体如西汉。安帝之后不复置都护,仅以长史行都护之职,葱岭以西诸国与汉的交往逐渐减少。东汉对西域的经营尤可注意者是班超遣甘英出使大秦(罗马),建立了与地中海沿岸地区的直接联系。《后汉书·西域传》载其事:“其(大秦)王常欲通使于汉,而安息欲以汉缯彩与之交市,故遮阂不得自达。至桓帝延熹九年,大秦王安敦遣使自日南徼外献象牙、犀角、玳瑁,始乃一通焉。其所表贡,并无珍异,疑传者过焉。”表明东汉桓帝时已开辟了一条间接沟通罗马的商贸之路,即经由东南亚的

“海上丝绸之路”。海上丝绸之路对东西文化交流的意义无疑是十分重大的，但是也不能夸大海路在古代的作用。汉唐时期，西方与中国的交通应主要还是依赖路途更近也更安全的陆上丝绸之路。即便是十五六世纪航海技术已经相当发达的情况下，由欧洲到达东方的海路仍是充满凶险的，不但路途更遥远，还要受到季风、热带风暴等恶劣气候的影响。

自张骞开通丝绸之路以来，汉王朝逐渐取代了匈奴在西域的地位，从最初的窥探、军事征服、和亲，到建立都护府，西域被纳入汉王朝的行政管理体系和贡纳体系，官方交往与民间贸易共趋繁荣，“立屯田于膏腴之野，列邮置于要害之路。驰命走驿，不绝于时月；商胡贩客，日款于塞下”（《后汉书·西域传》）。

曹魏、西晋对西域的经营力度不如东汉，但仍与西域保持了密切的商贸往来，南北道绿洲诸国多有朝贡，与葱岭以西也有密切的贸易往来。西晋“八王之乱”爆发后，河西鲜卑反晋，丝绸之路一度中断。十六国时期河西地区被五凉占据，诸凉皆与西域保持着紧密的军事或经济文化联系，前秦苻坚曾遣吕光远征龟兹，俘获高僧鸠摩罗什，促进了河西佛教活动的兴盛。北凉沮渠氏据有河西期间，不但发展了与西域诸国的关系，还同时受南方刘宋和中原北魏的册封，实际上成为南北朝政权与西域交往的中介。

北魏太武帝太延五年（439）攻占姑臧（今甘肃武威）后，河西走廊被纳入北魏版图，中原与西域的交流得以重新畅通。北魏多次遣使出使西域，董琬、高明是最重要的西使者，堪比汉代的张骞和甘英，他们的出使大大扩展了中国内地对中亚至地中海一带政治地理的认识。《魏书·西域传》载：“自葱岭以东，流沙以西为一域；葱岭以西、海曲以东为一域；者舌以南，月氏以北为一域；两海之间，水泽以南为一域。内诸小渠长盖以百数。”西魏北周时期由于新兴的突厥控制了漠北和西域，加上对南朝和北齐的战争而无暇西顾，没有在西域设立行政机构和驻军，但也偶有对西域的结好行为，如北周皇帝以亲自拜“胡天”的方式招徕信奉火祆教的西域百姓。

在南北朝对峙时期，南方政权以刘宋、萧梁与西域的关系最为密切。由于刘宋与盘踞河西和高昌的北凉交好，葱岭以西的商贾和使节得以顺利到达建康，如粟特人曾遣使刘宋献方物，“粟特大明中遣使献生师子、火浣布、汗血马，道中遇寇，失之”（《宋书·索虏传》）。萧梁时期，西域多国遣使来献，梁元帝任荆州刺史时，目睹“夷歌成章，胡人遥集”之状（《艺文类聚》卷五五》），亲绘《职贡图》，绘来访各国使臣形貌并题记各国风俗。现存宋摹本《职贡图》中绘十二国使节，其中西域诸国有滑国、波斯、龟兹、周古柯国、呵跋檀国、胡蜜丹国、白题国、末国等国，这是萧梁与中西亚地区友好往来的证据（图 10–2）。

图 10–2　宋摹萧绎《职贡图》局部（采自《中国美术全集·绘画编》第 1 册）

6 世纪中期，突厥取代柔然成为漠北至西域最大的草原部落联盟，也成为隋唐政权的重要威胁。隋唐十分重视对西域的经营，隋炀帝曾亲巡西域，从张掖穿越祁连山山谷扁都口，会见西域二十七国君长，以夸示中国之盛。唐初突厥分裂为东西二部后，唐朝在漠北设立了羁縻州，又通过对西突厥的军事征服，将西域及中亚诸国先后纳入唐代的行政体系，在今新疆东部设有伊州、西州、庭州，在天山南北绿洲地区和中亚地区设立安西大都护府（于龟兹）、北庭大都护府（于庭州）。安西都护府下设碎叶、疏勒、于阗三镇，范围包括了葱岭东西的广大地区。今塔什库尔干县的石头城遗址应是于阗镇下设的葱岭守捉治所，是唐朝控制丝绸之路南北道的关键节点。

汉唐时期中原王朝对西域的经营始于政治结盟和军事征服，但客观上开辟了一条影响深远的经济、文化交流之路，几个世纪里活跃在丝绸之路上的商贾、僧侣和使节不但带来了丝绸之路沿线的物品互通，更促进了宗教、艺术、生活方式与习俗的传播，甚至在一定程度上导致了汉唐社会的变迁。

第二节 中国境内的丝绸之路遗存

文献所载的丝绸之路主要见于官方与西域的交往记录或是旅行者的行纪（如三国朱士行，东晋法显，唐玄奘、杜环等），考古发现的丝绸之路遗存是中西文化交流更生动具体的表现。从考古遗存来看，汉唐时期的中西文化交流主要有三条路径：中原经河西走廊至西域和中西亚的陆上丝绸之路；横贯欧亚大陆的北方草原之路；从东南沿海至地中海沿岸的海上丝绸之路。可能还有一条由西南经由滇缅到达南亚的西南丝绸之路。自 19 世纪以来，西方探险家和学者在甘肃、新疆、蒙古国及中亚地区进行了大量的考察，近年又有越来越多的中国考古学者走出国门，开展了大量与丝绸之路有关的考古发掘与研究，人们对丝绸之路上的文化交流有了越来越深刻的认识。

一、丝织品与纸张的西传

（一）丝织品

丝织品是最先在黄河流域出现的蚕丝编织物，早在新石器时代就已出现，甲骨文中有了有关蚕丝的文字，商代遗物上也发现过丝织品遗痕。但丝织物是过于纤细柔软的有机物，很难在考古遗存中保存下来，只在一些埋藏较深、防腐措施完善的楚地墓葬以及非常干旱的新疆地区墓葬中得以保存。楚地战国至西汉墓中发现了大量制作精美、保存完好的丝织品，包括平纹的绢、纱，素色提花的绮，彩色提花的锦等，丝线用朱砂等矿物质或靛蓝等植物染料进行染色。锦上的图案最为繁复，常见凤鸟、龙虎、田猎、云气、几何纹等纹样。这些楚地丝织品至少在战国时期已传入西域，在新疆阿拉沟墓地、阿尔泰山地区的巴泽雷克墓地等都发现了战国时期楚地的几何纹锦和凤鸟纹绣。新疆以外的中西亚地区还没发现中国的丝织品实物，但在古希腊罗马文献里有关于东方产丝的记载，如将中国称作赛里斯（Seres），将东汉都城洛阳称作赛里城（Sera）。意大利庞贝古城壁画中绘有身穿丝绸的古罗马女祭司像。这些表明公元1—2世纪时欧洲已可能间接获得了来自中国的丝织品，《魏略·西戎传》载："（大秦国）又常利得中国丝，解以为胡绫，故数与安息诸国交市于海中。"

丝织品大量出现在丝绸之路沿线是汉唐时期，一方面是中国丝织技术和质量得到了很大提高，从汉墓中发现的衣物来看，汉代丝织品有绫、锦、绮、绡、练等质料，袍、披衫、襆、襜、襦、裙、袴、褠、袜、被、褥等种类，黄、紫、绛、丹、白等色，可谓织法多样、色彩丰富、品类齐全。另一方面是丝绸之路的开通扩展了东西方的官方和民间交往。丝绸之路沿线的河西至西域遗址中出土了很多汉晋时期的丝织品，如武威磨咀子汉墓、敦煌汉代烽燧遗址中都发现了大量来自中原的丝织品，同时也发现了来自西域的毛织品。新疆民丰县尼雅遗址是汉代精绝国故址，曾出土多件东汉织锦，有辟邪、鸡鸭、老鼠等寓意祥瑞的动物图案和几何图案，间杂以隶书吉祥语，如"延年益寿大宜子孙""万世如意""安乐如意长寿无极"等。尼雅8号墓出土的一件锦护膊上，在孔雀、仙鹤、辟邪、龙虎等瑞兽与卷草纹之间织出"五星出东方利中国"字样，以五颗行星共出东方的天文现象表达吉祥的寓意（图10–3）。位于罗布泊

图10–3 民丰尼雅遗址出土锦护膊（陈凌供图）

的古楼兰遗址也发现了大量东汉织锦，有“登高贵富”“望四海贵富寿为国庆”等字样。楼兰孤台墓地出土的一件东汉早期“长寿明光”锦是在蓝色底色上，以黄褐绿三色经线织成云雷纹，填以龙虎、辟邪瑞兽和文字。

新疆汉代墓葬出土的织物常常是中原织锦与中西亚毛织物共存，体现了丝绸之路上的东西方物品的互通，如尉犁县营盘墓地发现了各类丝、毛、棉、麻织物，其中织锦有“登高”“寿”等字样，与云气、动物纹间杂一起，显然是来自中原的物品，而毛织品上则是西方风格纹样，如 M15 出土的一件红地罽袍上有裸体卷发的人物和公牛、山羊等动物图案，可能是产自中亚希腊化地区的毛织品（图 10–4）。尼雅遗址 M1 出土的一件蜡染印花棉布上印出了白地蓝花图案，其中左下角方格内印有一位带头光的半身女神像，这块棉布可能产自犍陀罗地区或中亚西部（图 10–5）。[①] 和田山普拉墓地也有来自中原的汉式织锦和来自中西亚的棉布和毛织物，还有本地制作的缂织毛绦技法的喇叭裙。且末县扎滚鲁克墓地也发现了来自西方的棉毛织物与来自中原的织锦和刺绣。

现在还不知道中原地区的养蚕、缫丝技术何时西传。据《大唐西域记》记载的蚕丝西传传说[②]，位于丝绸之路南道西部的于阗（今新疆和田）在 6 世纪中叶应已掌握养蚕技术。实际上养蚕技术传入西域的时间应该更早，较确切的考古证据是斯坦因曾在尼雅遗址发现过大量枯死的桑树，这说明葱岭以东至少 3 世纪左右已经开始养蚕。尼雅遗址出土的织锦图案中除了中原图案和文字外，还有一些联珠图案，在联珠形圈内饰以兽头纹样，锦的彩色

---

① 葛嶷、齐东方主编：《异宝西来——考古发现的丝绸之路舶来品研究》，上海古籍出版社 2017 年版，第 100—101 页。

② 玄奘、辨机：《大唐西域记》卷十二《瞿萨旦那国》：“昔者此国未知桑蚕，闻东国有也，命使以求。时东国君秘而不赐，严敕关防，无令桑蚕种出也。瞿萨旦那王乃卑辞下礼，求婚东国。国君有怀远之志，遂允其请。瞿萨旦那王命使迎妇，而诫曰：‘尔致辞东国君女，我国素无丝绵桑蚕之种，可以持来，自为裳服。’女闻其言，密求其种，以桑蚕之子，置帽絮中。既至关防，主者遍索，唯王女帽不敢以验。遂入瞿萨旦那国，止麻射伽蓝故地，方备仪礼，奉迎入宫，以桑蚕种留于此地。……自时厥后，桑树连阴。”季羡林等校注，中华书局 1985 年版，第 1021—1022 页。

图 10-4　尉犁营盘墓地出土红地罽袍(采自新疆文物考古研究所:《新疆尉犁县营盘墓地 15 号墓发掘简报》,《文物》1999 年第 1 期)

较单一,应是在本地织出的。

中原或西域的蚕丝也可能被运往葱岭以西的广大地区,粟特故地撒马尔罕古城的壁画描绘了各地使团敬献方物的场景,其中来自唐代的使者手持蚕茧、生丝、白绢。这些中国丝被熟知毛织技术的当地人用来织锦。中亚地区至迟在 5—6 世纪已出现丝绸纺织业,吐鲁番北朝文书中出现了“丘慈锦”“波斯锦”“波斯锦被辱”等记录。南朝梁普通元年(520)滑国(嚈哒)所献方物中也有“波斯锦”,这说明五六世纪的波斯地区已经开始以中国丝制造波斯锦。波斯锦的织法与中原锦的经线起花不同,是源于毛织技术的纬线起花,常以联珠纹分隔成独立的图案,内饰兽头纹、立鸟纹、猎狮纹等。吐鲁番阿斯塔那、哈拉和卓墓地是发现北朝至隋唐织锦较多的遗址,有织锦、锦绮、缣绢、纹罗、染缬、刺绣等织法,有鸡鸣枕、衣裤、鞋帽、被单、覆面、眼罩、遮胸、绢画等种类。纹样既有中原传统的规矩纹、团花纹、宝相花纹、伏羲女娲、弈棋仕女、树下美人等,也有中西亚纹样,如联珠戴胜鹿纹、对马纹、对兽

图 10-5 民丰尼雅遗址出土印花棉布（采自《异宝西来——考古发现的丝绸之路舶来品研究》）

对鸟纹、胡人形象等（图 10-6）。从织法判断，其中既有波斯锦，也有中原锦，有的中原锦上也出现了纬线起花的织法，应是受波斯锦的影响而出现的。隋代著名巧匠何稠是一位粟特后裔，曾成功仿织过波斯所献的金线锦袍。

（二）造纸

纸的发明是中国古代对世界文明的另一重要贡献，考古发现了不少东汉蔡伦造纸之前的古纸实物，如西安灞桥西汉墓、新疆罗布泊土垠遗址、甘肃居延破城子及烽燧遗址、马圈湾烽燧遗址、放马滩墓葬、悬泉置遗址等都出土过西汉时期的古纸。尤其是汉代悬泉置遗址出土麻纸 460 余件，有的写有药名，根据地层和同出的简牍判断是西汉武帝至东汉初年之物。东汉

图 10-6 吐鲁番哈拉和卓墓地联珠鹿纹覆面、胡王联珠纹锦〔采自新疆文物考古研究所：《吐鲁番阿斯塔那—哈拉和卓墓地》（哈拉和卓卷），文物出版社 2017 年版〕

造纸术得到很大的提高，越来越多地发现在丝绸之路沿线的遗址里，大多是用当地大麻制成的麻纸（图 10-7.1）。斯坦因在敦煌发现过八件 4 世纪初的粟特文文书，写在淡黄色麻纸上，是一位居住在敦煌的粟特妇女寄往撒马尔罕（康国）的家书，提到中原战乱后洛阳、长安等地粟特同胞颠沛流离的状况（图 10-7.2）。魏晋时期的古纸实物已经到达西域的一些绿洲国家，如罗布泊楼兰遗址出土的公私文书、高昌遗址发现的西晋纸本佛经和文书、库车发现的西凉时期（5 世纪初）纸本佛经等。吐鲁番阿斯塔那—哈拉和卓墓地发现的晋唐古纸纸张均匀光滑，不见纤维束，多数是用大麻做成的麻纸，有的大麻中掺有苎麻和蚕丝，也有少量树皮纸，已可根据不同用途采取不同的加工方法。

丝织品和纸张是中国对世界文明的两个重大贡献，虽然考古发现的汉唐实物主要发现于保存环境较好的河西走廊西端和新疆地区，但并不排除它们也传到了葱岭以西的可能。西传的不仅是实物，还有纺织技术和造纸技术。天宝十载（751）唐朝与大食的怛逻斯之战（在今哈萨克斯坦江布尔）后，大批唐朝士兵被俘，其中一批工匠出身的士兵（包括画匠、织匠、金银匠、造纸匠等）被带往撒马尔罕和大食阿拔斯王朝的首都亚俱罗（今伊拉克库法），这些工匠把唐朝工艺带到了中亚和西亚，中国的丝织、造纸技术可能就是经

1

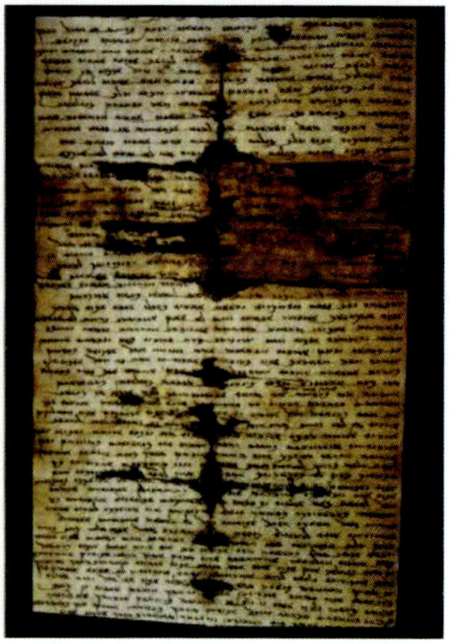

2

1. 甘肃省博物馆藏东汉麻纸信札 2. 敦煌烽燧遗址出土古粟特文信札

图 10-7 甘肃出土麻纸信札（1 采自中国国家文物局、意大利文化遗产与艺术活动部:《秦汉—罗马文明展》文物出版社 2009 年版；2 采自［美］安妮特·L. 朱丽安娜、朱迪思·A. 莱莉：《古粟特文信札（Ⅱ号）》，苏银海译，《考古与文物》2003 年第 5 期）

过这批被俘的工匠之手西传的。被俘者中的杜环游历中亚、西亚和北非十余国，撰有《经行记》，介绍了中西亚各地衣食住行及风土人情之状，尤其对阿拉伯世界的描述，是十分重要的丝绸之路文献。

当然沿着丝绸之路西传的中国物质文化绝不仅只有丝织品和纸张，中国的谷类粮食作物，以及桂皮、樟脑、生姜、麝香等植物和香料也在不同时期传播到西方，如谷子和高粱是中国北方最早种植的粮食作物，凯撒执政时期的罗马已经知道了这种作物，将谷子称作 milium（千粒之意），将高粱称作 sorghum（红谷之意），由于这两种作物耐干旱、易种植，迅速成为地中海至北非地区的重要粮食来源。

二、钱币、玻璃器与金银器的东传

文化的交流是双向的，丝绸之路作为一条商贸之路，除了中国内地物品西传之外，也有大量西域和域外物品传入中国内地。西汉通大宛、安息之后，

“殊方异物，四面而至”，主要指通过官方途径获得的各种方物，而通过活跃的民间贸易来到中国的日常用品应更加丰富，汉唐时期的一些中心城市附近的遗址、墓葬中常常发现来自中西亚甚至欧洲的钱币、玻璃器、金银器、玛瑙、珠宝等物，它们见证了丝绸之路上繁荣的贸易景象。

（一）钱币

西安汉长安城内发现的希腊字母铅饼应是中国境内发现的较早来自域外的货币，共13枚，盛于一汉代陶罐内，铅饼凹面铸一周铭文，与安息货币上的铭文相似。类似的带有希腊文字的铅饼在陕甘地区还有多批发现，有的年代可早到西汉时期，应是中亚地区希腊化城邦的货币，可能是张骞通西域之后进入河西和关中的。新疆乌恰县的一个石缝内曾发现近千枚波斯银币，大部分是6世纪末至7世纪的波斯银币。此外，新疆、河西、关中地区也零星发现了不同时期、不同地区的货币，如在北朝隋唐时期粟特人重要居住地宁夏固原，曾在北魏墓出土1枚波斯银币，隋代史射勿墓出土1枚波斯卑路斯时期的银币，唐代史道德墓出土过1枚拜占庭金币。长安是隋唐时期波斯人、阿拉伯人重要的居住地，位于大兴城休祥坊万善尼寺的隋李静训墓除了出土来自西方的金银珠宝外，还发现了波斯萨珊银币1枚。在西安土门村唐墓里也出过阿拉伯仿制的拜占庭金币，西安西窑头村唐墓出过阿拉伯金币。西安何家村窖藏是埋藏于唐长安城兴化坊内的一处金银器窖藏，除了大量来自域外的金银器和玻璃器外，还发现了波斯银币、拜占庭金币。这些铅饼、波斯银币、拜占庭金币反映了丝绸之路上活跃的商贸活动。

（二）玻璃

玻璃在汉文文献中被称作“流离”“琉琳”“玻璃”等，实际上对同属硅酸盐的玻璃和琉璃未作严格区分。从考古出土玻璃的年代来看，中国玻璃出现的时间要远晚于美索不达米亚和埃及地区，因此中国的玻璃技术可能来自西方。[①] 西方玻璃大量进入中国是在西汉以后，张骞通西域后初次接触到

① 干福熹：《古代丝绸之路和中国古代玻璃》，《自然杂志》2006年第5期。

了西方玻璃，《汉书·西域传》记载“(罽宾出)珠玑、珊瑚、虎魄、璧流离”，颜师古注引《魏略》:“大秦国出赤、白、黑、黄、青、绿、缥、绀、红、紫十种流离”。罽宾指帕米尔地区，大秦指东罗马帝国。地中海沿岸地区盛产玻璃，经中亚商人传入了中国内地。中国最晚在西汉前期已经开始制作玻璃，以铅钡硅酸盐为主要体系，如广州南越王墓出土了11对玻璃牌饰，嵌在鎏金铜框内，应是身体佩饰(图10–8)。满城汉墓中的玻璃耳杯和盘主要成分是硅和铅，呈翠绿色，透明性较差。利用西方技术制作的中国本土玻璃从汉代已经开始西传，但似乎未越过葱岭。目前在中国内地发现的玻璃很多都是输入品，在成分、制作技术和装饰风格上与本土制作的玻璃有明显不同，主要是钠钙玻璃系统，以吹制等手法成型，以磨花、贴条等装饰器壁，大致可分为罗马玻璃、萨珊玻璃和伊斯兰玻璃三个系统。[①]

图10–8 广州西汉南越王墓出土玻璃牌饰(采自广州市文化局:《广州秦汉考古三大发现》，广州出版社1999年版)

公元前1世纪至公元5世纪罗马帝国范围内制作的玻璃都是钠钙玻璃，多采无模吹制、型压等技术成型，有搅胎、贴玻璃条、磨花等装饰手法。罗马玻璃在汉魏晋南北朝墓中常有发现。广州横枝冈西汉中期墓出土的三件玻璃碗可能是最早的罗马钠钙玻璃，呈深蓝色，以模制成型，有磨花装饰。广西

① 安家瑶:《中国的早期玻璃器皿》，《考古学报》1984年第4期。

贵港东汉墓出土的玻璃碗也可能是来自罗马的钠钙玻璃。江苏扬州邗江区甘泉二号东汉墓出土的罗马搅胎玻璃钵胎体红白相间，外壁模印竖凸棱纹饰。南京象山7号墓属东晋琅琊王氏家族墓地，出土的筒形磨花玻璃杯口沿及底部有磨花的花瓣纹，腹部有七个大椭圆形纹；幕府山东晋墓也出土了吹制技术制作的罗马玻璃杯；河北景县北魏封氏墓出土的四只玻璃碗在腹部贴饰波浪纹，也是罗马系统的钠钙玻璃。

波斯萨珊王朝(226—651)制作的萨珊玻璃是在罗马玻璃影响下发展起来的，但有独特的造型和装饰风格，如流行以玻璃贴条装饰器表，或作磨花圆形装饰。萨珊玻璃大量发现于西晋至南北朝墓葬中。湖北鄂州五里墩西晋墓发现的磨花玻璃碗呈球形腹，腹部和底部作磨花小圆圈装饰。辽宁北票北燕冯素弗墓(415)出土过5件玻璃器，其中鸭形水注颈部和腹部用玻璃条作为装饰，系无模吹制成型，可能也是萨珊玻璃。山西大同南郊M107号北魏墓出土的磨花玻璃碗呈侈口、球腹造型，腹部磨出四排内凹的椭圆形纹饰，是典型的萨珊波斯玻璃(图10–9)。此外，北京西晋华芳墓、广东肇庆东晋墓、江苏南京东晋仙鹤观6号墓、宁夏固原北周李贤墓等都出土了萨珊玻璃碗。

伊斯兰玻璃是在继承罗马和萨珊传统基础上兴起的，随着伊斯兰势力扩散到中西亚地区，也传入了7世纪以后的中国，在一些唐宋遗存中常见伊斯兰玻璃。伊斯兰玻璃也属钠钙玻璃系统，但装饰和颜色上极富伊斯兰艺术风格，在唐代法门寺地宫、定州北宋塔基等都出土了典型的伊斯兰玻璃，如刻几何纹的玻璃碗、深蓝色玻璃瓶、直筒杯、细颈瓶等。

西方输入的玻璃器与金银器一样都是舶来珍稀品，受到上层社会的钟爱。北魏皇室元琛贪纵奢侈，家中藏有大量来自西方的“宝器”，除了金银器外，还有“水晶钵、玛瑙杯、琉璃碗、赤玉卮数十枚，作工奇妙，中土所无，皆从西域而来”(《洛阳伽蓝记·城西》)。《南齐书·魏虏传》描述了北魏宫廷的奢华陈设，其中就有很多来自西方的玻璃器和金银器，如“琉璃杯”和一尺长的椭圆形“长盘”。

西方输入的玻璃对中国本土的玻璃制作产生了持续的影响，《北史·大月氏传》有大月氏商人在平城制作玻璃的记载，“太武时，其国人商贩京师，

1. 鄂州五里墩西晋墓玻璃碗 2. 北燕冯素弗墓玻璃注
3. 大同南郊北魏 M107 玻璃碗

图 10-9 西晋、北燕、北魏墓出土西方玻璃器

自云能铸石为五色琉璃。于是采矿山中，于京师铸之，既成，光泽乃美于西方来者。乃诏为行殿，容百余人，光色映彻，观者见之，莫不惊骇，以为神明之作。自此，国中琉璃遂贱，人不复珍之”。在外来玻璃器的冲击下，中国本土玻璃制作可能曾一度失传，前述粟特后裔何稠在隋文帝时成功仿制了波斯锦，但仿制本土玻璃时并不成功，只好以绿瓷代替。也可能因为本土玻璃技术的衰落，北朝隋唐时期出现了一些采用罗马和萨珊技术制作的玻璃，如大同迎宾大道北魏墓、七里村北魏墓 M6、定州北魏塔基、隋代李静训墓、十堰郧阳区李泰墓等都出土了以吹制技术制作的钠钙玻璃，但造型和装饰上采取了中国传统样式。

（三）金银器

以金银作为身体或车、马、器物的装饰是欧亚草原民族的传统，这些金银饰物也经由丝绸之路源源不断地传入中国新疆和内地。在西至新疆、东至辽西的广大区域都发现了这样的金银装饰品，如新疆温泉县阿敦乔鲁墓地发现的公元前19—前17世纪的包金铜耳环、内蒙古敖汉旗出土的公元前2000多年的金耳环等。战国秦汉时期全国各地都出现了模压、浮雕或镂空装饰的动物形金银或鎏金、鎏银的牌饰。也出现了一些工艺复杂的金银容器，如广州西汉南越王墓出土的列瓣纹银盒，器形犹如中国传统器物豆，但盒身锤揲的列瓣纹应是来自西亚或中亚的做法（图10-10）。类似的列瓣银盒还出自山东临淄的西汉齐王刘襄墓。

图10-10　广州西汉南越王墓列瓣纹银盒（采自广州市文物管理委员会等:《西汉南越王墓》下，文物出版社1991年版）

南越王墓还出土了由小金珠焊接而成的泡饰，这种焊珠工艺最先出现在地中海地区，后传入中亚、印度和中国。新疆、内蒙古、甘肃都发现过先秦两汉时期的焊接小金珠饰物，南方沿海地区的汉墓中也有出土，如广西合浦、贵港等地汉墓也曾出土大量金饰及玻璃器，其中合浦汉墓出土的金手链花球的球面由金丝和小金珠焊接而成。广州汉墓还发现了东汉前期的镂空多面金珠，呈十二面菱形，每面中央穿孔，拐角处做成凸起的圆珠。长沙东汉、东晋墓也出土了以焊接和掐丝工艺做成的多面金珠。江苏邗江甘泉二号东汉墓与罗马玻璃一起出土的也有多面金珠。多面金珠与焊接小金珠的器物一样是来自西方的舶来品。《汉书·地理志》有汉代朝廷和私商“入海市明珠、璧流离、奇石异物”的记载，目前在东南沿海和南方发现的大量金银器和玻璃碗、玛瑙等物应是从海路输入的，见证了海上丝路的繁荣。

中原北方地区汉代以后的遗址中也发现了大量来自域外的金银装饰品和金银容器。新疆尼勒克喀什河谷的一棵树墓地曾出土一件嵌宝石金戒指，戒圈两端作成摩羯形，以红宝石嵌眼，上缘以焊珠装饰三角形，戒面是手持长颈花的女子形象，周围是一圈联珠纹，可能来自3—4世纪的印度（图10-11）。

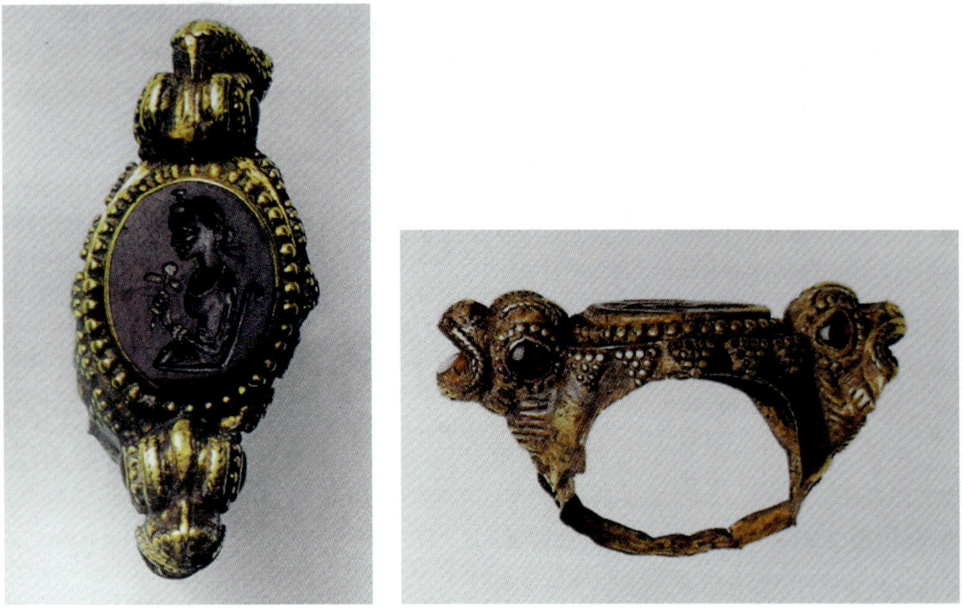

图 10-11 尼勒克出土嵌宝石金戒指（采自《异宝西来——考古发现的丝绸之路舶来品研究》）

北方地区的舶来金银器以北朝至隋唐墓中最为多见，多是从罗马、萨珊波斯、粟特等地输入的。宁夏固原北周李贤〔天和四年（569）卒〕夫妇墓出土的西方器物有鎏金银壶、嵌青金石金戒指、凸钉装饰玻璃碗等，银壶呈长颈、椭圆形腹、联珠纹高足，有鸭嘴形流，长柄上部铸一深目高鼻胡人像，壶身锤揲出三组凸起的人物图像，每组各一男一女作互相交流之势。画面中男子的束发、裸体和服饰、武器等特征体现了希腊罗马风格，但壶的基本造型更接近萨珊波斯风格（图 10-12）。

西安玉祥门外发掘的隋李静训墓墓主是李贤的重孙女，九岁时卒，葬于长安县休祥里的万善尼寺内，埋葬相当奢华，随葬品除了前述玻璃器外，还出土了金项链、金手镯、金戒指、银高足杯等珍贵物品。金项链极为精致，可能是中亚巴基斯坦、阿富汗一带的产品，由 28 个以金链相连的多面焊接链珠构成，项链上部另有 5 个镶嵌饰，正中是一个圆形饰，内嵌蓝宝石，上刻驯鹿，边缘是一周金焊珠装饰。项链下部是由焊珠、宝石、珍珠组成的垂饰，最下部吊坠内嵌卵形青金石。目前所知最奢华的金饰当属唐李倕墓

图 10-12 固原北周李贤墓鎏金银壶（采自宁夏回族自治区固原博物馆：《原州古墓集成》，文物出版社 1999 年版）

（736 年）出土的一套身体金饰，包括冠饰、腰饰和腿饰，由焊有金丝花纹、嵌有宝石的金片连缀而成，金片上的装饰极其繁缛，除了焊接金丝花纹和嵌宝石外，周边还焊接极微小的金珠颗粒，金片上布满了小金珠。其中一件六叶瓣金花上焊有约 5 000 颗小金珠，每瓣 700 多颗，金珠直径在 100 多微米（图 10-13）。[①] 这种金珠工艺应来自地中海地区，汉晋时期已由丝绸之路输入中国。

位于唐长安城范围内的西安沙坡村唐代窖藏出土的鹿纹银盘，腹部作十二花瓣形，盘中央锤揲出一只大角鹿纹，口沿下有粟特文铭。类似造型并带有粟特铭文的银盘还见于新疆焉耆、甘肃靖远等地，其中靖远银盘内壁一周十二个人物，六男六女，可能是宙斯十二神，中央是一个赤裸的青年男神，

---

① 中国陕西省考古研究院、德国美因茨罗马—日耳曼中央博物馆：《唐李倕墓——考古发掘、保护修复研究报告》，科学出版社 2018 年版，第 272 页；张萌：《唐李倕墓头冠及配饰的金珠焊缀工艺研究》，《艺术设计研究》2019 年第 3 期。

1　　2　　3

图 10-13 隋李静训墓、唐李倕墓出土金饰（1. 采自中国社会科学院考古研究所：《唐长安城郊隋唐墓》彩版，文物出版社 1980 年版；2、3. 采自《唐李倕墓——考古发掘、保护修复研究报告》，《唐李倕墓头冠及配饰的金珠焊缀工艺研究》）

罗马神祇巴卡斯（Bacchus），相当于希腊狄奥尼索斯（Dionysus），是酒和狂欢之神，肩扛权杖，倚坐在雄狮之背（图 10-14）。银多曲长杯也是北朝隋唐时期常见的舶来银器，这种造型据说可能源自罗马时代的贝壳式银器。

内蒙古赤峰市敖汉旗李家营子墓出土的 5 件银器中，带把壶、带把杯、长杯、猞猁纹银盘等可能是七八世纪之物，鎏金带把壶呈椭圆形腹，上有鸟首形流，圈足底部饰物一周联珠纹，把手的顶端有胡人形象。带把杯呈罐形，扁圆形口沿，把手有指鋬。应都是粟特地区的输入品。

中国境内发现的西方风格金银器不都是西方舶来的，有些可能是在中国境内制作的。拉萨大昭寺藏的一件细颈球腹银壶据说曾是松赞干布的用品，一直供奉在大昭寺内，高约 80 厘米，口部呈兽首形，腹部锤揲和刻划出三组醉酒及舞蹈胡人图像，可能是吐蕃地区模仿中西亚银器而制作的。西安何家村窖藏中出土的大量金银器中有些也可能是外国工匠在中国制作的，西方造型的器物上出现了中国特有的纹样（图 10-15）

值得注意的是，在南北朝隋唐时期还出现了很多模仿金银器造型的青瓷器，如带算珠形节的高足杯、带有指垫和指鋬的矮圈足杯等，显然模仿了

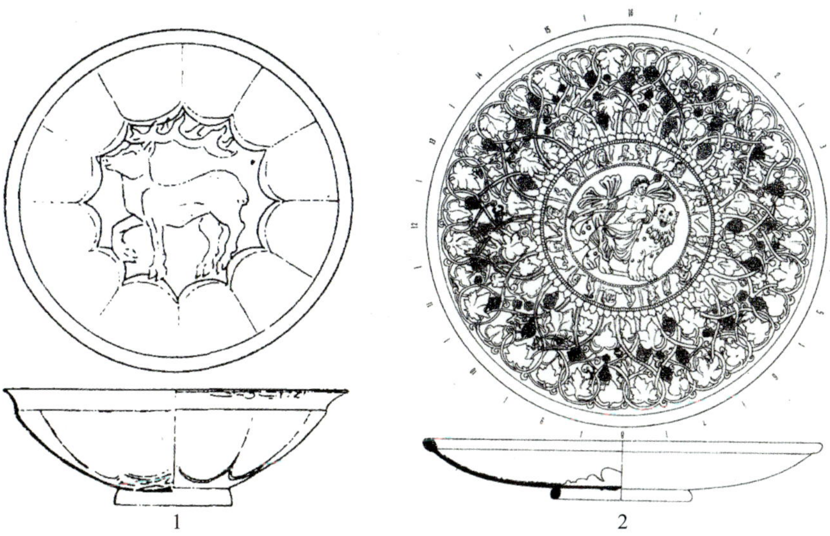

1. 西安沙坡村鹿纹银碗　2. 甘肃靖远出土鎏金银盘

图 10-14　西安、靖远出土鎏金银器平剖面图（1 采自齐东方:《西安沙坡村出土的粟特鹿纹银碗考》,《文物》1996 年第 2 期,2 采自初师宾:《甘肃靖远新出东罗马鎏金银盘略考》《文物》1990 年第 5 期）

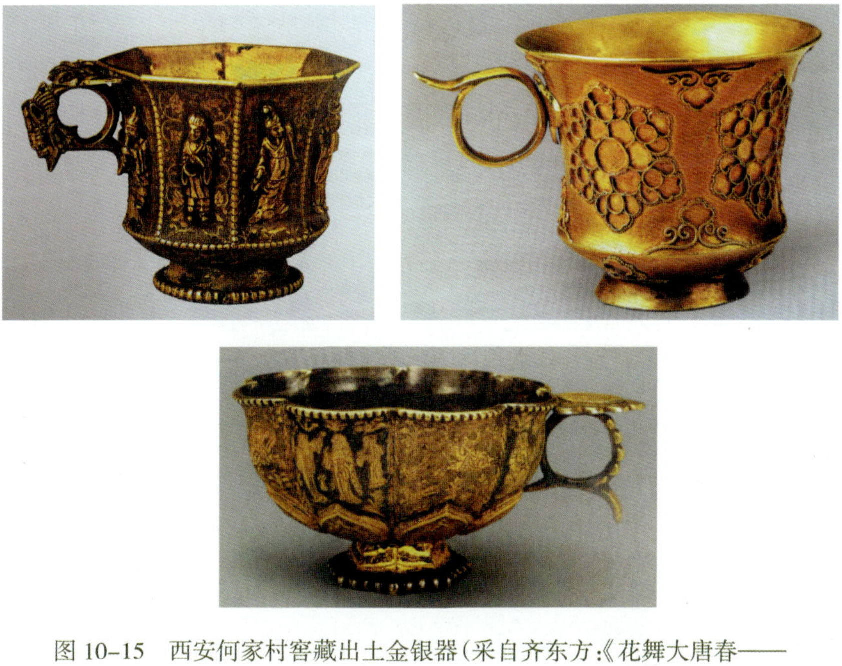

图 10-15　西安何家村窖藏出土金银器（采自齐东方:《花舞大唐春——解读何家村遗宝》,上海古籍出版社 2018 年版）

罗马高足杯和粟特杯的造型。北朝墓葬发现的青瓷莲花尊在器物表面贴塑的莲花瓣、长沙窑瓷器上贴塑的胡人和植物纹等，都与金银器上的锤揲装饰很相似，可能也是对西方金银器装饰的模仿。晚唐五代开始，瓷器的造型一改传统的圆口、弧壁造型，出现了新的葵瓣口、瓜棱腹或椭圆形造型，看来也是外来的金银器对中国传统器物造型的影响。

第三节 中国境外的丝绸之路遗存

在中国以外地区，无论陆上丝绸之路、草原丝绸之路，还是海上丝绸之路沿线都发现了大量含有中国物品或中国文化元素的遗存，年代越晚，遗存越多，相信随着考古工作的深入，这类遗存还会持续增加。

一、中亚和西亚地区

陆上丝绸之路所经的中西亚是中国文化西传的主要路线，沿线很多遗址都出土了来自中国汉唐时期的物品，尤其到了南北朝隋唐时期，粟特人、波斯人、阿拉伯人及西行的僧侣和旅行者在这条路上往来不绝，中国物品与中国元素源源不断地输出到中西亚地区。

1. 贝格拉姆遗址

贝格拉姆（Begram）遗址是位于阿富汗喀布尔附近的一处1—3世纪的古代城址，可能是《大唐西域记》所载贵霜都城之一迦毕试遗址。由于地理位置的关系，出土了来自东方、西方和南方的各种遗物，如罗马玻璃器、希腊石膏雕像、印度象牙和骨雕、中国漆器等。漆器上有云龙纹、对鸟纹等纹饰，有些带有刻划铭文，表明是来自蜀郡、广汉郡、考工等官手工业作坊的产品，也有的书写“乘舆”“上林”等铭文，表明是汉代宫廷御用品，可能是来自东汉初年宫廷的赏赐物。

2. 阿克贝希姆遗址

6世纪初西突厥开始活动于今新疆伊犁至哈萨克斯坦、吉尔吉斯斯坦一带，他们建立的很多绿洲城市已被考古工作揭露。[①] 位于吉尔吉斯斯坦的比什凯尔东60公里的阿克贝希姆遗址（Ak—Beshim）是唐代安西都护府所辖的碎叶镇，也是诗人李白的出生地。这是一座由土坯垒成的不规则方形城市，周长8—9公里，城内有十字街，出土有唐代的开元通宝、乾元重宝和大历通宝，也有西突厥突骑施钱和东罗马货币。城内十字街的布局方式是以前不见于中亚的做法，而是唐代州县城的街道设计方式，这是唐代势力深入中亚的反映。城内还发现佛寺遗址二处，应是文献记载的大云寺，佛寺内佛像的布局方式与龙门石窟接近。

3. 木鹿古城遗址

木鹿古城（Merv）遗址位于今土库曼斯坦马雷市（Mary）东部，是大食东侵后的呼罗珊省首府，见于《后汉书·西域传》及杜环《经行记》的记载。是一座方形城市，周长7 400米，城市布局模仿唐朝州县城，四面各开一门，内设十字街，城内也有佛寺遗址。

4. 撒马尔罕遗址

中亚阿姆河和锡尔河流域是昭武九姓活动区，也发现了不少城址。康国首都撒马尔罕遗址（今名阿弗拉西阿卜，Afrasiab）是见于《大唐西域记》的一座重要中亚城市，在蒙古军队入侵之前一直使用。这是一座由内城和三重外城组成的城市，子城内是王宫和衙署，外城是手工业作坊和市场区，出土了大量釉陶、玻璃器和玻璃珠饰，内地发现的很多玻璃器可能就是这里制作的。最值得注意的是一座宫殿的“客使”壁画，西壁表现诸国使臣朝觐献礼的场景，主像残缺，有可能是娜娜女神，或康国国王，或西突厥可汗。手持各种礼物的使节来自中亚、唐朝、高句丽，在突厥官员及通事的导引下依次前行，这种朝觐的图式从古波斯时期开始一直在中西亚地区流行。唐朝使臣手持丝绸、蚕丝、蚕茧等物。北壁表现唐人骑马猎豹和划船的场景，人物皆戴

---

① 刘未：《丝绸之路中亚段古代城市之考察》，中国人民大学北方民族考古所、中国人民大学历史学院考古文博系编：《北方民族考古》第4辑，科学出版社2017年版，第213—256页。

黑璞头、着圆领衫，有人认为骑马和乘船画面的主像表现的是唐高宗和武则天，也有人认为是来自唐朝的康国王室内眷（图 10–16.1）。南壁表现中亚人物活动，是由白象、头戴面罩的祭司引导的王者出行行列，有人认为是波斯诺鲁兹节（Nouruz）的祭祖场景。这组壁画重点表现了唐人和中亚人，表明康国与两地的特殊关系。

撒马尔罕东南不远的片治肯特（Panjikent）遗址在今塔吉克斯坦片治肯特市的泽拉夫善河南岸，是米国都城所在，8 世纪阿拉伯入侵后废弃。也是一座内外城结构的城市，子城位于西南隅，是王宫所在。外城有祆教寺院、庭院、柱厅和贵族府邸等建筑遗迹，建筑物里都有壁画，绘祆教活动场景、生活场景，还有一幅嫠面志哀的场面（图 10–16.2）。城址出土的中原器物有北周的布泉、唐开元通宝等钱币和海兽葡萄镜残片。片治肯特东面的穆格山上发现了更多的中原物品，包括竹器和漆器、写在纸上的汉文地籍、借券和河西地区的公文，内容与中亚无关，从地籍背面写有粟特文字推测，这几件纸质文书可能是粟特人对内地纸张的重新利用，表明纸在当地还不是易得之物。[①]

除了以上古城遗址外，其他很多丝绸之路沿线的城市也发现了与中国文化有关的遗存，如安息帕提亚王朝都城尼萨（Nisa）、东曹国首府半制城

1　　2

图 10–16　中亚丝绸之路上的壁画（采自刘未：《丝绸之路中亚段古代城市之考察》，《北方民族考古》第 4 辑，科学出版社 2017 年版）

① 宿白：《考古发现与中西文化交流》，文物出版社 2012 年版，第 81—82 页。

(Bunjikat)、但逻斯城,东伊朗的内沙布尔、德黑兰附近的累依古城、大食都城萨马拉(今巴格达北)等,这些遗址都发现了很多7—9世纪的中国遗物,以来自中国北方的三彩、白瓷、绿釉瓷和来自南方越窑与长沙窑的瓷器居多。在西亚的一些沿海港口也发现了很多来自中国的瓷器。这些陶瓷有的可能是中亚等地仿烧的中国陶瓷,更多是经海路或陆路输入的产品。

二、南西伯利亚和漠北遗存

南西伯利亚和漠北地区先后是匈奴、柔然、突厥及其他草原民族的活动区域,草原民族的迁徙和军事活动也是文化交流的媒介,今蒙古国、俄罗斯等地的很多遗址都发现了来自中亚和西方以及汉唐的遗存,尤其以北匈奴和东突厥统治漠北时期的遗存居多,反映了草原丝路的情况。

1. 米努辛斯克盆地遗存

俄罗斯南西伯利亚的米努辛斯克盆地(Minusinsk)发现了很多来自中原的遗物,如战国两汉时期的铜镜山字纹镜、日光镜等。在米努辛斯克附近的阿巴坎(Abakan)还发现了一处大型汉式建筑基址,由20多个房间组成,出土了铜铺首、筒瓦、板瓦及"天子千秋万岁常乐未央"瓦当。"常乐未央"是王莽时期的写法,因此建筑年代应是公元1世纪初期,这组建筑遗存表明当时应有不少汉人来到漠北。

2. 诺颜乌拉遗址

蒙古国乌兰巴托北面的诺颜乌拉遗址(Noin Ula)是公元前1世纪至公元1世纪的匈奴贵族墓地。从1924—1926年俄罗斯考古学家柯兹洛夫(P.K.Kozlov)的首次发掘至今,共发现了200多座墓葬。出土了大量西汉随葬品,含各种丝织物、绒毡、铜器、漆器和玉器。丝织品都是中国内地输入的,有的锦上绣有"新神灵广成寿万年""群鹄颂昌万岁宜子孙"等汉字。出土的11个漆耳杯中有五个带有铭文,有"建平五年""元延四年"等纪年,是由蜀郡和少府考工制作的,有些是供御品。其中M6出土的一件耳杯上以红漆书写"上林"二字,可能是匈奴单于死后由汉宫廷赐予的祭器(图10-17)。墓中同时出土了绣有有翼神兽和植物纹的毛毡,应是西亚和中亚的输入品。

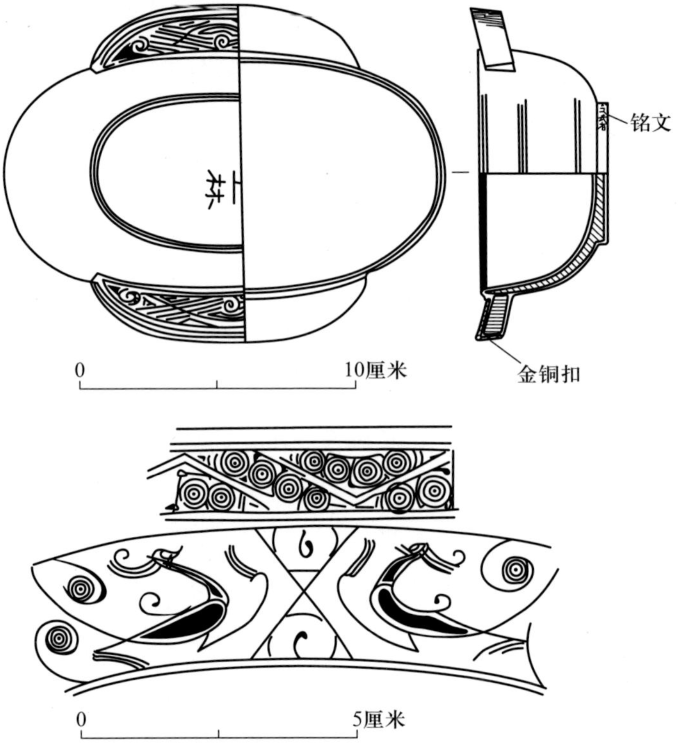

图 10-17　蒙古国诺颜乌拉墓地出土漆耳杯（采自内田宏美:《汉代官营漆器生产的相关问题——以蒙古国诺音乌拉墓葬出土漆器为中心》,《北方民族考古》第 3 辑,科学出版社 2016 年版）

3. 高勒毛都墓地

蒙古国后杭爱省温都乌兰县境内的高勒毛都 2 号墓地（Gol Mod 2）是一个大型匈奴贵族墓地,2001 年蒙古国考古队发现了 190 余座大型匈奴贵族墓和陪葬墓,其中 M1 及其 29 座陪葬墓出土了大量珍贵文物,是近年匈奴考古最重要的发现之一。墓葬采取中原西汉时期流行的竖穴土坑木椁墓形制,以松木圆木构建椁墓,但实行了匈奴的一些特殊葬俗,墓室内曾被焚烧,大部分木质葬具被焚毁。墓室内发现了 16—17 座马车遗存,从保留下来的一座马车来看,是涂漆彩绘的汉式马车,可能是汉王朝赐给匈奴单于的礼物。另外还发现了 30 匹马和 5—6 只羊的遗骸,应是草原地区流行的肢解动物献祭仪式的遗存。随葬品中的漆耳杯和盘、铜镜、玉璧等都是来自中原的物品,此外也有来自罗马的玻璃碗(图 10–18)。[1]2017 年中国河南省考古工作者与蒙古国合作又发掘了 M189 及 12 座陪葬墓,也出土了来自中原的四神规矩镜等物。

图 10–18　蒙古国高勒毛都墓地出土中原和西方器物
(采自 *The Cultural Heritage of Xiongnu Empire*)

4. 燕然山铭

东汉永元元年(89)车骑将军窦宪率五万骑远征漠北,兵分三路围歼了北匈奴主力,令中护军班固刻石纪功于燕然山(今蒙古国中戈壁省杭爱山),此即《后汉书·窦宪传》所录《燕然山铭》,刻石已于 2017 年经中蒙考古学家发现。上刻 260 余字,内容与《后汉书》所载基本相同。

5. 突厥墓葬与碑铭

突厥时期的遗存主要分布于鄂尔浑、色楞格流域,发现了很多唐羁縻统治时期的突厥贵族墓和以汉文、古突厥文书写的碑铭。

位于蒙古国布尔干省巴彦诺尔的乌兰克热姆墓(Ulaan Kherem)是一座初唐时期的突厥贵族墓,墓主可能是受唐朝册封的突厥贵族,葬于唐朝设立

① Hatagin, D.Erdenebaatar, *The Cultural Heritage of Xiongnu Empire*, : Munkhiin Useg Publishing House, 2016, pp.28—71.

瀚海都护府时期。墓葬形制与长安发现的大型墓葬非常接近，是一座斜坡墓道的土洞墓，由墓道、四过洞、四天井、二壁龛、甬道和墓室组成，总长约50米。墓道、过洞和墓室都有壁画，绘青龙白虎、列戟仪卫、男侍、门楼、莲花化生、畏兽，甬道两壁绘牵马人像，分别是长辫、交领长袍的突厥人和圆领长袍的唐人。墓室绘屏风式的树下人物图。另一座位于中央省扎马尔县图拉河南岸的仆固乙突墓形制与此类似，规模略小，出土墓志表明墓主仆固乙突死于仪凤三年(678)，埋葬地在唐羁縻州金微州都督附近。

位于蒙古国后杭爱省和硕柴达木湖西南的阙特勤遗址是突厥贵族阙特勤的墓园。《新唐书·突厥传》记载阙特勤死后，唐玄宗派金吾将军张去逸等入蕃吊祭，“帝为刻辞于碑，仍立庙像，四垣图站阵状，诏高手工六人往，绘写精肖，其国以为未尝有”。墓园内发现了石棺、祠庙、碑刻及石像生遗迹，周围以瓦顶夯土的垣墙围绕。石雕、碑刻皆为唐人所作，完全是中原形制，陵园亦采取了唐朝的南北方向之制而不是其他突厥墓园的东西方向，表明羁縻体制下的唐朝影响。阙特勤碑正面及左右侧刻突厥文，背面为唐玄宗亲书的汉文悼文。阙特勤墓园东南不远处还有毗伽可汗墓园，墓园形制和石刻设置相似，应是同一批唐代工匠所为，也留下了突厥文和汉文书写的墓碑(图10-19)。

汉唐时期是丝绸之路开通并逐渐走上繁盛的时期，尤其是南北朝至隋唐时期中原与中西亚的交往已经十分频繁，大量中西亚人移居内地并世代定居下来。这些异域移民不但促进了东西物质文化的交流，也输入了各种宗教、艺术、生活方式和审美风尚。南北朝隋唐墓葬中常见的骆驼、胡人俑以及图像中的胡床、乐舞、猎豹、人物服饰等反映了中古社会浓郁的胡风。以音乐艺术而言，北朝至隋唐统治者都特好西域乐舞，北齐时期的西凉鼓舞、龟兹乐、胡笛、琵琶等皆得到广泛传习，擅长西域乐舞的中亚人滥得富贵者无数。风气所及，中原人士也以传习西域乐舞为尚，《颜氏家训·教子》篇载：“齐朝有一士大夫，尝谓吾曰：‘我有一儿，年已十七，颇晓书疏，教其鲜卑语及弹琵琶，稍欲通解，以此伏事公卿，无不宠爱，亦要事也。’”隋炀帝所制九部乐中，来自西域的乐舞有六部，即《西凉》《龟兹》《天竺》《康国》《疏勒》《安国》。

图 10–19 突厥贵族阙特勤碑（李梅田摄）

唐朝诗歌中也不乏对“琵琶长笛”“胡雏”“胡姬”“胡旋”等的描绘。来自中西亚的胡风之盛，在一定程度上促使了中古社会的变迁。

思考题：

1. 丝绸之路的历史与现实意义。
2. 中古丝绸之路的变迁及原因。

阅读文献

第一章

1.《中国远古人类文化的源流》,王幼平著,科学出版社 2005 年版。

2.《地球人:世界史前史导论》(第 13 版),[美]布赖恩·费根著,方辉等译,山东画报出版社 2014 年版。

第二章

3.《中国考古学·新石器时代卷》,中国社会科学院考古研究所编著,中国社会科学出版社 2010 年版。

4.《早期中国——中国文化圈的形成和发展》,韩建业著,上海古籍出版社 2015 年版。

第三章

5.《中华文明史》(第一卷),严文明主编,北京大学出版社 2006 年版。

6.《中国考古学——旧石器时代晚期到早期青铜时代》,刘莉、陈星灿著,生活·读书·新知三联书店 2017 年版。

第四章

7.《夏商周考古学论文集》,邹衡著,文物出版社 1980 年版。

8.《中国考古学·夏商卷》,中国社会科学院考古研究所编著,中国社会科学出版社 2003 年版。

第五章

9.《中国青铜文化结构体系研究》,李伯谦著,科学出版社 1998 年版。

10.《中国考古学·两周卷》,中国社会科学院考古研究所编著,中国社会科学出版社 2004 年版。

第六章

11.《隋唐长安城和洛阳城》,宿白著,《考古》1978年第6期。

12.《所谓"中世纪都城"——以东晋南朝建康城为中心》,张学锋著,《社会科学战线》2015年第8期。

第七章

13.《中国古代陵寝制度史研究》,杨宽著,上海古籍出版社1985年版。

14.《汉墓的考古学研究》,黄晓芬著,岳麓书社2003年版。

第八章

15.《仙凡幽明之间——汉画像石与"大象其生"》,孙机著,《中国国家博物馆馆刊》2013年第9期。

16.《黄泉下的美术——宏观中国古代墓葬》,[美]巫鸿著,施杰译,生活·读者·新知三联书店2010年版。

第九章

17.《佛教石窟考古概要》,国家文物局教育处编,文物出版社1993年版。

18.《中国石窟寺研究》,宿白著,文物出版社1996年版。

第十章

19.《考古学上所见中国境内的丝绸之路》,徐苹芳著,《燕京学报》新一期,北京大学出版社1995年版。

20.《中古中国与外来文明》(修订版),荣新江著,生活·读书·新知三联书店2014年版。

后　记

人文通识教育的主要目的不是为了培养专门人才，而是涵养人文精神。人类在历史长河中积累起来的思想、知识和文化与科学技术的发展同等重要，都是社会进步的源泉。人文通识教育必然会为现代社会提供人文精神的滋养，因此近年来受到教育工作者的高度重视。《中国考古通识》是为中国人民大学通识教育核心课程编写的教材之一，是本科教学改革的重要内容，我们希望通过这门课程为非考古专业的本科生介绍中国考古学常识和主要研究成果，也可作为考古专业学生进入系统专业学习之前的准备。

《中国考古通识》由韩建业和李梅田担任主编，仪明洁编写第一章，韩建业编写第二至五章，李梅田编写第六至八章、第十章，陈晓露编写第九章。十章对应十个重要的考古学问题，基本涵盖了中国考古学的核心内容。我们原计划是要在全面收集资料的基础上，做到博采众家之长而融会贯通，撰写一部真正的“通识”而不是“通论”教材，但由于对通识教育的认识不足，加上水平有限、时间也紧，这一目标并没有能很好地实现，存在的问题肯定还很多，敬请读者批评指正，以便将来修订和完善。

20世纪80年代后期在北京大学考古学系上本科期间，我们聆听了严文明先生和宿白先生分别讲授的“考古学通论(上)”和“考古学通论(下)”，受益匪浅。其后我们两人又分别成为两位先生的硕博研究生，毕业以后又都在不同学校开设“考古学通论”课程，对在高校开设通论性质的考古学课程有了一些心得体会。现在呈现在大家面前的这本教材，和我们在中国人民大学开设的“中国考古通识”课程，虽不及通论全面深入，但实质都在于融通，一定程度上也算对两位先生考古教学的继承吧！

在编写过程中，我们参考了很多田野考古资料和研究成果，尤其是中国社会科学院考古研究所编著的《中国考古学》各卷，给我们的教材编写提供了很大方便。但限于“通识”类教材的要求，仅极少数成果在正文中引用注明，特此说明，谨致谢忱！

韩建业、李梅田

2020年2月